国防科技大学外国语学院政治学丛书

国际政治中的制度与安全

杨光海 著

江苏人民出版社

图书在版编目（CIP）数据

国际政治中的制度与安全 / 杨光海著. -- 南京：
江苏人民出版社，2025. 3. --（国防科技大学外国语学
院政治学丛书）. -- ISBN 978-7-214-29852-2

Ⅰ. D521

中国国家版本馆 CIP 数据核字第 2025TP9410 号

书　　　名	国际政治中的制度与安全	
著　　　者	杨光海	
责 任 编 辑	史雪莲	
装 帧 设 计	许文菲	
责 任 监 制	王　娟	
出 版 发 行	江苏人民出版社	
地　　　址	南京市湖南路 1 号 A 楼,邮编:210009	
照　　　排	南京紫藤制版印务中心	
印　　　刷	南京艺中印务有限公司	
开　　　本	652 毫米×960 毫米　1/16	
印　　　张	16　插页　2	
字　　　数	215 千字	
版　　　次	2025 年 3 月第 1 版	
印　　　次	2025 年 3 月第 1 次印刷	
标 准 书 号	ISBN 978 - 7 - 214 - 29852 - 2	
定　　　价	88.00 元	

（江苏人民出版社图书凡印装错误可向承印厂调换）

前　言

　　安全是国际政治的首要问题,安全目标的实现有赖于权力(实力)政治的施展。但由于权力政治的过度施展会导致国际政治斗争无限泛滥,安全目标适得其反,由此产生对国际政治实施制度化调节和规范的现实需求及趋势。另外,全球性、地区性问题的增多以及共同利益的增加也对国际合作提出了更大的要求,而合作水平及效率的提高则需要有制度化手段作保障。国际制度以及作为国际制度表现形式的国际机制、国际组织的问世就是这些努力的具体体现。如何利用好国际制度维护国家利益、促进国家目标的实现,已经成为各国对外政策的一个不可或缺的方面,对这一问题进行研究已经成为国际政治学的一个新增长点。

　　本书收录了作者撰写的15篇有关国际秩序、国际安全和安全关系制度化问题的学术文章,其中大多数已在国内学术刊物上发表,其余几篇则是参加学术会议的交流论文,或是选自所承担的相关科研项目的研究报告。这些文章按照上篇"安全观念与国际秩序"、中篇"国际制度与安全机制",以及下篇"东亚安全制度"三部分加以分类编排。此次出版,作者对各篇文章做了以下改进:一是仔细校对文字词句,使其表达更加准确严谨;二是调整体例结构,给少数原只用序号表示的节和目加上标题或主题句,使其观点更加突出,并达到全书的统一;三是结合新情况和新动向,对实证研究部分的有关事例进行了更新,对一些观点进行了补充细化和引申,以增强研究的实证性。

书中的各篇文章在论题上是彼此独立的,在逻辑和内容上则是相互关联和统一的。上篇中的 4 篇文章分别论述了安全概念的基本含义和人类安全观念的发展演变,作为国际关系重要载体的国际秩序的构成要素、基本内含、制约因素,以及正义价值在国际秩序建构和安全机制建设中的地位及意义等问题。归纳起来,这部分文章的主要观点是:安全既是一个客观存在,也是一种主观感受,安全观就是主观感受与客观情形相结合的产物。迄今为止,人类的安全观念经历了一个从传统到非传统、从单一到多元的演进历程,具体表现为安全关注的领域从单一的军事扩展到了经济、政治、环境、社会、文化等多个领域;安全关注的对象和主体从单一的国家分别向下和向上扩展到了国家管理之下的人民,以及超越国家疆界的国际体系乃至整个人类社会;安全实现的方式及手段从对抗和排他性的威慑和强制扩展到了协商和包容性的对话、协调与合作。这些转变的集中反映就是"综合安全""人的安全""国际安全""世界安全""共同安全"与"合作安全"等概念的诞生。中国政府在 21 世纪初提出的"新安全观"是与国际社会的这一认识成果相契合的。习近平总书记主政后所提出的"亚洲安全观"和"总体国家安全观"则是对"新安全观"的继承和发展,也是对国际社会安全观念演进的最新贡献。这些新观念,特别是"合作安全""共同安全"概念的产生为国际制度特别是安全机制的增生发展提供了思想动力。而"正义"价值的引入则为国际秩序的维护和安全机制的创建注入了道义内涵,因为"正义"关注的是"谁的安全"问题,如果这一问题得不到解决,可持续的和平、稳定、秩序等价值就会难以彰显和实现。

中篇所列入的 6 篇文章集中讨论了国际制度在国际政治中的地位及作用、安全关系制度化所面临的困难及其原因,以及安全机制的创建、维持和运作所必须具备的主客观条件等问题。这些文章认为,相对于占主导地位的权力政治而言,制度规范只是国际政治当中居于第二位的影响因素,其作用的发挥及发挥程度的大小要受到权力政治结构的制约。

但是这并不意味着国际制度就毫无用处。由于国际制度具有增加信息交流、增进相互信任、促进政策协调以及确立权利与义务平衡关系等多种功能，其在管理矛盾冲突、缓解安全困境、增进共同利益等方面发挥着不可或缺的作用。由于国际制度是以"吸引"和"同化"的方式发挥作用，因此利用国际制度推进政策目标的实现已成为国家软实力的一个重要来源，也是国家越来越倚重的一个政策手段。另外，由于国际制度的持续有效运作还具有促进成员身份认同和培养合作习惯的外溢效用，因此对于安全共同体的创建也有着非常重要的意义。但是也必须认识到，与经济等领域相比较，安全领域国际制度的创建也是更加困难的，这既是由于安全问题本身的性质及特点这一客观原因造成的，也与部分国家所抱有的极端现实主义安全观这一主观因素密切相连。这就要求我们必须转变安全观念，尤其是要大力倡导合作安全、共同安全。除此之外，还要努力为安全机制的生成创造各种适宜的条件。

下篇以中国所在的东亚地区作为考察对象，分析该地区在推进安全关系制度化方面已达到的水平、呈现的特点以及背后的障碍因素，然后再以东盟和东盟地区论坛这两个相对来说比较突出的机制形式作为案例进行具体剖析。从中可以看出，与制度化程度较高的欧洲相比，目前东亚地区的多边安全制度建设尚处在初始的发育阶段，无论组织形式还是功能效力等都处于较低水平。这与该地区自身的区情特征以及安全关系制度化所需诸多条件的欠缺或薄弱休戚相关。尽管如此，现有的这些机制仍然有其存在的价值，能够发挥一定的积极作用，因为这种作用是通过一种独特的方式即"软制度主义"体现出来的，这与欧洲有着很大的不同。就安全机制的具体形式而言，该地区采取的是合作安全模式，而不是像欧洲那样采取多边联盟（如北约）和共同外交与安全政策（如欧盟）的方式。这也说明合作安全是适合东亚地区区情特点和国家间关系需要的安全合作模式。

中国是东亚的核心国家，与该地区的形势命运紧密相连，也对该地区的和平稳定与安全具有至关重要的影响。基于这一点，这一部分还列入了一篇讨论朝贡制度对当代中国周边外交的启示意义的文章。朝贡制度虽然是古代中国王朝为了处理与周边各国关系而建立起来的一种旧式国家间关系模式,而当今国际体系在许多方面已经发生了根本性的改变,但其中所包含的一些思想理念和制度规范对于我们今天建立和平稳定繁荣的地区秩序仍然具有宝贵的启示意义。另外,美国虽然在地理上不是东亚国家,但作为一个拥有超强实力的全球性大国,对该地区的形势走向包括安全关系的制度化进程有着至关重要的影响。虽然美国也重视利用国际制度,将其视为对外战略的一个重要工具,但崇尚强权政治的安全观念和霸权主义的思维逻辑决定了美国对于该地区国际关系制度化的进程只会起到消极的阻碍作用。因此最后一篇文章也把美国的相关政策纳入视野,选取联合国安理会和北大西洋公约组织作为典型案例,分析考察美国这个霸权国对于不同的国际安全机制所采取的不同的态度及政策,以便为把握美国这方面的政策考量和做法提供参考。从中不难得出的一个结论是:保持对制度规则及议事日程的主导权是美国对待国际机制的态度和政策的根本原则,凡是有利于这一目标实现的,美国就会大力促进和扶持,反之则会竭力阻挠或弃之另立。

中国是一个迅速崛起的发展中大国,中国主权、安全和发展利益的维护以及现代化强国目标的实现,不仅需要依靠实力政策的有效运用,也需要善于利用国际制度的途径及手段。这既是中国自身发展的必然要求,也是中国提出并努力推进的"周边命运共同体"和"人类命运共同体"构想的内在逻辑。中国与相关国家安全争端的管控化解、睦邻友好和亲诚惠容关系的建构发展、周边各方向安全环境的优化改善以及在全球范围内朋友圈和伙伴关系圈的扩大等,都离不开适宜的合作机制的创建。即便是与主要安全对手矛盾问题的处理和总体关系的稳定也不能忽略制度化手段的运用,而且,与这些对手的政治外交斗争越激烈,就越需要有制度化手段来弥补和缓冲,否则"斗而不破"的局面就难以实现,和平稳定的大局就难以维持。另外,当今时代,国际政治议程已变得日益广泛而复杂,国家间竞争已不仅局限于硬实力的较量,也涉及软实力的角逐，这其中就包括对国际制度创设权和主导权的争夺。在当前国际政治已重回"大国竞争"时代的背景下，认识把握好这几点正变得越来越重要。

学术研究归根结底是为认识和解决现实问题服务的。将这些文章汇集起来加以出版，是为了对本人有关国际安全和安全关系制度化问题的研究成果做一归纳总结，为学界这方面的研究尽些绵薄之力。由于本人学识有限，文中不足和谬误在所难免，希望学界同仁和读者批评指正。

作　者

2024 年 10 月

目　录

下篇　东亚安全制度

上　篇

安全观念与国际秩序

安全观的演进：从传统到非传统的转变 *

安全是国际关系的核心问题，也是国际关系学科的一个基本概念。自该学科诞生以来，安全议题就一直居于主导性地位。根据人们的一般理解，安全是指没有伤害、威胁或危险的状态或感受。它是人类个体和集体生存与发展的首要条件。国际关系学作为研究超越国家界限而建立的人类关系的学术领域，必然会被称为"人类生存的艺术和科学"。①安全的基本含义虽然简单，但是人们对它所涉及的各个要素的具体理解却多有区别。这主要表现在安全的保护对象和实施主体、安全威胁的来源、安全涉及的领域以及安全实现的方式和手段等问题上。英国学者巴里·布赞(Barry Buzan)归纳出学术界所提出的 12 种不同的安全定义，旨在说明人们在安全概念界定上的巨大分歧，并由此得出结论指出，安全是一个在本质上有争议的概念。② 人们对于安全概念之所以会产生各种不同的理解，是因为，如同人类所形成的其他一切概念一样，安全概念也是由社会建构的。它本身并没有意义可言，只是由于人们基于自身

---

* 本文原载《教学与研究》2008 年第 3 期，全文转载于人大复印报刊资料《国际政治》2008 年第 6 期。

① Karl Deutsch, *The Analysis of International Relations*, Englewood Cliffs, N. J.: Prentice-H all, 1968, p. ix.

② Barry Buzan, *People, States and Fear: A n Agenda for International Security Studies in the Post-Cold War Era*, Second Edition, Boulder, CO: Lynne Rienner, 1991, p. 7.

所处的特定的社会环境所形成的主体间理解才被赋予了特定的含义。[①]从一定意义上讲,安全就是特定社会所认定的东西。因此,不仅不同的社会群体对于安全持有不同的观念,即使同一个社会群体的安全观念也会随着时间和条件的改变而改变。

迄今为止,人类的安全观念经历了从传统到非传统、从单一到多元的演变过程。本文旨在以安全主体和对象、安全威胁的来源、安全涉及的领域和实现方式及手段等为线索,对国际社会安全观的演进过程做一简要梳理和评析,以期为系统、完整地把握安全概念提供思路和框架。

一、现实主义主导下的传统安全观

传统安全观以现实主义作为指导思想。现实主义是一个历史悠久、内容庞大的理论体系,从思想渊源上看,可以追溯到中国的《孙子兵法》以及欧洲的马基雅维利和霍布斯等思想家那里。[②] 现实主义对于国际关系持有以下观点:(1)国际体系处于无政府状态;(2)国家是国际政治中的最重要行为体;(3)国家是以自我利益为中心的理性行为体,总是根据本国利益的需要谋划自己的对外政策;(4)自我保存(即自身安全)是国家利益的核心,是国家在无政府的世界上追求的首要目标;(5)自助是国家在国际关系中最基本、最可靠的行为方式;(6)国际政治的本质是争取权力与安全的斗争;(7)以军事力量为基础的物质权力是维护国家利益的最根本和最有效保障;(8)在国际关系中,冲突是常态,而不是例外。

在现实主义上述思想的影响下,安全概念被局限在"国家安全"和"军事安全"的范畴,而且二者密切交织、相互依赖。所谓国家安全,被认

---

① Michael Sheehan, Introduction, in Idem (ed.), *National and International Security*, Burlington: Ashgate Publishing Company, 2000, p. xii.

② 西方学术界将传统安全研究称为马基雅维利和霍布斯现实主义之子。参见:Net a Crawford, Once and Future Security Studies, *Security Studies*, Vol. 1, 1991, p. 292. 实际上,这种说法不过是欧洲文化中心论的体现,没有把世界其他地区的思想遗产考虑进来。因此在这里有必要把备受国际学术界和战略界推崇的《孙子兵法》予以提及。

为就是维护国家在国际体系中的生存、独立和自主权。所谓军事安全，是指对于这些价值的威胁被认为来自别国武装力量的挑战，实现这些价值的主要手段被认为是军事力量的保有和审慎使用。由此可见，传统安全观的本体论是国家以及国家之间围绕实力尤其是军事实力所展开的斗争和冲突，所关注的根本问题是战争和战争威胁。正是在这种国家安全和军事安全思维的影响下，非国家的社会单元（如个人、国内团体、国际社会等）和非军事因素（如经济、社会制度、思想文化、生态环境等），基本上被排斥在安全关切之外。当然，公允地讲，传统安全观并非不关注经济，但是它对经济的关注并不是经济本身，而是经济对于国家军事力量建设的支持意义，或者说经济资源转化为军事实力的巨大潜力。现实主义正是从这一角度来看待经济问题的。

传统安全观由于强调军事因素的极端重要性，所关注的问题往往与战略研究密切交织和关联，安全研究也就因此而成为战略研究的同义语。这种从狭隘的军事战略层面考察安全问题的理念长期支配着人们的思维方式，尤其是在 20 世纪下半叶东西方尖锐对抗的冷战时期得到最充分、最典型的体现，以至于人们通常把这一时期（尤其是 80 年代以前的冷战时期）称为战略研究的"黄金时代"。[1] 具体而言，这一时期安全/战略研究的重点是核武器的威慑、常规武器的有限使用以及核与常规武器的控制问题。第一个问题旨在探索如何在核时代建立新的均势体系，并试图以核均势取代常规均势作为在核时代实现国家安全的根本途径；第二个问题旨在探索如何在维持核均势、防止核战争爆发的同时，通过有限使用军事力量，包括必要时发动"有限战争"来应对来自敌对阵营和中间地带的紧急事态；第三个问题是针对二战以前自由理想主义者鼓吹的裁军理念所暴露出的不切实际的缺陷而提出的，旨在通过对等削减或限制战略和常规武器来维持双方之间的总体均势和稳定。在这些

---

[1] John Garnett, Introduction, in Idem (ed.), *Theories of Peace and Security*, London: Macmillan, 1970, p.24.

研究议题的推动下，威慑理论、军控理论和有限战争思想应运而生，并成为这一时期安全思维的主流观点。

应当指出，上述安全观是冷战这一特殊的政治环境所造就的必然产物，对于防止大国战争和维持东西方战略关系稳定起到了积极作用。但同时也必须看到，这种安全观也导致了诸多消极后果。首先，它无助于缓解对手之间的安全困境。安全困境是现实主义安全思维的结果。它以敌对各方相互猜疑和恐惧为催化剂，以军备竞赛螺旋式上升以及由此导致的彼此安全交互递减为核心特征。冷战时期建立在"相互确保摧毁"理念之上的核威慑战略所导致的正是两大对立阵营之间军事戒备的不断加剧和美苏双方核武库的不断翻新和膨胀，其结果是有关各国乃至整个世界被长期笼罩在核战争的阴霾之下。这无疑是现实主义安全观的悖论。至于军备控制，也无助于安全问题的根本解决，因为它并不否定包括核武器在内的军事力量的有用价值，其目的仅仅在于限制那些具有破坏战略稳定潜力的武器的规模、数量和部署，以便于造就更为有效的均势体系。① 其次，它把安全保护对象局限在单一的"国家"层面，致使其他需要加以关切的安全主体如个人、社会和人类共同体的利益未能得到应有和足够的重视。再次，它把安全威胁局限在军事领域，导致人类所面临的其他许多"生存性"问题，如经济不平等、能源短缺、生态失衡、环境恶化等，未能受到各国政府和国际社会的足够关注。最后，由于冷战时期的安全思维所关注的是美苏两个核大国之间以及——更大范围内的——东西方两大阵营之间的战略平衡问题，加之安全事务的话语权被极少数西方大国垄断，致使广大第三世界国家所面临的、对其国家安全具有潜在破坏性影响的众多问题（如贫富悬殊、财政拮据、政府信任危机、种族冲突、党派内战等）并没有被纳入全球安全议程之中。

总之，建立在冷战思维之上的传统安全观已经无法适应人类应对自身

---

① Michael Sheehan, Introduction, in Idem (ed.), *National and International Security*, Burlington: Ashgate Publishing Company, 2000, pp. xvii - xviii.

面临的多样化的安全挑战的需要。世界政治的现实呼唤新的安全观念。

二、多元视角下的非传统安全观

如前文所述,人类的安全观也是不断演变扩展的。所谓安全观的扩展,是指人们对于安全的威胁、对象、主体、领域和实现方式及手段的理解的扩大,主要体现为:(1)安全威胁从单一的军事扩展到经济、政治、环境、社会等多个领域;(2)安全对象和主体从单一的国家分别向下和向上扩展到个人、国际体系乃至整个人类社会;(3)安全政策的指向从国外扩展到国内;(4)安全方式和手段从对抗和排他性的防御、强制和威慑扩展到协商和包容性的对话、协调与合作。

(一)安全关注领域的扩展——综合安全(comprehensive security)

综合安全观是在冷战进入新一轮加剧的 80 年代初期开始产生的。1980 年,联合国设立的非官方学术团体"发展问题独立委员会"(简称勃兰特委员会)在发表题为《北方与南方:一项生存的纲领》的报告中,呼吁确立一种新的安全概念,以使其超越狭隘的军事防御观念,朝着更具有广泛的独立逻辑的方向发展。[①] 报告着重强调的是南方与北方国家之间经济地位的不平等对于国际关系的消极影响,呼吁把南方国家的经济困难提高到国际安全的高度加以看待。

如果说勃兰特委员会的报告发出了扩展安全概念的先声,那么巴里·布赞于同年出版的《人民、国家与恐惧》一书则在这一方面取得了具有里程碑意义的突破。有人甚至把这部著作誉为"安全研究者的正经和必不可少的参照"。[②] 布赞指出:仅从国家视角出发思考安全很容易导致把安全问题局限在军事领域,而实际上人类的安全也受到其他方面的严重威胁。他把人类集体所面临的安全问题划分为五大领域:"军事安全

---

① *North-South: A Programme for Survival*, Report of the Independent Commission on International Development Issues, London: Pan Books, 1980, p. 124.

② Bill McSweeney, "Identity and Security: Buzan and t he Copenhagen School," *Review of International Studies*, 1996 (22), p. 81.

涉及国家的进攻性武装力量与防御性武装力量之间以及国家对于彼此意图的认知之间这两个层面的相互作用;政治安全涉及政府体制以及赋予它们以合法性的意识形态在组织意义上的稳定;经济安全涉及维持可接受的福利和国力水平所必需的资源、资金和市场的获取;社会安全涉及传统的语言、文化、宗教以及国家认同和习惯在可接受的演进条件下的持续;环境安全涉及作为人类其他一切事业核心支持系统的各个地区和全球生物圈的维持。[①] 布赞还指出:这五个领域虽然代表不同的关注焦点和议题,具有不同的特点,但并"不是彼此孤立地存在的",而是"错综复杂的整体的不可分割的组成部分"。因此,只有如此理解安全概念,才能完整把握正在变化的世界的现实。

随着冷战结束,主张扩展安全概念的声音越来越强烈,并在与传统主义者的辩论中逐渐占据了上风。目前,尽管人们就安全问题究竟应该包括哪些领域这一问题尚未达成普遍共识,但是经济安全、环境安全、政治安全、社会安全等概念已经得到越来越广泛的接受和使用。

诚然,安全领域的扩大也存在着使安全概念泛化和空洞化的风险。这也正是传统主义者提出批评的主要理由。在他们看来,如果安全领域被无限扩大,任何一个问题都会被作为安全威胁而提出并上升到政策行动层面,从而转移政府对于最具有紧迫性的军事威胁的关切和投入;从学科层面看,则会使安全概念失去实际意义,使安全研究的焦点变得模糊,并且损害这一领域的"知识的连贯性"。因此安全研究必须被限制在分析"导致武力的使用可能发生的条件,武力的使用如何影响个人、国家和社会,以及国家为准备、防止或介入战争所采取的具体政策"等方面。[②]

针对传统主义者的上述批评和担忧,布赞等人在 1998 年出版的《安全:一种新的分析框架》一书中提出了"生存性威胁"这一界定标准,亦即

---

① Barry Buzan, *People*, *States and Fear: An Agenda for International Security Studies in the Post-Cold War Era*, Second Edition, Boulder, CO: Lynne Rienner, 1991, pp. 19 - 20.

② Stephen M. Walt,"The Renaissance of Security Studies,"*International Studies Quarterly*,1991 (35), pp. 212 - 213.

安全从根本上讲关乎人类生存之大事，只有当某个问题被认为对指称对象（传统上指国家，包括政府、领土和社会，但未必仅指国家）的生存构成威胁而提出时，才能够被当作安全问题来看待。① 为了使安全定义的标准更加严谨，学者后来又加上了"由人为因素造成"这个限定条件。② 就是说，能够被称作安全问题的，必须是那些由人的主观意志、自觉活动或政策措施所造成的威胁（如军事入侵、环境污染、气候变暖、经济危机等），而不是那些纯粹由自然力或生命的自然过程所导致的危险（如地震、海啸、生理性疾病、生命衰老等）。

（二）安全关注对象的"向下"扩展——人的安全（human security）

国家是由四个要素构成的：领土、人口、政府和主权。传统安全观由于只关注领土完整、主权独立和政权稳定，因此对于作为最终关怀对象的人来说，容易造成至少三个方面的消极后果：(1) 忽视作为个体和群体的人的各种生存需要；(2) 某些类型的政府可能会出于维护政权安全的需要而肆意侵犯人民的自由权利；(3) 一旦国家之间、党派之间或种族之间爆发武装冲突，平民的生命难以得到保障。有鉴于此，以人为本的安全理念应运而生。这在联合国开发计划署发表的《1994 年人类发展报告》中首次得到系统阐述。按照该报告的解释，"人的安全关注的不是武器，它是对人的生命与尊严的关切"。人的安全包括两个方面：一是"免于匮乏的自由"（亦即免除诸如贫困、饥饿和疾病等经常性威胁）；二是"免于恐惧的自由"（亦即免受日常生活中突如其来的伤害）。报告还把人的安全概括为七大要素：经济安全（基本收入有保障）、粮食安全（确保粮食供应充足）、健康安全（相对免除疾病和传染）、环境安全（能够获得清洁水源、清新空气和未退化的耕地）、人身安全（确保身体免遭暴力侵害和威胁）、社会安全（文化特性的保持）和政治安全（基本人权和自由得到保护）。

---

① Barry Buzan, Ole Waever, Jaap de Wilde, *Security: A New Framework of Analysis*, Boulder and London: Lynne Rienner Publishers, 1998, pp. 5, 21.

② Michael Sheehan, *International Security: An Analytical Survey*, Boulder and London: Lynne Rienner Publishers, 2005, p. 59.

人的安全概念的提出产生了广泛的社会反响。1995年由多位国际知名学者组成的学术团体"全球治理委员会"在发表的《天涯成比邻》报告中也指出,"把安全概念局限在对国家的保护上,实际上是置人民的利益于不顾",因此呼吁确立以人为中心的安全概念,更多地关注人的生命、自由和尊严,并将此作为全球安全政策的目标之一。[①] 此外,许多国家的学界和政界也对人的安全的内涵作出了自己的界定。总结起来,人的安全观具有以下特点:(1) 以人为中心,把人视为目的,而把国家仅仅视为实现人的安全的手段(这与传统的以国家为中心、把国家视为目的的观念直接对立);(2) 对安全概念采取相当宽泛的理解,从人的基本需求出发,既关注人的生命本身,也关注人的自由和尊严,既关注暴力威胁,更关注非暴力威胁(这与传统安全观从国家安危出发,只强调军事威胁的观点形成鲜明对照);(3) 把实现社会正义和人的解放作为价值取向(这与传统安全观只强调秩序和稳定价值有着原则性区别)。实际上,把人——而不是国家——作为安全关注对象并强调安全的非暴力方面和正义价值的安全研究,早在冷战时期就已经开始。这集中体现在六七十年代兴起的"和平研究"学派的思想当中。其中最著名的当属挪威学者约翰·加尔通(John Galtung)的"结构暴力"(Structural Violence)说。

人的安全概念现已得到国际社会的广泛(尽管不是普遍)接受。但是由于人的安全涉及的问题非常广泛,而处于不同发展阶段、社会制度和文化传统的国家和社会对于人的安全的侧重点和实现手段的理解又各不相同,因此目前尚未形成(实际上也很难形成)一种普遍认可的人的安全观念。联合国开发计划署的上述定义与其说是对世界各地和各国有关人的安全的理解的高度总结,不如说是为人们理解人的安全提供了一个思维框架。不过,这一概念的诞生毕竟是人类安全观念的一大进步,因为它是对长期以来支配人们安全思维的国家中心论的批判,是人本主

---

① Commission on Global Governance, *Our Global Neighborhood*, Oxford: Oxford University Press, 1995.

义思想的再发现。

（三）安全关注对象的"向上"扩展——国际安全（international Security）、世界/全球安全（world/global security）

传统安全观不仅强调国家作为安全的保护对象,而且只从单个国家的角度出发来思考安全问题。这很容易导致政府在制定政策时只以本国的利益为中心,而忽略其他国家正当合理的需要和反应。由此造成的结果往往是对"自助"（加强军备）和"结盟"（集团对抗）手段的片面强调,从而导致国家一直处于安全与不安全的恶性循环之中,甚至招致战争灾难。更为严重的是,这种安全观念还会加剧国际体系的分裂,阻碍人类共同体意识的增长。针对这些弊端,以确保国与国之间的相互安全和国际体系的普遍安全为主旨的"国际安全"和"世界安全"成为安全研究领域越来越受青睐的概念。

国际安全概念以格老修斯开创的理性主义、制度主义和国际社会思想传统为代表,认为国际体系虽然处于无政府状态,国家之间虽然彼此独立、各享主权,但在理性的指引下,它们仍然能够通过创建共同认可的制度安排（包括国际法、国际机制和国际组织）来规范交往方式、开展互利合作,从而最大限度地降低冲突、增进彼此安全。世界安全概念则是以康德的基于人类共同体理想之上的世界联邦主义（亦称自由国际主义）思想为源头,认为战争并非人类社会的本质属性,只要加强道德和法治,确立超越不同文化的普遍道德准则,并且逐步扩展旨在尊重"世界公民权利"的"自由国家联盟",整个世界最终就能够演变成为一个"永久和平"的共同体。在这个共同体中,各国的角色定位是"朋友",并且期望共同遵守两项基本规则:一是不使用战争和战争威胁解决争端（非暴力原则）;二是一旦任何一方的安全受到第三方威胁,其他各方将共同作战（互助原则）。①

---

① ［美］亚历山大·温特:《国际政治的社会理论》,秦亚青译,上海:上海人民出版社,2000年,第372页。

世界安全观念在现代的主要体现是集体安全思想。这一思想的基础是"人人为我、我为人人"的原则，亦即所有国家都应为国际和平与安全承担义务，一旦某个成员的安全因侵略而受到威胁，其他成员应以集体方式向该国提供保护，包括采取武力强制的手段。因此，集体安全所强调的是风险共担、安全共享，以国际社会之安全求得国家安全之维护。第一次世界大战后成立的国际联盟就是这一理念的第一次实践。它之所以落得彻底失败的结局，是因为掌握国际事务主导权的极少数西方大国采取了只以本国的短期利益——而不是国际社会的长远利益——为中心的安全观。二战之后成立的联合国再一次寄托了国际社会旨在追求集体安全的理想。但在长达40多年的冷战时期，这个新的普遍性组织仍然未能胜任集体安全的职责。究其原因，是因为在美苏两极争霸、东西方全面对抗以及核战争威胁的大背景下，以确保本国安全为核心的观念又一次跃居支配地位，国家安全——而不是国际安全或世界安全——成为各国的压倒性目标。

由此可见，世界安全的理念虽然很有吸引力，但是至少从目前看，赖以实现的条件远不成熟，因为这种模式是以全球共同体意识和世界各国、各民族共同的价值观、利益观以及共同认可的行为规范的"内化"为前提的，而这些要素实际上还很不充分，即使有所存在，也是非常脆弱的。① 相比之下，国际安全概念则更符合当今国际关系的客观现实，因为它并不否认国家意志的独立性、国家利益的特殊性和价值观念的差异性，不挑战主权国家的核心地位，也不谋求用某个超国家的世界政府来取代国际体系的无政府状态，而是在接受主权国家体系这一现实的基础

---

① 有学者指出：全球文化可能实际上并不存在，甚至永远也不会出现。参见：Anthony Smith, "Toward a Global Culture?" in Mike Featherstone (ed.), *Global Culture*, *Nationalism*, *Globalization and Modernity*, London: Sage, 1997. 另有学者认为，至少在目前，政治意义上的地球村与其说是一个现实，不如说是一句口号，尤其是在战争与和平领域。参见：Andy Butfoy, *Recasting Common Security*, Working Paper No1 1995/8, Department of International Relations, Research School of Pacific and Asian Studies, Australian National University, Camberra ACT, Australia, p. 13.

上，用相互依赖的眼光看待国家间关系，主张采取以国际制度（机制）为框架的"没有政府的治理"形式来加强国际协调，以达到降低冲突、增进合作、实现国际交往有序化的目的。这种以承认差异为前提、以共同利益为纽带、以制度规范为核心的安全方式和手段在 80 年代以来兴起的共同安全和合作安全观念中得到了进一步的阐发和体现。

（四）安全实现方式和手段的扩展：共同安全（common Security）、合作安全（Cooperative security）

共同安全概念最早是由联合国设立的"裁军与安全问题独立委员会"（亦称帕尔梅委员会）在 1982 年发表的题为《共同安全：一个生存蓝图》的研究报告中提出来的。出于对冷战思维及其后果的不满和忧虑，该委员会认为必须更新安全观念，用"相互合作"取代相互竞争，用"确保共同生存"取代"威胁相互毁灭"。因此，共同安全的核心是："通过与对手合作——而不是对抗——的方式来谋取安全。"共同安全观强调的是非竞争的安全方式和非零和的政策结果，是对冷战思维的否定和批判。

共同安全观的提出对于转变冷战思维产生了很大影响，尤其是对于20 世纪 80 年代后期的军控谈判、美苏及东西方关系的缓和以及以欧洲安全与合作会议（CSCE）为核心的"建立信任与安全措施"（CSBM）的发展产生了积极的推动作用。它虽然是作为摆脱冷战的一种途径而提出的，但是它由于符合世界各国长远的共同利益，因此在冷战结束后得到更为广泛的传播。不过，这种安全观也存在着理想主义的色彩，主要表现为它强调必须把"普遍和全面的裁军"作为"最终目标"，[①]而这显然与领土—主权国家时代各国对于防务力量的需求存在着明显差距。另外，共同安全观带有明显的"欧洲特点"，对于文化差异较大、社会发展水平不一的其他地区未必适用。还有，共同安全一词在实际使用中显得过于宽泛，除表明国家拥有共同的安全关切并且这些关切应该以合作的方式

---

① Independent Commission on Disarmament and Security Issues, *Common Security: A Blueprint for Survival*, New York: Simon and Schuster, 1982, p. 17.

加以解决之外,并没有其他严格界定的含义。它更多地是一个口号,而不是一个内容明确的政治纲领。因此冷战结束后,虽然共同安全的理念继续得到流传,但在预期目标和实现方式上被赋予了更加务实、具体的内涵。这集中体现为"合作安全"概念的应运而生。

作为后冷战时代的一个概念,合作安全一方面试图超越狭隘的防务规划范畴,另一方面则力图避免关注焦点的模糊。而且它一般并不包括共同安全所具有的激进成分。相反,它只是强调对安全的手段进行重新定义,通过实用主义的方式建构共同的战略利益,通过对国际关系进行有序管理,实现国际体系的和平与稳定。需要指出的是,合作安全概念迄今并没有一个统一的定义,大体上看可以分为欧洲、美国和亚太三个版本。欧洲版的合作安全强调"建立信任与安全措施"的重要性,主张通过多边组织的框架,把本地区以及与本地区相连的周边地区各国都纳入进来,就共同关心的各种安全问题(包括传统与非传统两个方面)进行集体磋商,寻求政策协调,实施冲突控制和危机管理,最终建立一个泛欧安全共同体。其主要载体就是在原有的欧安会基础上于1995年成立的欧洲安全与合作组织(OSCE)。

美国版的合作安全是由一些美国学者在布鲁金斯学会和卡耐基国际和平基金会的资助下完成的《合作安全新概念》研究报告中提出的。按照该报告的定义,合作安全是指:"致力于通过一致同意的方式来规范各国军事力量的规模、技术构成、资金投入和运作方式,以便于各方共同受益";"合作安全的核心目的是防止战争爆发。为此,要阻止侵略取得成功,同时也要使那些感到威胁的国家放弃自己为反侵略措施所做的准备"。① 在该报告确立的思想框架指导下,来自以上两个学会以及哈佛大学、斯坦福大学等多所院校的专家学者经过一年半的研讨,于1994年合作出版了《全球性参与:21世纪的合作与安全》一书,对合作安全的基本

① Ashton B. Carter, William J. Perry, John D. Steinbruner, *A New Concept of Cooperative Security*, Brookings Occasional Paper, Washington, D. C.: Brookings Institution, 1992, pp. 6,7.

思想做了进一步的阐发，并就其政策含义及其在不同地区的应用进行了分析，指出：合作安全谋求通过制度化的一致同意而不是物质性的强制威胁来达到目的。它以安全目标的根本一致为前提，谋求在各国军事力量之间建立合作性的——而不是对抗性的——关系。合作的基础是共同接受和支持将本土防御作为各国唯一的军事目标，并将军事力量的使用置于国际一致的限制之下。[①] 与此主张相呼应，构建具有约束力的安全机制成为一个中心课题。合作安全机制的核心战略问题是安全保证（reasurance），而安全保证的关键是可靠的规范和制度结构。[②] 综观全书，美国版的合作安全观集中关注的是军事领域的安全问题，把制止侵略作为核心目标，强调后冷战时期的国家安全政策应以安全保证而不是威慑和遏制为基础，强调各国应围绕这一点而开展合作，合作的重点是加强军备控制、增加军事透明度、制止大规模杀伤武器扩散等，尤其是强调必须为各国的军备水平、防务政策和对外交往确立具有约束力的规则规范。应该说，相对于传统安全观而言，这种安全理念无疑具有积极意义，而相对于较早出现的共同安全观而言，则少了些空泛，多了些务实，目标也更加明确。但是，这一观念的"美国中心"色彩也是非常明显的：它所主张的"合作"是以美国领导为前提，所主张的机制化是以美国设定的规则为基础的。其真正意图在于阻止先进武器（最主要是核武器）向其他国家扩散，并用符合自己利益的标准来约束其他国家武装力量的发展和防务政策的走向，以此延续美国的"一超"地位，建立"美国治下的和平"秩序。正是由于这种利己性、片面性和强制性，使得美国版的合作安全观并没有获得广阔的发展空间，也没有得到国际社会的广泛响应。而真正具有生命力并已初见硕果的是亚太版的合作安全观。

　　亚太合作安全观最早是由加拿大政府于 1990 年提出的。此后，澳大利亚、东盟、日本和中国等国家的学者和官员分别对其进行探讨，从而

---

① Janne E. Nolan, *Global Engagement: Cooperation and Security in the 21st Century*, Washington, D. C.: The Bro okings Institution, 1994, pp. 4, 5.

② Ibid., p. 65.

形成了独具特色的亚太合作安全理念。关于这一安全观的具体内涵,尽管不同国家之间存在着一定的不同意见,但在总体思路上则已达成共识。归纳起来,主要有以下共同点:(1)合作安全应摒弃冷战时期的"威慑思维",代之以共同安全所提倡的"与他国合作而不是对抗"的理念;(2)安全既涉及军事方面,也涉及非军事方面,二者应同时兼顾;(3)合作安全以促进公认的国际准则和规范为主旨,并促使其得到各国的普遍遵守;(4)安全保证是实现相互安全的必要条件,为此,需要促进共识、增进互信、增加透明度、开展预防性外交,尤其是要着眼于在参与国之间培养"对话的习惯";(5)合作安全谋求的是塑造适宜的政治氛围,以便为和平解决争端创造条件;(6)合作安全主要以协商对话的方式运作,而不应包括经济和军事制裁的手段;(7)合作安全不人为设定敌人,不针对第三方,而是建立在广泛的包容性(或称非排他性)和开放性原则之上;(8)多样性和差异性是亚太地区的基本事实,各国在开展安全合作时必须充分考虑这一点;(9)制度化是安全合作的必要手段,但是基于该地区的特性,亚太地区安全关系的制度化将是一个缓慢的、循序渐进的过程;(10)亚太合作安全既应重视政府的作用和官方的渠道,也应鼓励非政府的参与和非官方的渠道(即"第二轨道外交")。[①]

三、中国的新安全观

与国际社会的认识历程大体同步,中国的安全观也经历了一个从传统到非传统、从单一到多元的转变过程。20世纪90年代以前,在严峻的国际环境的压力下,中国也把国家安全的威胁定义在军事—政治层面,把维护主权和领土完整作为安全战略的核心内容。为了谋求这一目标

---

① 参见: Gareth Evans, *Cooperating for Peace: The Global Agenda for the 1990s and Beyond*, Sydney: Allen and & Unwin, 1993, p. 15; David Dewitt, "Common, Comprehensive, and Cooperative Security," *Pacific Review*, Vol. 7, No.1, 1994, pp. 7 - 10; Ralf Emmers, "Security Cooperation in the Asia-Pacific: Evolution of Concepts and Practices," in See Seng Tan and Amitav Acharya (eds.), *Asia-Pacific Security Cooperation: National Interests and Regional Order*, New York: M.E. Sharpe, Inc., 2003, pp.7 - 9.

的实现,中国政府早在 20 世纪 50 年代初就提出了和平共处五项原则,并积极加以推广和实践。但由于冷战环境的制约,尤其是面对来自超级大国的军事压力,中国的安全观在很大程度上仍然是传统意义上的。冷战结束以来,随着国际形势总体趋缓、国内改革开放的发展和与外部世界相互依赖的不断加深,中国对于安全的内涵、涉及领域和实现方式及手段的认识发生了前所未有的转变。这种新安全观集人的安全、国家安全与国际安全于一体,强调安全的综合性、共同性和合作性,同时又具有自身特点。它既与国际社会主流理念相吻合,也继承了中华文化的道德传统,同时又兼顾国际关系的客观现实,符合和平与发展时代的主题要求。概括起来,主要有以下方面。

从遵循原则上看,中国新安全观主张以联合国宪章的宗旨和原则以及其他公认的国际法及国际关系准则为基础,发展各国间的和平、友好、合作关系。和平共处五项原则作为这些原则、准则的引申和概括,具有普遍的指导意义和适用价值。

从领域上看,中国新安全观强调安全问题的综合性,认为在全球化条件下,一方面军事—政治层面的安全威胁依然严峻;另一方面经济、社会、环境、资源、文化等领域的安全威胁在迅速上升,而这类威胁必须在科学发展观的指导下用"统筹兼顾"的方式加以解决。主权安全和发展安全是国家安全的两块基石。

从目标上看,中国新安全观谋求互利共赢的共同安全,认为一国的安全不能建立在别国安全受损的基础上,而是要充分考虑别国合理的安全关切,通过协调、合作谋求共同受益;片面追求自身的"绝对安全",或将自己的安全凌驾于别国和世界的安全之上,只会加剧军备竞赛;军事结盟无助于安全环境的改善,反而会导致集团对立;霸权主义和强权政治是当今世界和平与安全的最大威胁,必须予以坚决抵制;国家安全与国际安全相辅相成、不可分割,共同安全的本质就是国家安全必须以国际安全为依托;建立和谐世界是实现各国共同安全的必要保障。

从途径和手段上看,中国新安全观强调以合作促安全,认为合作安全必须坚持以下几点:首先是合作参与者的包容性,这不仅是指发展模式和观点一致国家之间的合作,也包括发展模式和观点不一致国家之间的合作;其次是合作模式的多样性,既包括具有约束力的多边安全机制,也包括具有交流和磋商性质的安全对话,还包括具有学术探讨性质的非官方安全论坛等;再次是合作机制的灵活性和渐进性,亦即要充分考虑相关问题的性质和当事国的接受程度,从建立互信、扩大共识入手,逐步推进安全合作的机制化和组织化。

从内涵上看,中国新安全观的核心是"互信、互利、平等、协作"。"互信"是指超越意识形态和社会制度异同,互不猜疑,互不敌视,并就各自防务政策和重大行动展开对话和相互通报;"互利"是指顺应全球化时代社会发展的客观要求,互相尊重对方的安全利益,在实现自身安全利益的同时,为对方安全创造条件,实现共同安全;"平等"是指国家无论大小强弱,都是国际社会的一员,应相互尊重,平等相待,不干涉别国内政,推动国际关系的民主化;"协作"是指以和平谈判的方式解决争端,并就共同关心的安全问题进行广泛深入的合作,消除隐患,防止战争和冲突的发生。[①] 在这里,互信是基础,互利是目的,平等是保障,协作是手段。

中国政府不仅积极倡导新安全观,还将其贯彻到安全政策的实践当中,无论在解决与邻国的边界、领海争端和建立互信方面,还是在缓解地区危机和紧张局势、推进多边安全对话与合作方面,都已取得显著成效,并因此而受到有关各方的欢迎和赞誉。事实证明,这种新安全观具有很强的包容性、适用性和可操作性,如果得到世界各国的切实实行,就能够成为后冷战时代国际安全模式的指导原则。

---

① 参见 2002 年 7 月 31 日中国代表团向东盟地区论坛外长会议提交的《中方关于新安全观的立场文件》。

亚洲安全观论析[*]

2014 年 5 月 21 日,国家主席习近平在亚洲相互协作与信任措施会议(简称"亚信会议")第四次峰会上呼吁亚洲国家摒弃传统安全思维,努力营造新型安全关系,提出"应该积极倡导共同、综合、合作、可持续的亚洲安全观,创新安全理念,搭建地区安全与合作新架构,努力走出一条共建、共享、共赢的亚洲安全之路"①。按照习主席的解释,亚洲安全观的核心内容是"共同安全、综合安全、合作安全与可持续安全"。"共同安全"就是要尊重和保障每一个国家的安全。"综合安全"就是要统筹传统安全与非传统安全。"合作安全"就是要通过对话合作促进各国和本地区安全。"可持续安全"就是要坚持发展和安全并重以实现持久安全。②亚洲安全观的提出是对中国政府在世纪之交提出的新安全观的继承、细化和发展,不仅是中国践行和平发展战略的进一步体现,也是解决周边安全问题的现实需要,更是和平与发展的时代要求,所以引起了与会各方的强烈共鸣和国际社会的广泛关注。

那么,亚洲安全观的现实依据和思想来源是什么? 落实亚洲安全观

---

* 本文原标题为《亚洲安全观的依据、来源和实施路径》,原载《和平与发展》2015 年第 2 期,合作者李洪才。
①② 习近平:《应积极倡导共同、综合、合作、可持续的亚洲安全观》。http://news.xinhuanet. com/world/2014 - 05/21/c_1110792359.htm? prolongation=1.

目前有哪些困难？中国应如何应对这些困难以推进亚洲安全观的发扬光大呢？本文将对这些问题进行分析探讨，以期为全面理解这一新的安全倡议提供参考。

一、亚洲安全观的现实依据

（一）现实困境：现实主义安全观在解决新时代安全问题时的乏力

现实主义是国际关系领域的主流理论之一，其思想源远流长、影响广泛。现实主义认为，自我保存是国家利益的核心，是国家追求的首要目标；自助是国家在国际关系中的最基本、最可靠的行为方式；国际政治的本质是争取权力与安全的斗争；以军事力量为基础的物质权力是维护国家利益的最根本和最有效保障。[①]这些观点反映了传统的国际政治现实，对各国制定对外战略产生了深远的影响。但是，现实主义仅从狭隘的军事安全角度看待安全问题，所关注的只是战争和战争威胁以及国家之间军事实力的对比，而把非国家的社会单元（如个人、国内团体、国际社会等）和非军事因素（如经济、社会制度、思想文化等）排除在外。[②]这使其长于解释对抗和冲突而弱于解释协调与合作，尤其是忽视了相互依赖条件下国际安全态势的新变化。这种安全观指导下的安全政策在解决新时代的安全问题时显得越来越乏力。

当今的亚洲正面临传统与非传统安全威胁相互交织、同时凸显的挑战。在传统安全方面，部分国家的领土主权争端长期存在并有不断升温之势，加上历史形成的隔阂，许多国家之间的信任赤字居高不下。另一方面，随着中国的不断崛起，美国、日本等国对中国采取的敌视、遏制有增无减。周边中小国家对中国的疑虑与防范也有所加剧，它们利用美国重返亚太之机，加强对中国的制衡。非传统安全方面，恐怖主义、分裂主义和极端主义猖獗，不仅使许多国家的政治、经济、社会秩序陷入混乱，

---

①② 杨光海：《安全观的演进：从传统到非从传统的转变》，载《国际政治》2008 年第 6 期，第 37 页。

而且还呈现跨境扩散、不断蔓延的特点。

面对这样的安全形势,一些国家却仍然固守传统安全思维,不仅拒绝对话与协商,还采取加剧紧张的举措,从而激起新的对抗,阻碍了安全合作的开展。比如,日本在钓鱼岛问题上顽固坚持"三不"政策,企图以国有化形式改变钓鱼岛争端现状。这不但使中日关系跌入冰点,而且对双方的经济合作也造成了冲击。又如,在南海问题上,个别国家采取以邻为壑的做法,不仅拒绝同中国合作寻求解决方式,还大力增加军备,拉拢区外大国介入,不仅破坏了南海地区的稳定,也破坏了合作共赢的氛围。

正是因为固守传统安全思维使亚洲国家无法走出安全困境,所以亚洲地区急需冲破传统安全观念的束缚,以新的安全观念推进亚洲安全问题的解决,打造新的亚洲安全秩序。

(二)时代要求:和平与发展的时代主题与全球化的加速推进

自冷战结束以来,"发展"越来越成为世界各国的共识,各国对发展经济越来越重视。早在 20 世纪 80 年代,邓小平同志在深入分析国际形势的基础上,就做出了"在较长时间内不发生大规模的世界战争是有可能的,维护世界和平是有希望的"战略判断,指出当今的时代主题是和平与发展。① 这为中国改革开放和现代化建设指明了方向。随着冷战结束后全球化的加速推进,和平与发展的时代潮流进一步加强,国与国之间不仅在经济领域越来越相互依赖,在安全领域也越来越相互联系、相互影响,这使得各国越来越需要通过合作的方式来谋求共同安全。正如习近平主席指出,"今天的亚洲,区域经济合作方兴未艾,安全合作正在迎难而上,各种合作机制更加活跃,地区安全合作进程正处在承前启后的关键阶段"②。因此,合作不仅是亚洲国家的主动选择,更是各国发展的现实需要。亚洲安全观正是基于这样的时代背景提出的,是符合亚洲各国共同利益的,也是应对当今国际安全形势,特别是亚洲安全形势所迫

① 《邓小平文选》第三卷,北京:人民出版社,1993 年,第 127 页。
② 习近平:《应积极倡导共同、综合、合作、可持续的亚洲安全观》,新华网,2014 年 5 月 21 日,http://news.xinhuanet.com/world/2014－05/21/c_1110792359.htm? prolongation＝1.

切需要的。

（三）舆论基础：亚洲各国人民对于和平与发展的共同向往

亚洲各国基本上都遭受过帝国主义的侵略和奴役，对战争灾难有切肤之痛。独立后，亚洲又成为美苏两极对抗的前沿。冷战时期虽然没有爆发全球性战争，但局部冲突延绵不断，亚洲成为冲突热点，整个世界也被笼罩在核战争和军备竞赛的阴影下。冷战结束后，亚洲各国才真正看到了和平与发展的希望，倍加珍惜来之不易的机遇，追求和平安全的地区环境以确保经济发展，成为亚洲人民的共识。这也是为什么冷战后虽然面临诸多挑战，但亚洲人民并未选择战争的方式，而是谋求通过合作和协商对话来化解矛盾的原因所在。东盟地区论坛、上海合作组织、亚信会议、香山论坛等地区安全对话与合作机制的相继建立，就是这一意愿的直接反映。

二、亚洲安全观的思想来源

（一）文化渊源：中国"和为贵"的历史文化传统

中国文化以"和"为根本，"和"是中国传统文化的一个核心要素。"和"作为一种价值观，表示的是和谐、和睦、和平的状态；作为一种方法，表示的是使各种因素和谐互补、和睦共存的手段。只有如此，才能使不同的个体有机结合、相互平衡，使世界万物有序排列，使社会成员各得其所，最终达到"和"的状态，即形成共生共存、相辅相成的大同世界。因此，中国历朝历代一直追求以"和"为贵。

"和为贵"的思想在处理国家间关系时化成了"协和万邦"的外交理念。《尚书·尧典》中记载："曰若稽古，帝尧曰放勋，钦明文思安安，允恭克让，光被四表，格于上下。克明俊德，以亲九族。九族既睦，平章百姓，百姓昭明，协和万邦，黎民于变时雍。"这是一种追求"天下"秩序和谐一体的思想，即在国家强大之时，不倚强凌弱，不蛮横称霸，而是在道德的指引下，通过王道而非霸道的手段来维护国内各民族之间以及国与国之间的关系。上述思想对历代中国的外交实践产生了决定性影响。如汉唐时期中国国力强盛,但不曾对外侵略,而是注重通过"丝绸之路"拓展和平交往、互利往来的渠道;明朝和清朝前期中国国力足以对外殖民,但始终不曾有过这样的经历。即使郑和舰队七下西洋,也只是为了宣扬"天恩浩荡",毫无殖民扩张的意图。英国著名历史学家汤恩比在对世界各种文明的发展进行比较研究之后指出:中国这个东方大国从来没有对其疆域以外表示过帝国主义野心,传统上就是一个大而不霸的国家。"避免人类自杀之路,在这一点上现在各民族中具有最充分准备的,是两千年来培育了独特思维方式的中华民族。"①

"和为贵"的思想在处理安全问题时化成了"备战但慎战""以防御为基本""出兵要正义"等战争观。如中国兵家思想强调:"慎谋者得国"②;"穷兵者亡","兵者,非君子之器";③"兵苟义,攻伐皆可,救守亦可;兵不义,攻伐不可,救守不可";④"得道者多助,失道者寡助"等。⑤

总之,中国"和为贵"的传统文化在安全上是以注重和平、追求正义、防御为先、和谐共生为基本特征的,这与当今中国倡导的共同安全、合作安全与可持续安全是一脉相承的,也可以将其视为这种新安全观的思想源头。

(二)理论来源:从亚太版的合作安全观到亚洲安全观

冷战结束后,新的安全观念层出不穷。继 1990 年加拿大外长乔·克拉克最早提出"亚太合作安全观"后,澳大利亚、东盟、日本和中国等国的政府和学界纷纷进行研究探讨,逐渐形成了独具特色的亚太合作安全理念。关于这一安全观的具体内涵,尽管不同国家之间存在着一定的不同意见,但在总体思路上是基本一致的,都主张应包括传统安全和非传

---

① 转引自叶小文:《中美如何走出"修昔底德陷阱"》,中国新闻网,2014 年 6 月 24 日,http://www.chinanews.com/gj/2014/06 - 21/6305407.shtml.

② 刘向:《管子·第二十四》,上海:上海三联书店,2014 年。

③ 《老子·三十一章》,北京:中华书局,2014 年。

④ 《吕氏春秋·禁塞》,南京:凤凰出版社,2013 年。

⑤ 《孟子·公孙丑下》,北京:中华书局,2006 年。

统安全两个方面,应摒弃冷战思维,加强协商对话,鼓励多渠道交流,培养合作习惯,建立相互信任,实现相互安全。亚太版的合作安全观把共同安全、综合安全、合作安全等新安全理念融为一体,为亚洲安全观的提出提供了借鉴。

亚洲安全观所关注的安全领域的综合性、所强调的安全手段的协商性与合作性、所追求的安全目标的共同性与可持续性,都是与亚太合作安全理念相吻合的。不仅如此,亚洲安全观还注重从心理上来"医治"亚洲国家之间的不信任,达成对国家安全新的认识,促进亚洲国家之间的积极互动,而不是消极对抗,使国家间关系跳出安全困境的困扰,实现良性发展。就像建构主义所言,"安全是一种自我实现的预言",如果行为体之间的共有知识能够让他们彼此建立信任,则它们就会以和平的方式解决彼此存在的问题,从而为安全共同体的建立创造心理条件。

由此可见,亚洲安全观相对于传统安全观而言,其突破和创新之处在于:一个国家并非一定要通过结盟才能获得安全,也并非一定要具备绝对优势才能获得安全,而是可以通过合作的方式共同塑造安全环境和安全心态,通过对话与谈判妥善处理安全问题,这样不仅可以使大家都安全,而且可以避免陷入军备竞赛和安全两难。

(三)法理来源:与《联合国宪章》等国际关系基本准则高度契合

《联合国宪章》在现代国际法和国际关系准则中具有最高的权威性,对现代国际法基本原则的形成和发展具有举足轻重的影响。在现代国际法基本原则体系中,《联合国宪章》所确立的七项原则处于核心地位,包括:会员国主权平等、善意履行宪章义务、和平解决国际争端、禁止武力相威胁或使用武力、集体协助、确保非会员国遵守宪章原则和不干涉内政。1970年联合国大会通过的《关于各国依联合国宪章建立友好关系及合作之国际法原则宣言》(简称《国际法原则宣言》),又以新的措辞进一步明确了这些原则,即:不使用武力或威胁使用武力、和平解决国际争端、不干涉任何国家内政、各国依照宪章彼此合作、各民族权利平等与自决、各国主权平等、善意履行宪章义务。

亚洲安全观的内涵与《联合国宪章》等国际法基本原则的精神完全一致。如"合作安全"强调以协商、合作的方式解决争端，以合作共谋安全，正是"不使用武力或威胁使用武力""和平解决争端""各国依照宪章彼此合作""善意履行宪章义务"等原则的具体体现；"共同安全"强调国家不论大小强弱，都享有同等安全的权利，不能为了自己的安全破坏他人的安全，这充分体现了"各国主权平等""不干涉别国内政""各民族权利平等"的原则精神。

亚洲安全观也是对"和平共处五项原则"的继承和发展。和平共处五项原则即"互相尊重主权和领土完整、互不侵犯、互不干涉内政、平等互利、和平共处"，是新中国在建国之初提出的处理对外关系的基本准则，早就得到了不同类型国家的普遍认同。亚洲安全观强调的共同安全、综合安全、合作安全与可持续安全，不仅体现了上述国际法基本原则，也体现了"和平共处五项原则"的基本精神。

三、落实亚洲安全观面临的困难和障碍

亚洲安全观虽然有着充分的现实依据和深厚的思想渊源，但要将其付诸实施并发扬光大，从目前看仍然面临诸多困难和障碍。

（一）美国等少数西方国家对亚洲安全观的歪曲和诋毁

亚洲安全观并非要排斥美国在亚太地区的存在和影响，而是欢迎美国在该地区发挥积极作用。但是，亚洲安全观提出后，美国一些政要和学者便开始对其进行恶意解读，认为中国此倡议具有排他性，力图削弱美国在亚洲的影响力或是把美国赶出亚洲，为中国主导地区秩序奠定基础。例如，有美国学者称：中国长期追求一种把美国排除在外的多边机制，……最近，由北京主办的亚洲相互协作与信任措施会议仍然没有把美国包括进去。① 其实，美国一直以来就对中国的新安全观带有偏见，早

① John Lee, "Nonmilitary Approaches to Countering Chinese Coercion: A Code of Practice for the Asia-Pacific," Center For a New American Security, *Maritime Strategy Series*, September 2014.

在 2008 年,就有美国学者认为,中国的新安全观"与其外交手腕一道,对美国的决策者构成了独一无二且不易察觉的挑战"①。西方媒体对亚洲安全观也多进行负面报道。2014 年亚信上海峰会结束后,西方舆论断章取义,刻意曲解习主席在峰会上提出的"亚洲的事务终究要靠亚洲人自己解决,亚洲的安全要用亚洲智慧来处理"的含义,把它贴上中国版的"门罗主义"标签加以歪曲。②

亚洲安全观本是以协商、合作的方式来谋求共同和可持续安全的新型安全观,但在美国等西方国家眼里却成了中国拉拢周边国家排挤对手的一种手段。西方的这种诋毁是对中国和平发展战略的歪曲,其本质是否定亚洲安全观的思想内涵与法理基础,弱化亚洲国家对亚洲安全观的认同。

(二)传统安全观对亚洲各国对外政策的制约

中国一直秉持人不犯我、我不犯人的防御性安全战略。20 世纪 60 年代中国在第一颗原子弹试爆成功后,立即向世界庄严宣告不首先使用核武器。以邓小平为核心的第二代领导集体将中国的对外战略从服务于革命外交转向服务于经济建设与和平发展。21 世纪以来,中国政府积极以新安全观为指导推动世界安全秩序的构建,营造睦邻友好的周边安全环境,努力建设和谐世界。亚洲安全观的提出则可以被看作是中国向亚洲邻国和整个世界做出的继续走和平发展道路,而非武力称霸道路的庄严宣告和承诺。

但是,仍有部分国家对中国的崛起抱有疑虑心理,甚至企图通过强化联盟、炒作热点问题等方式牵制中国的崛起。中国的部分亚洲邻国也借机充当某些大国的马前卒,大力增加军备,利用与中国的海上领土纠纷,频频做出破坏和平友好氛围的举动,导致争端不断升温。还有个别国家不愿正视侵略历史,回避侵略责任,甚至美化侵略历史。这些都是

---

① Kerry Dumbaugh, "China's Foreign Policy: What Does It Mean for U.S. Global Interests?" *CRS Report For Congress*, July 18, 2008.
② 陈东晓:《中国的"主场外交":机遇、挑战和任务》,载《国际问题研究》2014 年第 5 期。

传统安全思维的典型表现，与当今和平发展的时代主题及相互依赖特征背道而驰。在各国彼此依赖度不断加深的当今世界，固守这样的安全思维不仅不会给自身带来好处，反而会加剧与别国的矛盾和对立，并严重影响经济合作，使很多需要共同应对的安全问题被束之高阁，更谈不上相互合作、共同安全了。其结果必然是各国不仅不能得到安全，反而会面临更加严峻的安全形势。

（三）海上领土争端升温对亚洲安全观的影响

领土领海争端是国际关系中的常见现象，只要妥善处理，就不会成为国家间建立睦邻友好关系的障碍。但是最近几年来，个别与中国存在海上领土争端的国家置中国长期倡导的"搁置争议、共同开发"主张于不顾，不断采取激化争端的做法，严重恶化了地区安全环境，削弱了国际互信的基础。例如，由于南海领土争端的升温，东盟秘书处在 2013 年初发布的《2013 年东盟安全展望》中加入了"南海争议已成为地区安全重大威胁"的表述，强调要"重点推动签订南海各方行为准则"。① 中国在处理南海问题上一直坚持在全面落实《南海各方行为宣言》的基础上稳步推动南海行为准则的协商制定。但东盟将南海争议视为"地区重大安全威胁"，试图借签订南海行为准则制约中国，明显是对中国不信任的表现。虽然东盟的官方文件中找不到"中国威胁论"的措辞，但从以上表述看，在东盟眼里，中国并非可以完全信赖的伙伴。南海争端的不断升温，不仅会增加某些东盟国家的对华疑虑，而且会使它们在亚洲合作安全机制建设上有所保留，甚至可能出现表面上积极响应而行动上难以落实的现象。

（四）亚洲各国民族主义上扬对亚洲安全观的掣肘

亚洲各国都是在西方殖民主义的废墟上建立起来的，都高度珍视自

---

① ASEAN Secretariat，*ASEAN Political-Security Community Blueprint*，June 2009，http：//www.asean.org/archive/5187 - 18.pdf；ASEAN Secretariat，*ASEAN Security Outlook 2013*，http：//www. asean. org/resources/publications/asean-publications/item/asean-security-out-look-2013.

己的民族独立与国家主权,主权意识尤其强烈。出于历史原因,东亚各国之间存在一定程度的隔阂,加上经济增长导致民族自信心增强,以及个别国家不愿意端正历史认识,导致狭隘的民族主义开始上扬,甚至还夹杂着民粹主义的成分。钓鱼岛争端导致的中日国内民族情绪的对立、中越船只海上冲撞事件导致的越南反华浪潮等都是民族主义激进化的表现。而越南、菲律宾等国政府在处理这些事件时,不仅不控制国内的民族主义,反而对其加以煽动利用,进一步助长了民族主义的膨胀。

亚洲安全观在推动建设亚洲新型安全秩序的过程中,必然要以相应的安全机制建设为基础,这必然要求相关国家采取自我克制与适度妥协的方式。然而,由于对国家主权和本国利益的片面强调,亚洲各国对机制建设仍存有戒心,尤其是对任何旨在削弱本国主权的合作机制产生本能的抵触。不仅如此,若各国的民族主义不能得到有效控制,各国政府将会不断被民族主义裹挟,在处理争端或是进行机制建设时,即使想保持自我克制与适度妥协,也将心有余悸。另外,亚洲国家的历史、文化、制度、发展水平等也很不相同,它们对区域安全合作机制必然会产生不同的理解和需要,加上现实的各种矛盾与隔阂,必然会使相关安全机制的建设和发展面临更大的障碍。

四、解决困难和障碍的几点思考

(一)努力推动亚洲安全观的宣传推广和实践

亚洲安全观是不同于传统安全观的新型安全观,其"新"表现在认为处理国家间关系不能仅仅依靠实力特别是军事实力,而且还要改变观念。只有形成维护共同安全的共识与合作谋求共同发展的理念,才能够为解决安全困境找到新的出路。所以,要推动亚洲安全观的落实,首先是要观念先行,要利用各种机会和平台宣传推广亚洲安全观,推动各国安全观的更新,增进各国对安全问题的共识,增强落实亚洲安全观的主动性与积极性。

同时还要以热点问题的妥善处理带动亚洲安全观的逐步落实。亚洲安全观要得到认同,关键是看其在实践过程中效果如何。就当前的各种争端而言,要努力将亚洲安全观的共同安全、合作安全、综合安全与可持续安全理念发展成为争端各方的安全共识,在此基础上推动争端的妥善解决。中国一直致力于推动地区热点问题的和平解决,坚定不移地推进朝鲜半岛无核化进程,积极参与阿富汗和平进程与重建。这些都表明了中国一直在践行亚洲安全观,对管控地区冲突、阻止对抗升级发挥了重要作用。

针对南海问题,中国政府最近提出了"双轨"解决思路,即南海的和平稳定由中国和东盟共同维护,南海领土及海域划界争端由有关争议方通过双边谈判的方式加以解决。这种共同维护南海稳定、协商解决争端的主张正是亚洲安全观的具体体现。今后在南海行为准则的磋商过程中,也要积极贯彻落实亚洲安全观,谋求共同安全,保持南海地区的和平与稳定。另外,在南海非传统安全合作方面,也要以亚洲安全观为指导,积极增进共识,开拓在打击海盗和海上犯罪、保护海洋资源和生态环境、维护航线及航道安全方面的合作领域,深化和细化合作项目,树立合作安全、共同安全、综合安全和可持续安全的典范。

(二)促进国际合作由经济领域向安全领域扩展

经济合作发展到一定程度,必然要求参与方在政治、安全上加强合作。但在今天的东亚,经济合作的效应并没有外溢到安全领域,相反还出现了二者背离的迹象。例如,一些国家在经济上与中国加强合作,搭乘中国发展的快车,在安全上却迎合美国的"亚太再平衡"战略,对中国进行防范和牵制,在领土争端上采取对抗政策,由此出现了"经济上靠中国,安全上靠美国"的不正常现象。

针对这种情况,应以亚洲安全观为指导,以经济合作为基础,努力促使合作从经济领域向安全领域扩展,并争取在安全领域的合作取得突破。比如,东盟倡导的"区域全面经济伙伴关系协定"(RCEP)若要尽早达成,就需要中国和东盟建立更高层次的政治互信,以排除局部争议的干扰。中国与东盟可以以此为契机推进双方的政治互信,为安全合作打下基础。另外,中国提出的"丝绸之路经济带"、"21世纪海上丝绸之路"、孟中印缅经济走廊、中巴经济走廊等区域经济合作倡议,虽然能使周边各国享受到中国发展带来的红利,但也需要与有关各国在政治、安全上进行良性互动。反过来,这也给中国与周边国家推进安全合作提供了良好的机遇。

(三)加强安全领域的对话、交流与合作,营造良好关系氛围

加强安全对话和交流,是增信释疑、防止误解和误判,化解安全困境的必要途径。改革开放以来,中国一直十分重视经济合作的作用,但需要看到,安全领域的相互疑虑很大程度上需要安全上的沟通和接触来弥合。加快推动本地区国家间的多边安全对话,一方面可以强化彼此在应对非传统安全威胁方面的协同能力,另一方面也可以增加相互间的安全互信。针对南海问题,应首先推动《南海各方行为宣言》的全面落实,同时稳步推进《南海各方行为准则》的磋商谈判。这样可以最大程度地打消东盟国家的对华疑虑,使双方的安全合作全面持久地进行下去。

总之,要充分利用舆论宣传的导向作用、热点问题解决的示范作用、经济合作的牵引作用,以及安全互动的润滑作用,来克服亚洲安全观落实过程中所面临的各种困难和障碍,促使亚洲安全观在实践中逐步地取得成效,在打造亚洲安全新秩序和"周边命运共同体"上发挥重要作用。

国际秩序基本问题论析 *

一、国际秩序的界定

国际秩序是国际政治的一个非常重要的范畴,也是国际关系学和国际问题研究领域使用频率很高的一个概念。关于这一概念的定义,学术界已有大量解释,大体看,可以分为广义和狭义两类。广义的解释着眼于国际关系的外在形态或模式。例如,"英国学派"国际关系理论的主要代表人物赫德利·布尔指出:"国际秩序是人类社会作为一个整体为维持社会生活的基本或首要目标而采取的人类行为的模式或倾向",是"对人类活动和国家行为所作的旨在维护人类社会合作、稳定与和平的一种合理安排。"①美国著名国际关系学者斯坦利·霍夫曼认为,世界秩序有三个不可分割的定义要素:一是指国家间关系处于和睦状态的一种理想化的模式;二是指国家间友好相处的重要条件和有规章的程序,它能够提供制止暴力、防止动乱的有效手段;三是指合理解决争端和冲突、开展

---

* 本文原标题为《国际秩序概念辨析》,载《解放军南京政治学院学报》2004 年第 2 期。

① Hedley Bull, *The Anarchical Society: A Study of Order in World Politics*, New York: Columbia University Press, 1977, pp. 20, 22.

国际合作以求共同发展的一种有序的状态。[①] 北京大学王杰教授主编的《国际机制论》一书指出:国际秩序是国际政治行为体在一定的共同利益、共同预期基础上建立起来的一种具有规范性特点的国际关系状态。[②]

另一部分学者从狭义角度定义国际秩序,所强调的是国际关系的内在控制机制。例如,美国著名学者奥兰·扬指出:"国际机制是管理国际社会所有(或者几乎所有)成员的多领域具体事物的广泛制度框架。"[③]北京大学梁守德教授指出:国际秩序"指的是国际社会中主要角色围绕某种目标和依据一定规则相互作用形成的运行机制,它表明国家在国际社会中的位置和顺序,具有相对稳定性。"[④]中国人民大学冯特君教授等指出:"国际秩序就是指一定时期国际社会中的国际行为主体(主要是主权国家)之间,围绕一定的目标,在某种利益基础上相互作用、相互斗争而形成的国际行为规则和相应的保障机制。"[⑤]

以上两类定义分别从不同角度揭示了国际秩序的内涵和本质特征,但依笔者之见,仅靠其中的一种还不足以涵盖国际秩序概念的全貌,因为"秩序"虽然是指一种稳定有序的事态,但这种事态离不开规则和机制作保障;反之,秩序虽然必须以规则和机制作保障,但它本身并不等同于规则和机制,而是在规则和机制的基础上建立起来的某种有章可循的事态。由此引申,国际秩序应该包括两个层面的含义:(1)得到国际社会认可和遵循的一套规则体系和保障机制;(2)一种相对稳定有序的国际关系状态或模式。二者相互连接、相辅相成,前者是后者的内在要求和必要前提;后者是前者的外在形式和必然结果。因此,只有把这两个层面统一起来,才能够得出一个比较完整的定义,即国际秩序是国际社会主

---

① Stanley Hoffman, *Primacy or World Order—American Foreign Policy Since the Cold War*, McGraw-Hall Book Company, 1980, pp. 109,188.

② 王杰:《国际机制论》,北京:新华出版社,2002年,第31页。

③ Oran R. Young, *International Cooperation: Building Regimes for National Resources and the Environment*, Ithaca: Cornell University Press, 1989, p. 13.

④ 梁守德、洪银娴:《国际政治学概论》,北京:北京大学出版社,2000年,第238页。

⑤ 冯特君:《当代世界经济与政治》,北京:经济科学出版社,1998年,第401页。

要行为体(主要指国家和国家集团)基于某种共同利益和目标,依据一定的原则、规范、规则和保障机制而形成的相对稳定、有序的国际关系状态。或者说,国际秩序是管理所有行为体的对外行为及其互动关系的制度化安排以及由此形成的行为体之间的一种相对稳定、有序的交往模式。这样一来,国际秩序就与国际制度、国际机制在概念和内涵上连接了起来。

二、国际秩序的基本要素

如定义所示,国际秩序是以管理国际行为体的一系列原则、规范、规则及保障机制等制度化安排为依据的,这些制度化安排通常是以国际法原则、国际关系准则、国际惯例、国际机制、国际组织等形式表现出来的。这些要素之间既有联系、又有区别,既相互包含、又相互补充,以不同形式、从不同方面、在不同程度上发挥作用,从而构成规范和调节国际关系的制度化框架,维护国际交往的有序运行。

国际法原则与国际准则是国际秩序基本要素中最具约束力的根本性原则。国际法原则"不是个别领域内的具体原则,而是那些被各国公认的、具有普遍意义的、适用于国际法的一切效力范围的、构成国际法的基础的法律原则"。[①] 国际准则与国际法原则在本质上是一致的,只不过国际法侧重于国际交往中的法律规范,即国际行为体在国际社会中所享有的权利和应尽的义务;国际准则则侧重于国际行为体相互关系的道德规范。第二次世界大战后,随着国际准则内容的规范化和系统化,二者基本上融为了一体。

国际法原则和国际关系准则是国际秩序规则体系的主要内容。它们主要是通过《联合国宪章》、和平共处五项原则、万隆会议十项原则、《国际法原则宣言》、《各国经济权利和义务宪章》十五项原则等得到确立的。这些原则尽管表述有所不同,但基本内容是一致的。概括起来,主

---

① 王铁崖:《国际法》,北京:法律出版社,1995年,第46页。

要包括:主权独立、领土完整、平等互利、民族自决、互不侵犯、互不干涉内政、和平解决国际争端、和平共处、国际合作、诚实履行国际义务、尊重人权和基本自由等。

国际法原则和国际准则虽然是国际社会公认的,具有普遍适用性,但它们只有约束力而不具有强制力。一方面,它们是国家间协议的产物,一经形成,各国的行为从法理和道德上讲都要受到它们的约束。另一方面,国际社会在本质上处于"无政府"状态,不存在凌驾于各国之上的中央权威。在此情况下,国际法和国际准则的实施、维护和遵守,基本上出于国家的自愿,其约束力主要表现为国际道义的约束、国际舆论的谴责和国际社会的制裁。在以国家利益至上和权力因素起最终决定作用的国际政治现实面前,道义和舆论的压力难以发挥较大效力,集体制裁往往也难以达成共识,即使能够达成并付诸实施,也无法对大国、强国构成决定性的压力。可见,国际法和国际准则效力的根据在于国家本身,即在于国家的意志,[①]其效力大小取决于国际格局所体现的国际力量对比态势。

国际机制即国际社会的控制和调节机制,是指"在某一特定的国际关系领域里,汇聚着行为体期望的一套明示或默示的原则、规范、规则或决策程序"[②],是"对相互依赖关系产生影响的一系列控制性安排",[③]是"国际共同体或主要国家(共同地或私下地)为维持国际秩序、促进共同发展或提高交往效率等目的,建立起来的一系列有约束性的制度化安排或规范"[④]。由此可见,国际机制也属于国际秩序的规则体系,其功能同国际法原则和国际准则一样,在于降低国际无政府性、防止国际竞争失控、促进国际关系的有序和稳定。

但是,国际机制与国际法和国际准则也有着明显的区别,主要表现

---

① 王铁崖:《国际法》,北京:法律出版社,1995年,第9页。

② Stephen Krasner, ed., *International Regimes*, Ithaca: Cornell University Press, 1983, p.2.

③ [美]罗伯特·基欧汉、约瑟夫·奈:《权力与相互依赖》(第3版),门洪华译,北京:北京大学出版社,2002年,第20页。

④ 王逸舟:《西方国际政治学:历史与理论》,上海:上海人民出版社,1998年,第398页。

在：（1）国际法和国际准则适用于整个国际社会，对国际关系的各个领域和各个行为体都具有普遍的约束力；国际机制则可以有多个作用范围，且针对特定的国际关系领域，其效力也只是针对参与者而言。（2）国际法和国际准则是最根本的、最高的原则，对于国际机制具有指导意义。国际机制则不同，是对国际法原则和国际准则的细化、引申、扩展或补充。二者之间相当于"一般"和"具体"的关系。（3）国际机制只是体现参与者的共识，但不一定体现国际正义的价值追求。[①] 国际机制含有促进国际合作、维护国际稳定、管理国际争端的意义，但由于强权因素的存在，这种合作不一定是在主权平等、互惠互利的条件下进行的，所造就的稳定与和平也不一定是公正、合理和持久的。相反，国际法原则和国际准则由于得到国际社会全体或绝大多数成员的承认和接受（至少在形式上如此），代表着世界各国的共同利益，因此天然具有追求国际正义的价值取向，是评判各种行为规范符合国际正义原则与否的最根本的价值尺度。因此，建立公正、合理的国际秩序必须以公认的国际法原则和国际关系准则为指导，并以此为准绳推动国际机制朝着符合国际正义的方向发展。

国际组织是两个以上国家的政府、民间团体或个人出于某种目的，根据一定的协议而成立的跨国机构，其目的在于通过成员之间的合作来实现共同的利益和目标。国际组织与国际机制既有所不同，又相互关联。国际组织表现为机构性实体，国际机制表现为由共同预期汇聚而成的一套原则、规范、规则和决策程序。国际组织所体现的是成员间的共同利益、意志和愿望，是通过确立一致同意的原则、规范、规则和决策程序，以集体协议的形式反映出来的。因此，"国际组织总是隐含在国际机制之中：它们所做的主要事情是监督、管理和调整机制的运作。组织和机制从逻辑上讲可以区分开，但在实践中却是彼此相连的"[②]。因此，广

---

① 王杰：《国际机制论》，北京：新华出版社，2002 年，第 19 页。

② Robert Keohane，International Institutions and State Power：*Essays in International Relations Theory*，Boulder：Westview Press，1989，p. 5.

义的国际机制应该包括国际组织在内。不过,由于国际社会是由一个个享有独立主权的政治实体组成的无政府体系,而且各个政治实体之间的利益需求和权力地位又很不相同,因此,它们之间创建统一的、承担管理和监督职能的超国家机构的难度,要比它们通过较为宽松的方式(如达成共识、缔结协议等)开展协调与合作大得多。有鉴于此,许多国际机制并无固定的组织形式,而是靠参与者的共识和协议来维持和发挥作用的。从此意义上讲,国际机制具有自己的独立性和生命力,并不依靠国际组织而存在,只有正式的国际机制才设有一定的组织形式。

三、国际秩序的基本内容及互动关系

国际秩序是涵盖国际社会生活各个领域的一个笼统概念,就其基本内容而言,可以分为国际政治秩序和国际经济秩序两大方面。前者涉及国际安全、军事、外交、文化等领域,后者涉及国际生产、贸易、金融、科技等领域。

唯物辩证法告诉我们,经济基础决定上层建筑,上层建筑对经济基础具有反作用。二者相互联系、彼此依托,是一个辩证的统一体。这一对立统一规律同样也适用于国际经济秩序与国际政治秩序的互动关系。首先,国际经济秩序决定国际政治秩序的产生、性质和变革方向,有什么样的国际经济秩序,就会有什么样的国际政治秩序。近代初期以统一的国内市场为标志的民族国家经济的形成,催生了以国家主权原则为核心的威斯特伐利亚国际秩序。数百年来国际政治之所以会形成由少数发达国家主宰的强权型秩序,是因为这类国家在世界经济生活中一直占据着绝对优势的地位,并凭借这一优势确立了由它们主导的国际经济规则。其次,国际政治秩序一旦建立起来,就会具有相对的独立性、稳定性和持续性,并因此而对国际经济秩序产生巨大的反作用:当国际经济秩序与自己在同一方向上运行,能够满足自己的需要时,国际政治秩序就会保护和加速国际经济秩序的巩固和完善;而当国际经济秩序偏离原有的方向,出现不利于自己的需要的发展趋势时,国际政治秩序则会千方百计地破坏和延缓新趋势的进程。不过,"经济条件归根到底还是具有决定意义的,它构成了一条贯穿于全部发展进程并唯一能使我们理解这个发展进程的红线"①。因此,政治秩序的反作用尽管是巨大的,但不是无限的,是在经济秩序起决定作用的前提下的反作用,因而是第二位的。

最后,国际政治秩序与国际经济秩序相互依存、互为条件。在国际秩序中,经济秩序的基础性地位不是孤立存在的,而是要以相应的政治秩序的存在为保障。同样,政治秩序的确立和维护必须以一定的经济秩序为依托,否则它就会成为无源之水、无本之木。战后初期以美元为中心的资本主义国际货币体系(亦即布雷顿森林体系)的确立为战后美国在西方乃至全球建立霸权奠定了基础,而这个体系之所以能够确立并维持长达30年,又与美国膨胀起来的超级经济、军事优势及政治影响力密不可分。70年代初布雷顿森林体系最终瓦解。这不仅是美国财政、金融实力下降的结果,也是美国对资本主义世界政治控制能力减弱的产物。不过,在此后建立的以多元化为特征的国际货币体系(亦即牙买加体系)中,美元仍居于主要储备货币的首位。美国以其遍及全球的政治军事扩张造就了美元在国际货币体系中的特殊地位,而正是这种特殊地位又支撑了美国在全球的扩张。

四、国际秩序的制约因素

国际秩序受到多种因素的制约,最主要的有以下三个方面。

(1) **国家利益** 国家利益是国家对外行为的根本依据和最高准则,是决定国际关系的核心因素。"只要世界在政治上还是由国家所构成,那么国际政治中实际上最后的语言就只能是国家利益。"②国际秩序作为国家意志和政策的产物,它的建立、维护和变革必然要受到国家利益的

---

① 《马克思恩格斯选集》(第4卷),北京:人民出版社,1972年,第506页。
② Hans J. Morgenthau, *Dilemmas of Politics*, Chicago: University of Chicago Press, 1958, p. 68.

驱动。

国家利益对国际秩序的决定作用是通过国家利益的根本属性来实现的。国家是国际体系中最基本、最重要的行为体,由于阶级的、民族的、社会的、经济的、政治的和文化的等方面的差异,各国具有不同的国家利益。国家利益的这种特殊性,决定了国家对于建立什么样的国际秩序以及如何建立国际秩序抱有不同的期望和要求,由此产生的矛盾与斗争成为影响国际秩序的建立、维护和变革的根本动因。另一方面,各国的国家利益也不是完全冲突的。在国际社会里,国家既需要自助,也需要互助,每一个国家均应享有获取正当的国家利益的权利,同时也应尊重他国同样地享有获取正当的国家利益的权利。否则,国际政治将陷于永无休止的冲突和混乱状态,谁的国家利益都难以实现。因此,它们也需要对彼此的行为加以规范和约束。另外,全球化的不断发展和国家间相互依赖的日益加深也对国家间加强协调与合作提出了越来越高的要求。国家利益的这种普遍性,使得国际秩序的建立和维护不仅成为必然,也成为可能。总之,国家利益的特殊性决定了国家间在国际秩序问题上的矛盾与斗争,国家利益的普遍性则决定了它们在国际秩序问题上的协调与合作。国际秩序就是在各国围绕国家利益进行斗争和协调的基础上建立起来的,也是在此基础上发展演变的。

(2)**国际格局** 国际秩序与国际格局既有区别又有联系。国际秩序是国际体系的规范化、制度化状态,国际格局则是国际体系的权力结构状态。权力是实现国家利益的根本手段和工具,是一国向他国和国际体系施加影响的力量源泉。国际秩序作为国际政治斗争的产物,必然要受到反映国家间权力对比关系的国际格局的制约。首先,国际格局是国际秩序的物质基础。只要国际格局发生根本性变化,国际秩序迟早也会改变,因为规则的制定者和秩序的主导者已经易位,原有的行为规则及其保障机制将逐渐被新的取代。可见,在秩序与格局的互动关系中,格局是第一位的,具有先导性的、决定性的作用。正如日本著名国际政治学者星野昭吉所说,"国际秩序的塑造、维持、转型是与权力结构密切相联的。国际秩序反映了国际体系中权力分配结构的某种形式。正是一种制度化的权力分配,才能确保社会价值分配决策的规则化。国际秩序高度有序的存在,意味着稳定的、制度化的权力分配结构状态"①。

其次,国际格局决定国际秩序的受益主体。国际秩序是国家或国家集团之间权力斗争的产物。在此过程中,拥有较大实力、在国际格局中占有支配地位的大国和强国往往扮演着主导性甚至决定性的角色,因此它们必然会倚仗自己的权势、按照自己的利益需求来安排国际秩序,从而使之深深地打上本国意志和利益的烙印。"'由于对国内社会造成的不同结果,国际秩序并非中立,某些国家比其他国家从目前的国际秩序中得到更多的利益。'……在关系对等的国家之间与关系不对等的国家之间,秩序的意义及视角具有根本的不和谐的品质。"②迄今为止的国际秩序之所以主要体现的是少数西方大国、强国的利益,是因为它们作为一个与亚非拉广大发展中国家相对立的利益集团,一直在国际格局中居于支配地位。当前和今后的国际秩序能否较多地体现发展中国家的利益要求,最终取决于这类国家作为一个整体能否增强其在国际格局中的地位和在国际事务中的发言权。

再次,国际格局决定国际秩序的性质。人们通常用公正、合理与否来区分国际秩序的性质。能否达到公正、合理,实质上反映的是国际秩序的根本性问题,即"谁的秩序"问题。而这一问题归根结底是由国际力量对比和较量的结局所决定的。如果世界的权力结构是多元的,国际社会成员都能够参与国际规则的制定和完善,那么国际秩序就会建立在各方利益妥协和协调的基础之上,从而使社会价值分配实现至少是大致的公平与均衡。反之,如果世界仅由某一个或少数几个大国所主导,公平与均衡的价值分配就无从谈起,人类孜孜以求的国际正义只能永远停留在幻想之中。因此,变革旧的国际秩序,使之趋于公正、合理,关键在于

---

① [日]星野昭吉:《变动中的世界政治——当代国际关系理论沉思录》,刘小林、王乐理等译,北京:新华出版社,1999年,第 422 页。

② 同上,第 415—416 页。

打破国际政治由少数强权垄断的局面,推动国际关系朝着力量结构多元化和决策机制民主化的方向转变。

(3) **时代主题及特征** "时代"是人们用来概括人类社会不同发展阶段的一个概念,时代"主题"就是指人类社会在不同发展阶段所面临的主要任务和解决的主要问题以及为此所从事的主体活动。时代特征是指人类社会各个发展阶段所呈现出来的与以往不同的具有内在规定性的独特现象和趋势。当今时代的最显著特征就是经济全球化的迅猛发展以及由此导致的地区与地区之间、国家与国家之间相互依赖的不断加深。时代主题及特征对于国际秩序具有宏观性的和全局性的制约作用,因为时代是国际政治所处的大环境。具体而言,时代主题及特征的制约作用主要表现在两个方面:一是决定着国际秩序的含义和发展方向;二是决定着国际秩序的实现方式和途径。

自现代意义上的国际关系诞生以来,国际政治相继经历了殖民主义扩张、帝国主义与无产阶级革命以及和平与发展三个大的历史时代。在殖民主义时代,西方列强凭借资本优势和坚船利炮,向亚非拉地区侵略扩张,向全球推广资本主义的政治经济制度和价值观念。持续至今的旧的国际秩序就是在这一过程中孕育而生的。随着西方列强把世界瓜分完毕,国际政治进入了帝国主义和无产阶级革命的时代:一方面整个世界分裂为少数拥有巨量财富和雄厚军事势力的压迫民族和人数众多、处于附属地位、没有平等权利的被压迫民族,旧的国际秩序最终得到确立;另一方面无产阶级和被压迫民族争取独立和解放的革命斗争风起云涌,冲击着帝国主义的一统天下,并且预示着变革旧的国际秩序的历史必然性。经过两次世界大战尤其是第二次世界大战的冲击以及战后初期民族民主运动的洗礼,世界政治版图形成了两种社会制度并存、三类民族国家共处的格局,时代主题从战争与革命转变为和平与发展,全球化进程明显加快。正是在此背景下,第三世界要求变革旧的国际秩序的呼声应运而生,并开始进入实质性的行动阶段。特别是冷战结束以来,随着世界和平力量的进一步壮大和发展问题的凸显,建立公正合理的国际新秩序获得了更加广泛的道义和力量基础。可以说,尽管旧秩序中的许多成分依然顽固地延续着,但是实现公正和平、谋求共同发展的时代潮流决定着国际秩序必将朝着越来越符合国际社会大多数成员——而不是个别或一部分成员——的意志和利益的方向转变,只不过这一转变进程将是缓慢和曲折的。另外,由于时代主题已经转变为和平与发展以及时代特征越来越打上"一损俱损、一荣俱荣"的烙印,建立国际新秩序的途径和手段也必须相应地从暴力革命转变为和平斗争,从消极抵触转变为积极改革。否则,就会破坏广大落后国家增强实力地位、缩短与先进国家差距所必需的和平与发展的大环境,进而给建立国际新秩序的事业造成新的挫折和困难。

五、国际秩序的根本性问题

如前文所示,国际秩序的焦点集中在国际规则上,国际社会围绕这一焦点所产生的矛盾与斗争的实质是:由谁制定规则、制定何种规则,以及规则应为谁服务、由谁受益。这些问题归结到一点就是"谁的秩序"问题。这也就是国际秩序的根本性问题。这个根本性问题触及国际伦理范畴中的国际正义这一核心原则,并由此决定着国际秩序的性质是公正、合理,还是不公正、不合理。

正义是人类社会的最高价值之一。正义包括平等正义和均衡正义两方面的含义。平等正义是指无差别地对待在能力、需要或其他方面有差别的人或集团,赋予他们平等的权利和义务。其理由在于,他们尽管在某些方面不等,但在另一些方面是或被认为是相等的,应有与之相关的同等的权利和义务。例如在国际政治中,国家不分大小强弱,一概应享有独立主权以及由此派生的种种权利,便是平等正义的一个例子,而国家不论贫富,一概应承担偿还本国所欠国际债务的义务,则是它的另一个例子。均衡正义是指有差别地对待在能力、需要或其他方面有差别的人或集团,赋予他们为实现社会价值公正分配所需有的不平等的权利和义务。在此,最重要的是社会价值公正分配这一目的,而社会价值的公正分配从根本上说,是为了充分尊重和实现所有人(作为个人或群体)的内在的目的性价值。马克思提出的共产主义社会的基本原则——各尽所能,按需分配——就体现了均衡正义,体现了所有人的自由发展是全人类自由发展的先决条件这一具有深刻道德含义的思想。[①]

国家间的平等正义,意味着各国以主权国家身份享有独立权利、领土完整权利和内外政策自主权利,也都平等地承担不破坏别国主权和领土完整、不干涉别国内政的义务。国家间的均衡正义,即为了国际社会中安全、自由、财富、尊严、发展机会等基本价值的公正分配,而赋予强国与弱国、富国与穷国、发达民族与欠发达民族在某些方面不等的权利和义务。这在政治上意味着侧重维护弱国的主权,增加其参与决定世界事务的权利,并且为此相应地限制强国特别是一流强国的权力;在经济上意味着在贸易条件、资源开发、投资分配、劳力流动、技术转让等方面给予穷国充分的优惠权利,并且规定富国须承担援助穷国的足够义务;在文化上意味着保护和弘扬欠发达民族的传统文化精华,支持其文化和教育发展,限制发达民族在此方面的支配性影响和传媒优势。[②]

由此可见,判断国际秩序的性质应以国际正义原则为准绳,以是否有利于世界各国的共同生存与发展和世界整体的和平与繁荣为依据。由于国际秩序是以国际规则为基础和保障,而国际规则带有强烈的主观色彩,因此,判断某种国际秩序是否符合国际正义,就要看国际规则是由谁制定和支配以及由谁受益。如果国际规则是由某个超级大国或少数强国主导并为它们牟利,由此建立的国际秩序只能是不公正、不合理的"强权治下的秩序"。这种秩序把占国际社会绝大多数的弱国、穷国排斥在规则制定者和受惠者行列之外,破坏了强国与弱国、富国与穷国之间在权利和义务上的平等原则以及在社会价值分配上的均衡原则,导致强

[①] 时殷弘:《国际政治——理论探究·历史概观·战略思考》,北京:当代世界出版社,2002年,第88—89页。

[②] 同上,第100页。

弱差别和贫富差距扩大化和永恒化,因而是不公正、不合理的。反之,如果国际规则是由各类国家共同参与制定和维护并为它们共同受益,那么,由此建立的国际秩序必将是一种体现正义原则的公正、合理的秩序。在此秩序下,不仅它们之间能够在权利和义务方面实现大致平等,在社会价值分配方面达到大致均衡,而且它们之间因历史造成的贫富差距也有望得到缩小,而不是扩大,进而为人类共同体走向公正和平和共同繁荣开辟广阔的前景。总之,若要使国际秩序朝着公正合理的方向发展,使其尽可能多地体现正义价值,就必须在解决"谁的秩序"这一根本性问题上多做努力。

论正义价值在国际秩序中的意义[*]

一、国际秩序的含义和价值取向

国际秩序是国际政治学的一个基本概念。虽然学术界尚未就这一概念达成共同认可的定义,但大体上看,可以分为狭义和广义两个层面。狭义的国际秩序定义侧重于国际关系的内在控制机制,是指得到国际社会成员认可和遵循的规则体系或制度安排。例如,奥兰·R.扬(Oran R. Young)把国际秩序界定为"管理国际社会所有(或几乎所有)成员的多领域具体事物的广泛的制度框架"①。广义的国际秩序定义大多侧重于三个方面:一是强调其作为"国际社会成员相互共存的最低条件"②;二是强调其作为"国家间关系处于和睦状态的一种理想化模式、国家间友好共处的重要条件和合理解决争端和冲突、开展国际合作以求共同发展的

* 本文原载《教学与研究》2006 年第 9 期,全文转载于中国人民大学复印报刊资料《国际政治》
2006 年第 12 期。

① Oran R. Young, *International Cooperation: Building Regimes for National Resources and the Environment*, Ithaca, NY.: Cornell University Press, 1989, p. 13.

② 该定义是 1965 年由一批西方学者在意大利举行的学术会议上依据法国著名学者雷蒙·阿隆(Raymond Aron)的观点集体达成的。参见倪世雄等:《当代西方国际关系理论》,上海:复旦大学出版社,2001 年,第 458 页。

一种有序状态"[①];三是强调其作为"促进国家社会或称国际社会的基本的、主要的或普遍的目标的国际行为模式"。[②]

从上述定义看,国际秩序是一个具有鲜明的规范和功能特性的范畴。所谓规范性是指国际秩序通过确立一定的原则、规范和规则,向行为体指明什么是应该做的、什么是不应该做的,从而对其行为和交往方式施加限定,维持国际体系的稳定和国际关系的有序运行。所谓功能性是指国际秩序具有一定的目的性,服务于行为体的一定需要。赫德利·布尔(Hedley Bull)在定义国际秩序时特别强调其功能性和目的性。在他看来,任何一种社会秩序都需要追求一些基本的、主要的或普遍的目标,而秩序的功能就在于促进这些目标的实现。这些目标包括:(1)确保生命不受暴力侵害;(2)确保承诺得到信守或是协议得到履行;(3)确保所有权稳定和不被剥夺。具体到国际社会,这些目标就是:(1)维持国际体系和国际社会本身的存在;(2)维护各国的独立或外部主权;(3)维护国际和平;(4)促使国际承诺得到遵守或是国际协议得到履行。[③]

国际秩序的规范性、功能性和目的性决定了国际秩序不仅是一种实际的或可能的国际生活状态,更是一个寄托着国际社会成员期望的价值体系,具有追求和平、稳定、安全和正义的价值取向。即是说,无论是作为国家间和谐共处的必要条件,还是作为国际关系的有序状态或模式,国际秩序都必须向国际社会成员提供和平、稳定、安全和正义这四项基本的保障。和平和稳定是国际体系赖以维持和正常运转的前提条件,安全是国际社会成员赖以生存和发展的最基本要求,正义则是国际社会成员平等交往和社会价值公平分配的根本保障。由此可见,这四项价值对于理想的国际秩序来说都是必不可少的。它们彼此之间虽然含义各不

---

① Stanley Hoffmann, *Primacy or World Order—American Foreign Policy since the Cold War*, McGraw-Hall Book Company, 1980, pp. 109, 188.

② Hedley Bull, *The Anarchical Society: A Study of Order in World Politics*, New York: Columbia University Press, 1977, p. 8, 16.

③ Hedley Bull, *The Anarchical Society: A Study of Order in World Politics*, pp. 4 - 5, 16 - 19.

相同,但必须相提并论,是一种互相依赖、相辅相成的关系。

需要指出的是,在国际秩序的价值取向问题上,迄今为止世界各国无论学界还是政界远没有达成普遍一致的观点,围绕这一问题所展开的争论和斗争持续不断。争执的焦点集中在"正义"这一点上,即秩序是否应该体现正义价值,或者说,秩序与正义应该是一种什么样的关系。大体看,在此问题上存在三派观点:一派是保守主义或称正统主义。该派观点从国家间"相互共存的最低条件"这一定义出发,把秩序的目标仅仅限定在生存和共处(亦即和平、稳定和安全)这一方面,认为秩序与正义是彼此冲突、不可调和的,秩序应该优先于正义,正义只是居于第二位的价值,追求正义只会对秩序的建立和维护造成危害,因而主张国际社会只需关注和平、稳定和安全问题。另一派是革命主义或称激进主义。该派观点和前者一样也认为秩序与正义是彼此冲突、不可调和的,但不同的是,认为正义是最高价值,正义应该优先于秩序,其口号是"即使世界灭亡,也要让正义得到伸张"。第三派是自由主义或称改良主义,认为秩序与正义并不必然是冲突关系,二者之间存在着相互调和的可能性,并且主张把匡扶正义作为改善国际秩序的真正手段。①

第一种观点把正义同秩序割裂开来,并将其排斥在国际秩序的价值取向之外。这在逻辑上是站不住脚的,在实践中则是十分有害的。第二种观点在强调正义的同时忽略了和平和稳定等价值的必要性,甚至主张不惜以牺牲和平和稳定为代价来追求正义,这显然过于偏激,有违于当代世界和平与发展的主题,因而也是不可取的。第三种观点既强调正义也强调和平稳定,主张将二者结合起来,共同推进。这无疑是合理和明智的选择。不过,对这三种观点如此简单化地作出评判似乎缺乏说服力。要想理解其中的深刻道理,还需要从正义的内涵、意义及其与和平、

---

① 笔者对于秩序与正义关系问题的这三派观点的概括所依据的主要文献是:Hedley Bull, *The Anarchical Society: A Study of Order in World Politics*, p. 94;Rosemary Foot, John Gaddis, and Andrew Hurrell, eds., *Order and Justice in International Relations*, New York: Oxford University Press, 2003.

稳定和安全等价值的关系入手加以分析。

二、正义价值在国际秩序中的意义

（一）正义是国际秩序的道德法则

正义属于社会伦理（道德）范畴，其基本含义是公正、合理，而能否达到公正、合理，则取决于社会成员之间能否实现平等和均衡。因此正义从内容上看又包括平等正义和均衡正义两个方面。平等正义是指无差别地对待在能力、需要或其他方面有差别的人或集团，赋予他们平等的权利和义务。其理由在于，他们尽管在某些方面不等，但在另一些方面是或被认为是相等的，应有与之相关的同等的权利和义务。均衡正义是指有差别地对待在能力、需要或其他方面有差别的人或集团，赋予他们为实现社会价值公正分配所需有的不平等的权利和义务。在此，最重要的是社会价值公正分配这一目的，而这从根本上说，是为了充分尊重和实现所有人或集团的内在目的性价值。[①] 正义的这两个方面内容在国际关系领域分别体现为国家间平等正义和国家间均衡正义。国家间平等正义，或曰国际平等正义，意味着国家不分大小、贫富和强弱，均应平等地享有主权独立、领土完整和内外政策自主等各项权利，同时也应平等地承担不破坏别国主权独立和领土完整、不干涉别国内政的义务。国家间均衡正义，或曰国际均衡正义，即为了国际社会中安全、自由、财富、尊严和发展机会等基本价值的公正分配，而赋予强国与弱国、富国与穷国、发达民族与欠发达民族在某些方面不等的权利和义务。这在政治上意味着例如侧重维护弱国的主权，增加其参与决定世界事务的权利，并且为此相应地限制强国特别是一流强国的权利；在经济上意味着例如在贸易条件、资源开发、投资分配、劳力流动、技术转让等方面给予穷国充分的优惠权利，并且规定富国必须承担援助穷国的足够义务；在文化上意

[①] 时殷弘：《国际政治：理论探究·历史概观·战略思考》，北京：当代世界出版社，2002年，第88—89页。

味着例如保护和弘扬欠发达民族的传统文化精华,支持其文化和教育发展,限制发达民族在此方面的支配性影响和传媒优势。[①] 由此可见,正义是人类社会的基本价值之一,是包括国际社会在内的一切公正、合理的人类社会秩序必不可少的道德法则。虽然对外政策是否应该包含道德因素在不同类型的国家有着不同的主张和实践,但是,和谐、有序的国际关系模式必须依靠道德规范则是一个不争的事实。一个不讲道德的国内社会只能是一个丛林法则盛行的社会。同理,一个不受道德约束的国际社会只能是一个扶强抑弱、劫贫济富的社会。这样的社会虽然在一定时期和一定程度上能够维持和平与稳定,但是由于它背离了国际平等正义和均衡正义的原则,因此也就不可能保障"全体"社会成员对于生存和发展条件的需要,所造就的稳定与和平只能是片面的,也很难"长久地"维持下去,因为历史经验已经反复证明,不正义不仅是孕育国内社会冲突和动乱的温床,也是引发国际社会争端和动荡的重要因素。安全价值也是如此。如果不以正义价值为指导或是体现正义价值,国际秩序所维护的"安全"只会是个别或少数大国和强国的安全。冷战时期美苏两个超级大国口口声声要维护的所谓"国际和平与安全"就是建立在对手的不安全基础之上的,也是以侵害它们各自控制下的阵营内部各国的自主权(亦即主权安全)以及第三世界众多国家的生存和发展环境(亦即生存安全)为代价的。冷战结束后美国一再声称要建立的所谓"美国治下的和平秩序"(Pax-Americana)实质上就是"美国霸权秩序"的同义语。如果说这种秩序能够保障"国际和平与安全"的话,那也是以压制其他国家的利益和自主性为前提的,因此遭到它们的广泛反对,甚至包括美国自己的盟友及伙伴国在内。

(二) 正义是判断国际秩序性质的根本依据

如前文所述,国际秩序是一个有着鲜明的规范性、功能性和目的性的范畴。国际秩序的这种特性意味着它必然与国际正义休戚相关。因

---

① 时殷弘:《国际政治:理论探究·历史概观·战略思考》,第100页。

此,国际秩序的性质便自然而然地同国际正义原则联系在了一起。由于正义的要义是公正合理,因此能否达到公正合理便成为人们用以判定国际秩序的性质的根本依据和语言表达形式。相比之下,国际秩序的其他价值,如和平和稳定,则不可能被作为判断国际秩序性质的依据,因为凡是秩序——无论是什么样的秩序——都是以总体上的稳定与和平为标志的,一定时期的国际社会之所以能够被称为是有秩序的,就是因为它在总体上是和平、稳定的。如果失去总体上的和平、稳定,秩序就会不复存在。换言之,和平、稳定只是反映了秩序的形态,没有也不可能说明秩序的具体内容,而正是内容(亦即规范、规则和运行机制)——而不是形态——决定着事态的性质。例如,以领土-主权国家为基本行为体的现代国际关系诞生以来相继建立的四种具有全球意义(尽管并不具有全球范围)的国际秩序(威斯特伐利亚秩序、维也纳秩序、凡尔赛-华盛顿秩序和雅尔塔秩序)都是以总体上的和平、稳定作为标识的,和平、稳定是它们的共同特征。如果不引入其他变量(如规范、规则和运行机制)作为考察指标,这四种秩序就不可能区分开来,因而也就没有将它们分别冠名的必要了;而如果不借用道德标准进行剖析,就不可能得出其是否公正合理的结论。冷战结束后,世界各主要国家都提出了自己的国际新秩序构想。所谓"新",不是体现在形态(亦即和平稳定的价值)上,而是体现在内容(亦即规范、规则和运行机制)上。

在这里,特别需要指出的是,由于决定国际秩序性质的是作为秩序内容的规范、规则和机制,而规范、规则和机制又具有强烈的主观色彩,因此,判断某种国际秩序是否符合国际正义,就要看国际规范、规则和机制是由谁制定和支配以及由谁受益。如果这些制度化安排是由某个超级大国或少数强国主导并为它们牟利,由此建立起来的国际秩序只能是不公正、不合理的"强权治下的秩序"。这种秩序把占国际社会绝大多数的弱国、穷国排斥在规则制定者和受惠者行列之外,破坏了强国与弱国、富国与穷国之间在权利和义务上的平等原则以及在社会价值分配上的均衡原则,导致强弱差别和贫富差距扩大化和永恒化,因而是不公正、不合理的。反之,如果国际规则是由各类国家共同参与制定和维护并为它们共同受益,那么,由此建立起来的国际秩序必将是一种体现正义原则的公正、合理的秩序。在此秩序下,不仅它们之间能够在权利和义务方面实现大体平等,在社会价值分配方面达到大致均衡,而且它们之间因历史造成的贫富差距也有望得到缩小,而不是扩大,进而为人类社会走向公正和平和共同繁荣开辟广阔的前景。

(三)正义是对国际秩序其他价值固有局限的补充和修正

如上文所述,国际秩序是一个由和平、稳定、安全和正义等价值共同构成的综合性体系。在这一体系中,正义既是作为一个自变量而独立存在的,也是作为一个因变量而渗透到其他各项价值当中发挥作用的。具体表现为,它对其他价值所固有的局限性和片面性起着必要的调节、补充和修正作用,决定着其他价值的根本性质和发展方向。

就和平而言,这一价值虽然是国际社会追求的基本目标,但从其社会属性上看也具有非正义的一面和不安全、非永久的特性。① 和平是指"没有战争或武装暴力的状态",这种状态既可能建立在所有各方平等协商并因此而使他们的合法权益都得到尊重的基础之上,也可能建立在个别方胁迫强制并由此导致其他各方的合法权益受到侵害或威胁的基础之上。前者是一种有利于所有成员生存和发展需求的"积极的和平",(可以称此为"民主治下的和平"),因而也是"正义的和平";后者则是一种服务于个别成员一己私利的"消极的和平"(可以称此为"强权治下的和平"),因而也是"非正义的和平"。因此,和平作为一种人类关系状态,其本身并无正义与否可言,其正义与否只是针对各当事方是否都能够从中大致平等或均衡地获得利益而言的。例如,一战后的凡尔赛-华盛顿

---

① 阎学通教授从自然属性和社会属性两个方面分析和平的特性,并将其分别概括为"非暴力性、不安全性和非永久性"以及"目的性、工具性和正义性"。笔者根据本文的论题有选择地采纳了其中的"不安全性和非永久性"这两个观点。至于和平是否具有正义特性,本文所提出的观点与阎教授在他的分析中所得出的观点并不矛盾,因为各自论题的侧重点和角度并不相同,而且笔者只是把非正义性作为和平特性的一个方面来界定的。参见阎学通:《和平的性质——和平≠安全》,载《世界经济与政治》2002 年第 8 期,第 4—9 页。

秩序所体现的和平就是建立在个别帝国主义战胜国对战败国的领土进行分割、对其经济和军事进行高压限制、对苏维埃俄国实行敌对封锁、对广大殖民地和附属国实施压迫奴役的基础之上的。这种和平无疑是非正义的、帝国主义治下的和平。再如，二战后的雅尔塔秩序所体现的和平虽然维持了近半个世纪没有世界大战的"长和平"局面，但由于它是建立在美苏两个超级大国称霸世界和对其盟国进行控制、少数发达国家对广大第三世界进行剥削和干涉并由此导致其合法权益受到侵害的基础上的，因此也是一种非正义的、强权治下的和平。

既然和平具有非正义的一面，那么在建立和促进和平时就不应该只停留在消除战争和冲突这一目标上，而是还要着眼于造就一种以平等、互利、协调和合作为特征的良性互动关系。这一点在当代和平研究领域已经得到越来越多的强调。挪威著名学者约翰·加尔通（Johan Galtung）于 1969 年提出的"结构暴力"说就是一个颇为典型的观点。他把暴力区分为"直接暴力"（direct violence）和"结构暴力"（structural violence）两种类型，前者是指通过战争等赤裸裸的武力手段对人的肉体和社会存在造成伤害；后者则是指由于社会结构的不合理导致一部分社会成员遭受肉体或精神痛苦，包括贫困、饥饿、疾病、寿命降低和社会动荡等，其本质是权力关系的不平等和利益分配的不均衡。结构暴力既存在于国内社会，也存在于国际社会。国际社会的结构暴力是由于发达国家凭借其在国际经济、政治、军事和文化等领域的支配地位针对欠发达国家推行不平等的和压迫性的政策所造成的，表明国际社会存在着明显的不公正。加尔通还指出：结构暴力虽然是隐性的、渐进的，但它对于世界和平的潜在威胁并不亚于直接暴力；而且这两种暴力是相互影响、交相助长的：结构暴力很容易诱发直接暴力，直接暴力则会加剧结构暴力。[①]他还进一步指出：没有直接暴力并不是一种积极的状态，而只是一种"消

---

① Johan Galtung, "Violence, Peace and Peace Research", in Pardesi ed., *Contemporary Peace Research*, Brighton: Harvester Press, 1982, p. 122.

极的和平"（亦即没有直接暴力）；只有消除结构暴力，才能够建立起以社会正义和权力及资源重新分配为特征的"积极的和平"（亦即既没有直接暴力，也没有结构暴力）。因此，和平的含义不应该仅仅局限在没有国际性的肉体暴力这一层面上，否则，许多无法接受的社会秩序就会在理论上变得与和平状态相兼容。因此，要实现和平，就必须消除结构性支配。[1] 加尔通的结构暴力说把和平问题置于不平等的、剥削性的社会-经济过程之中加以考察，把实现和平的条件同改变富国与穷国以及富有阶层和贫困阶层的不平等关系联系起来。这无疑具有非常积极的理论和现实意义，也对后来的和平研究产生了巨大影响。

　　和平的不安全性是指和平状态下依然存在危险和威胁。[2] 和平与安全是两个虽有联系但又有区别的概念。和平和安全都是指与战争、暴力和动乱相对立的情形，但安全的含义则要广泛得多，它不仅要求没有战争本身，还要求没有战争威胁或危险；不仅指军事领域，也包括非军事领域；不仅是一种客观情形，也是一种主观感受："客观意义上的安全是指不存在对已获取的价值的威胁；主观意义上的安全是指不存在对已获取的价值受到侵害的恐惧。"[3]相比之下，和平只是表明没有处于战争状态，但这并不等于说明国家或国际社会就没有战争危险或外部军事威胁，[4]更不表明国家或国际社会就不存在其他方面的威胁或危险。一国拥有和平并不等于该国就有了安全。因此和平并不一定意味着安全，更不等同于安全。

　　和平的非永久性更容易理解。它是指和平的出现与结束具有不断反复和循环的特点。和平与战争是人类社会的两种存在状态。是战是和取决于有利于二者成长的促动因素的消长变化：当有利于战争的因素

---

[1] Johan Galtung, "Violence and Peace", in Paul Smoker, Ruth Davies and B. Munske eds., *A Reader in Peace Studies*, Oxford: Pergamon Press, 1990, p. 9.

[2] 阎学通:《和平的性质——和平≠安全》,载《世界经济与政治》,第5页。

[3] Arnold Wolfers, "'National Security' as an Ambiguous Symbol", in Michael Sheehan ed., *National and International Security*, Burlington: Ashgate Publishing Company, 2000, p. 7.

[4] 阎学通:《和平的性质——和平≠安全》,载《世界经济与政治》,第6页。

增长到足以压倒有利于和平的因素时,战争就会一触即发;反之,当有利于和平的因素持续性地大于有利于战争的因素时,和平的机遇和前景就会增大。正是战争因素与和平因素处于不断地此消彼长的动态过程,才导致和平难以长久维持。当然,和平的这一特性只是针对人类历史既往的规律而言的,它是否会昭示未来,取决于人类在未来能否创造出更大的抑制战争的智慧和能力,但最根本地还是取决于未来的国际秩序是否能够更多地体现和贯彻国际正义的原则。例如,如果主权平等、互不侵犯、互不干涉内政、和平解决国际争端、发展国际合作、诚实履行国际义务、尊重普遍人权等原则能够切实地被国际社会所有成员遵循,那么,人类共享永久和平的前景就不会只停留在理想层面。

就安全而言,正义同样也是不可或缺的调节变量,因为与和平一样,安全也具有非正义的一面。这可以从传统安全和非传统安全两个方面加以理解。传统安全是一种以捍卫领土完整和主权独立为目标,以军事力量的防御、威慑、威胁或实际使用为手段的安全。从此意义上讲,安全是可以单方面独享的。但是,由于单方面的安全(即"国家安全")有时是建立在以武力威胁或先发制人式的所谓"预防性战争"为基础的战略之上的,因此这种安全的获取也就必然要以减少或牺牲其他国家的安全为前提。而这种做法不仅有悖于国家间平等正义的原则,而且最终也无助于自身安全的增进,因为它所引发的常常是对方针锋相对的反制行动,所换来的是以彼此间的军备竞赛螺旋攀升和双方安全交互递减为特征的"安全两难"局面。相反,如果各国能够从双边或多边角度着眼,在增进自身安全、维护自身合法权利的同时,也充分考虑对方的安全关切并承担不损害他国安全的义务,那么它们就能够获得普遍的、共享的安全(即"国际安全")。而普遍的、共享的安全也就是现已得到越来越多的国际认同的"共同安全"观的体现。这种安全观包含着鲜明的道义内涵,它的实现要求超越权力政治和军事安全思维,把正义原则融入各国(尤其是大国、强国)的战略谋划和实践中去。

从非传统安全角度看,安全威胁的来源具有多样性,既可以是军事方面的,也可以是经济、政治、社会和环境等方面的。① 凡是足以对国家的生存和社会的正常运转以及支撑其生存和运转的制度和观念构成颠覆性挑战的因素都属于安全威胁的范畴。② 当今时代最为显著的特征是全球化的迅猛发展以及由此导致的国际相互依赖的日益加深。伴随着这一趋势的发展,安全的内涵和外延不断扩大,传统的安全问题依然存在,但非传统的安全威胁日趋增多,而且愈益严重和紧迫。由于这类威胁可能造成的后果不亚于战争灾难,而且往往还具有跨国甚至全球性质,因此,把它们纳入作为当代国际秩序基本价值之一的安全议程之列势在必行。

非传统安全需要有非传统的解决思路和办法,但无论如何,都必须使正义原则得到体现。以经济安全为例,如果不赋予其正义价值,原本已经不合理的国际经济秩序就会进一步加剧,世界经济的天平就会进一步倾斜,处于天平下端的国家的安全也就会更加恶化。按照布赞的定义,"经济安全涉及资源、金融和市场的获取,这是维持可接受的福利和国力水平所必需的条件"③。但是,当今世界在这三个方面提供给各国的机会却是极不均衡的:一方面是少数发达国家拥有巨量金融实力并垄断着全球资源和市场分配;另一方面是广大发展中国家金融实力弱小、不

---

① 20世纪80年代以前,支配世人安全思维的是狭隘的传统安全观,亦即现实主义的军事安全观。进入80年代,这种安全观开始受到越来越多的质疑和批判。其中具有划时代意义的是1983年美国学者 Richard Ullman 在以刊登现实主义学术研究成果著称的《国际安全》杂志上发表的《重新定义安全》一文和英国著名学者、哥本哈根学派代表人物巴厘·布赞(Barry Buzan)出版的《人、国家和恐惧》一书。尤其后者首次明确地把人类社会面临的安全问题划分为军事安全、政治安全、经济安全、社会安全和环境安全五个方面。这种综合安全观的提出对于扩展和深化安全概念和安全研究的范围作出了开创性的贡献,并得到了除现实主义以外的各派学者的广泛认可,也在各国的政策层面得到了越来越明显的反映。参见:Barry Buzan, *People*, *States and*, *Fear*, second edition, Boulder: Lynne Rienner Publishers, Inc. 1991, pp. 19-20.
② 这只是笔者对于安全和安全威胁的一般性理解。有关西方学术界在安全和安全威胁问题上的各种理论学说的系统性、综合性评介,可参见:Michael Sheehan, *International Security: An Analytical Survey*, Boulder and London: Lynne Rienner Publishers, Inc, 2005; Terry Terriff, Stuart Croft Lucy James and Patrick M. Morgen, *Security Studies Today*, Cambridge: Polity Press, 1999.
③ Barry Buzan, *People*, *States and*, *Fear*, second edition, p. 19.

具备资源和市场控制能力。造成这一不平衡格局的根本原因在于国际经济秩序的不公正、不合理。正是这种不公正、不合理的秩序导致它们在经济建设方面步履维艰,而经济建设的滞后又会给它们的国家安全造成严重的后果。首先,经济贫困会加剧国内阶级矛盾,引发社会和政治动乱;其次,财政拮据会削弱政府的信度和威望,削弱其治理国家的能力;再次,国力虚弱会削弱国家抵御外来干涉和侵略、维护国家主权和独立的能力。由此可见,对于处于世界经济"边缘"地带的广大发展中国家来说,经济安全在它们的整个国家安全中居于基础性的地位。而经济安全能否得到维护取决于它们所面临的国际经济秩序能否实现公正合理。

三、结束语

以上分析表明,正义对于建立理想的国际秩序具有不可或缺的重要意义。没有正义,国与国之间就不可能实现和谐共处,人类就不可能获得普遍的和持久的和平、稳定与安全。因此,谈论秩序,必须引入正义价值。那种抛开正义理念奢谈国际和平与安全的做法不仅是狭隘的、片面的和短见的,而且也是事与愿违的。至于历史和现实生活中所呈现出的正义与秩序的对立和脱节现象,并不是因为二者在本质上的不相容性造成的,而是人为因素导致的。不过,需要指出的是,对于正义的如此强调并不意味着较之其他价值而言,正义应该占有更为重要的地位或是应该予以更为优先的考虑。实际上,无论正义,还是和平、稳定和安全,都是同等重要的价值。由于它们都是理想的社会秩序所必需的要素,因此很难说哪一个更为重要。而且,这四项价值并不是彼此割裂、相互排斥的,而是相互依存、互为条件的。正如有学者指出的那样,"对于人民、国家和全球社会而言,没有正义,就不会有可预见的和平;没有安全,就不会有正义;没有和平,就不会有永久的安全"[1]。

---

[1] Ken Booth, ed, *New Thinking about Strategy and International Security*, London: Harper Collins, 1991, p. 342.

中　篇

国际制度与安全机制

论国际制度在国际政治中的地位和作用 *

一、国际制度的含义及要素

国际制度（international institutions）是当代国际关系诸多领域广泛存在的现象，也是国际关系学的一个非常重要的概念。按照新自由制度主义代表人物罗伯特·基欧汉的解释，国际制度是指"规定行为角色、限制行为和塑造预期的一系列持续存在的和相互关联的（正式和非正式的）规则"。从构成要素上看，"国际制度包括正式的政府间和跨国性组织、国际机制（international regimes）和国际惯例。国际组织是指设有官僚机构和领导成员，并使他们能够对各种事务做出反应的目的性实体；国际机制是指得到政府一致同意的，涉及国际关系特定问题的有明确规则的制度；惯例是指包含着默示的规则和谅解、塑造行为体预期的非正式制度"①。基欧汉的上述定义在有关国际制度或国际机制的文献中被广泛使用，并得到各派学者的广泛认同。如对制度主义理论持批评态度

---

* 本文原载《世界经济与政治》2006 年第 2 期，全文转载于中国人民大学复印报刊资料《国际政治》2006 年第 5 期。

① Robert O. Keohane, "The Analysis of International Regimes: Toward a European-American Research Programme," in Volker Rittberge, ed., *Regime Theory and International Relations*, Oxford: Clarendon Press, 1993, pp. 28 - 29.

的约翰·米尔斯海默把国际制度定义为"规定国家之间合作与竞争的方式的一系列规则。这些规则对可接受的国家行为的形式予以限定,对不可接受的行为的种类予以禁止。这些规则由国家通过谈判达成,并且……要求各国共同接受作为'以权利和义务界定的行为标准'的更高一级的规范。这些规则一般是在国际协议中得到正式确立,而且通常包含在设有工作人员和财政预算的组织机构之中"①。

在国际制度的构成要素中,国际机制居于核心地位。根据普遍接受的定义,国际机制是指"国际关系特定领域里汇聚着行为体期望的一系列默示和明示的原则、规范、规则和决策程序。原则是关于事实、原因和公正的信念;规范是以权利和义务界定的行为标准;规则是对行为的具体规定和禁止;决策程序是制定和实施集体选择的普遍实践"②。这个定义中的"明示"和"默示"的原则、规范、规则和决策程序分别与基欧汉所说的"制度"和"惯例"相对应。实际上,由于原则、规范和规则的极端重要性,在有关国际制度的文献中,"机制"和"制度"这两个概念通常是被当作同义语使用的,也是可以互换的,③只不过相对于"机制"而言,"制度"的涵盖面更为广泛,有时被用于指原则、规范和规则,有时是指组织架构和实体,有时则是二者兼备。④

所谓国际机制在国际制度中居于核心地位,实质上是针对国际机制的首要性及其与惯例和组织的关系而言的:国际机制所体现的原则、规范和规则是国际行为规范化和国际关系有序化的必要条件,是国际惯例从非正式走向正式的标志,是国际组织赖以创建和运作的依据。国际组

---

① John J. Mearsheimer, "The False Promise of International Institutions", *International Security*, Vol. 19, No.3, Winter 1994/95, pp. 8 - 9.

② Stephen D. Krasner, "Structural Causes and Regime Consequences: Regime as Intervening Variables, " in Stephen D. Krasner, ed., *International Regimes*, Ithaca and London: Cornell University Press, 1983, p. 2.

③ John J. Mearsheimer, "The False Promise of International Institutions", p. 8.

④ 从词义上看,regime 一词本身并不包括组织机构,而 institution 则有规则和机构双重含义。或许正是由于这个缘故,基欧汉后来才将国际机制的概念扩展到了国际制度,以更为全面地反映国际社会由规范及相应机构组成的制度体系,从而建立起了比较系统的国际制度理论。

织所体现的成员间的利益、意志和期望,是通过确定一致同意的原则、规范和规则,以集体协议的形式反映出来的。没有原则、规范和规则作指导,国际组织就无法将成员会聚到一起,就会无所适从,甚至会失去存在的意义。因此,国际机制是国际组织的灵魂,国际组织总是以一定的国际机制为依托,并服务于国际机制,是国际机制正式化和巩固化的表现。二者相当于"内核"与"外壳"的关系。不过,国际机制并不依赖于国际组织而存在,许多国际机制并无固定的组织实体,而是以宪章、公约、协议和条约等形式,靠参与者的共识和默契发挥作用的。冷战时期规范全球贸易的机制是以《关税及贸易总协定》为支柱的,1995 年成立的世界贸易组织才使该机制有了正式的组织架构。全球性的防止核扩散机制迄今为止一直是以《防止核扩散条约》为基础的,国际原子能机构只是作为该机制的一个"核查"机关而存在的。

国际制度是人为创建的产物,但不是空中楼阁,而是国家间相互依赖关系不断发展的必然结果。国家创建国际制度的目的就在于对相互依赖条件下的彼此行为保持一定程度的控制,从而减少由于各国自行其是而造成的不利影响,同时减少由于缺乏相互协调而产生的不确定因素。[1] 因此,国际制度的实质在于对国家间的相互依赖关系实施管理,促进国际关系的有序运行。

二、国际制度在国际政治中的地位

作为国际社会的规范体系和组织建构,国际制度在国际政治中究竟处于什么样的地位呢? 这一问题是相对于权力政治而言的,因为从传统意义上讲,国际政治被认为是权力政治的代名词,权力政治是国际政治的通俗称谓。[2] 因此,探讨这一问题,首先需要从国际制度与权力政治的关系入手。

---

[1] Robert O. Keohane,"The Demand for International Regimes,"in Stephen D. Krasner ed.,*International Regimes*,p. 167.

[2] Martin Wight,*Power Politics*,London: Leicester University Press,1978,p. 23.

　　国际政治之所以被认为是权力政治,与国际体系及国际政治的本质特征有着密切关系。在此问题上,西方国际关系思想传统中的现实主义假设为我们提供了一个有用的视角。根据这一假设,国际政治是在没有中央权威统一管理的条件下进行的,国际体系是一个无政府体系。在这样一个体系中,作为基本组成单元的国家都是拥有排他性主权的独立行为体,它们之间不存在隶属关系,在它们之上也不存在任何可以制定和实施法律、管理国际事务的超国家机构。国家之间虽然可以相互确定义务和缔结条约,但没有哪一个拥有最高权力的实体能够保障这些义务和条约得到遵守并对违约者实施惩罚。在此情况下,国家若要实现生存与发展,就必须依靠自己的力量。因此,自助成为最根本的行为原则。自助的保障是权力,权力是一国控制他国行为、影响国际事务的综合能力,这种能力以国家的经济尤其是军事实力为基础和载体。[①] 按照肯尼斯·沃尔兹的解释,权力对国家来说主要有四种作用:(1) 面对别国使用武力,权力可以为本国提供维护独立自主的手段;(2) 权力可以使国家获得更为广阔的行为空间;(3) 拥有较大权力的国家在与拥有较小权力的国家周旋时享有更大的安全余地;(4) 拥有较大权力的国家在国际体系中拥有更大的利害关系,并且拥有为实现其利益而采取行动的能力。[②] 因此,权力在国际政治中起着决定性作用,权力既可以是手段,也可以是目的,国际政治在本质上也就体现为"权力政治",亦即在不考虑道德因素、正义价值和制度规范的情况下,通过不断地获取、显示和使用权力,包括必要时使用或威胁使用军事权力,来处理国家间关系。即是说,权力是国家对外政策的唯一制约因素,也是国家间关系的唯一决定力量。

　　现实主义的上述假设基本正确地把握住了国际政治的本质,也因此而成为其他主流国际关系学派(包括新自由主义和建构主义)创建理论

---

① 这是现实主义者对于权力要素的基本理解。这种理解忽视了制度、文化等因素,显然是过于狭隘的。

② Kenneth N. Waltz, *Theory of International Politics*, Reading, Massachusetts: Addison-Wesley, 1979, pp. 194 - 195.

的起点。毫无疑问,无政府状态是国际政治结构的基本特征。只要这一结构不发生根本变化,国际政治表现为权力政治的事实就不会根本扭转。但需要指出的是,现实主义的上述认识并没有涵盖国际政治的全貌。事实上,自从现代意义上的国际关系诞生以来,从来就没有存在过一种纯粹处于无政府状态的国际社会。冲突和战争虽然时有发生,但并不是国际政治的常态。虽然由于没有中央权威对主权国家追求自我利益的行为施加限制,但国家仍然能够通过协调与合作实现某些共同目标;虽然不存在拥有最高权力的国际权威,但国家仍然会发现自己经常是在对彼此都有利的行为路线的约束下行事的。① 总之,无政府状态只是表明没有公共权威,并不意味着没有组织和秩序。国际体系更准确地说是一个"有序的无政府状态"。按照罗伯特·J. 利伯的说法,是一种"准无政府状态"(quasi-anarchy)或"经过缓解的无政府状态"(mitigated anarchy)。② 国际政治是一种权力虽占主导地位但并非唯一决定因素的政治。

无政府状态之所以能够得到缓解,冲突之所以能够得到限制,最根本的原因在于国际社会从一开始就致力于对国家行为和国家间关系进行规范。这种努力集中表现为国际法、国际机制、国际组织和国际惯例的创建及不断增生。这些制度化安排之间既有联系,又有区别,既相互包含,又相互补充,以不同形式,从不同层面,在不同程度上发挥作用,从而构成规范和调节国际关系的制度框架,维护国际交往的有序运行。因此,关于国际制度在当代国际政治中的地位问题,可以得出的第一个结论是:国际制度是国际无政府状态的"缓解器"、权力政治的"减压阀"。

---

① Kenneth A. Oye, "The Conditions for Cooperation in World Politics," in Robert J. Art and Robert Jervis eds., *International Politics: Enduring Conflicts and Contemporary Issues*, New York: Harper Collins College Publishers, 1996, p. 81.

② Robert J. Lieber, *No Common Power: Understanding International Relations*, 2nd. edition, New York: Harper Collins Publishers, 1991, pp. 356 - 357.

国际制度的这一地位是通过它作为国际权力结构和利益关系与行为体的行为后果之间的"干预变量"(intervening variables)或"调节因素"(intermediate factors)体现出来的。① 也就是说,国际机制通过发挥干预或调节作用,能够使行为体无节制追求自我利益的欲望和肆意施展权力的冲动受到一定制约,使其在共同规则的框架内行事,并由此产生共同预期的行为结果,从而防止彼此发生冲突,保障国际体系稳定。

需要指出的是,如此定位国际制度并不是说制度规范已经在当代国际政治中居于支配地位,也不是说制度规范的增生将从根本上革除无政府状态和权力政治的弊端。毕竟,只要国际体系仍然是由主权国家构成,那么任何超国家的中央权威都难以建立起来,即使能够建立起来,也不可能像国内政府那样对国家行为和整个国际关系的运作施加强制性的管制。正如肯尼斯·沃尔兹所说:"尽管国际组织确实存在而且数量还在持续增加,但是超国家机构若要有效运作,其自身就必须获得国家所具备的某些特性和能力。……国际上出现的任何权威几乎从来都不能脱离为其产生奠定基础的实力。权威一旦产生,很快便转化为实力的一种特定表现形式。由于不存在体系范围的权威机构,正式的支配—从属关系便无法建立。"② 显然,沃尔兹的这段言论并无否定国际制度的作用之意,他只是想说明国际制度属于"因变量"(dependent variable),其作用的发挥必须以国家尤其是大国的实力为后盾;在制度规范与权力政治之间,前者居于从属地位。米尔斯海默也指出:国家虽然有时是通过制度行事的,但"制度所反映的是各国基于国际权力分配而做出的自我利益估算。制度是由体系中实力最强大的国家创建和塑造的,它们这样

---

① 参见:Stephen D. Krasner, 'Structural Causes and Regime Consequences: Regime as Intervening Variables', in Stephen D. Krasner ed., *International Regimes*, p. 5;罗伯特 O. 基欧汉:《霸权之后:世界政治经济中的合作与纷争》,苏长和、信强、何曜译,上海:上海人民出版社,2001 年,第 77 页。

② Kenneth N. Waltz, "The Anarchic Structure of World Politics," in Robert J. Art and Robert Jervis eds., *International Politics: Enduring Concepts and Contemporary Issues*, 4th edition, p. 52.

做的目的在于保持乃至增进它们对于世界权力所占有的份额。因此,制度从实质上讲不过是'施展权力关系的竞技场'"①。

由于无政府条件下权力政治现实的不可超越性,当制度规范与国家间的权力斗争发生冲突时,做出让步或者说受到侵害的更多的是前者,而不是后者。因此,相对于权力政治而言,制度规范是第二位的,其作用的发挥及发挥程度的大小要受到权力政治结构的制约,这是本研究关于国际制度的地位问题所得出的第二个观点。造成这一结局的原因包括:(1)国际社会的无政府状态要求每一个国家必须成为自己利益的最终判定者和保护者。而由于国家利益具有特殊性的一面,当国家认为某项制度安排不符合其自身利益时,它就有可能不参与或不遵守此项安排,②极端情况下,它甚至还可能会对危及其关键利益的制度安排提出挑战。(2)国际机制本身不具备强制实施规则的能力,因为作为机制保障机构的国际组织"不是以领土为依据的实体,它们不能直接获得国家可以正常获得的物质资源"③。(3)由于缺乏强制性的超国家权威,国际制度是在国家"自愿"的基础上创建、维护和遵守的。国家是否参与和遵守国际制度,由国家的意志决定。因此,国家拥有权力的大小成为一个决定性因素:强国可以在国际制度中出尔反尔、进进出出,而无法得到制裁;弱国的违规行为虽然有可能受到制裁,但制裁决议的达成和实施并非易事,从而造成"制裁问题"(sanctioning problem)。造成这一问题的原因是:(1)难以辨别谁是违规者;(2)各国在对不合作者实施报复时无法统一力量;(3)部分成员不愿意对这些行为体实施惩罚。④

---

① John J. Mearsheimer, "The False Promise of International Institutions", pp. 13 - 14.

② Robert J. Art and Robert Jervis eds., *International Politics: Enduring Concepts and Contemporary Issues*, 4th edition, p. 3.

③ [美]奥兰·R. 扬:《国际事务中的系统论和社会论——国际组织的地位和作用》,载《国际社会科学杂志》1996 年第 13 期,第 2 页。

④ Robert Axelrod and Robert O. Keohane, "Achieving Cooperation under Anarchy: Strategies and Institutions," in Charles W. Kegley and Eugene R. Wittkopf eds., *The Global Agenda: Issues and Perspectives*, New York: McGraw-Hill, Inc, 1992, p. 218.

三、国际制度对权力政治的制约作用

地位和作用是两个既有联系又有区别的概念:地位表示的是事物在系统中的纵向排列次序,反映的是事物与事物之间的等级区分;作用指的是事物在系统中所具有的价值,反映的是事物的功能和效力。地位有时可以通过作用体现出来,但地位并不必然决定作用,也并不必然说明作用。同样,作用有时也可以通过地位反映出来,但作用并不必然决定地位,也并不必然说明地位。即是说,地位与作用之间并不存在必然的因果关系。人们经常把地位与作用相提并论,这并不是说地位等同于作用或者作用等同于地位,而是说只有将二者结合起来统一考察,才能求得对特定事物的意义的完整理解。如此理解二者的关系有助于全面把握国际制度在国际政治中的地位和作用。因此,国际制度的相对弱势地位并不意味着它无足轻重,更不意味着它面对权力政治就全然无能为力,因为国际制度是国际社会部分或全体成员利益和意志的体现,具有一定的合法性、互利性和适用性。正是这三个特性决定了国际制度在缺乏强制性权威作保障的条件下具有自我实施(self-enforcing)的能力,使得它在受制于权力政治的同时也能够对其发挥不可忽视的制约作用。从此意义上讲,国际制度也是"自变量"(independent variable)。[①] 国际制度这一独立的制约作用可以通过以下两个方面得到说明。

从作用机理上看,国际制度主要是通过确立行为规范来对国家追求自我利益的方式进行限制,从而达到制约权力斗争、促进国家间协调与合作的目的。规范是指得到社会成员认可和接受的行为标准和尺度。规范的确立建立在"共识"或"公认"基础上,所依据的是大多数原则或全体一致原则,亦即符合全体或大多数人和国家的利益的原则。因此大多数国家在通常情况下是倾向于遵守和维护规范的。规范根据性质不同

---

① 现实主义者认为国际制度只是因变量,自由制度主义者则认为国际制度既是因变量也是自变量。参见 Robert O. Keohane and Lisa L. Martin, "The Promise of Institutionalist Theory," *International Security*, Vol. 20, No.1, Summer 1995, p. 46. 笔者倾向于后者的观点。

可以分为法律规范和道德规范。法律规范规定行为体只能如此,别无选择;道德规范规定行为体最好如此,尽管它不排斥行为体选择的可能。即是说,规范告诫个人和国家不要去做其能力所能达到的任何事情,而只能做必须或应该做的事情。[①] 法律规范依靠暴力强制作保障,道德规范依靠社会舆论作保障。与国内社会相比,国际社会由于缺乏统一的、垄断暴力的超国家权威,因此国际法律规范的强制力是非常虚弱的,强制的实施主要依靠国家的集体合力,所用手段就是制裁。虽然如前文所述制裁无论针对强国还是弱国都难以达成和实施,但由于规范代表大多数成员的利益要求,违反规范意味着其他成员的利益受损,因此,因不遵守规范而受到制裁的可能性总是存在,而且在实践中也并非绝对没有可能。这就给潜在的违规者造成一种无形的压力和威慑,使其不得不三思而行。

社会舆论分为积极舆论和消极舆论。前者以褒扬和赞誉为特征,后者以谴责和声讨为特征。国际社会的舆论,简称国际舆论,以大多数国家的意志为基础,是对规范合法性的道义维护。国际舆论在国际政治中的作用是不容置疑的。一个国家可以不顾及国际舆论而自行其是,但由此产生的道德风险则有可能抵消甚至超过其所得的收益。相比之下,因倡导、维护和遵守国际规范而得到国际社会褒扬的国家会赢得良好的国际声誉,而良好的国际声誉则是软实力的一个重要来源,是一笔巨大的无形战略资产。它不仅易于得到其他国家的信任,扩展国际交往的空间,还有助于提高国际地位和威望,从而在增进其利益过程中取得事半功倍的效果。正如基欧汉和奈所说,"如果一个国家能够使自己的力量被他国视为合法,并建立促使他国以和谐的方式确立其利益的国际制度,它未必需要像其他国家那样耗费昂贵的传统经济资源和军事资源"[②]。

从功能上看,国际制度主要是通过确立法律责任、改善信息和信息

---

① 参见韦正翔:《软和平:国际政治中的强权与道德》,保定:河北大学出版社,2001年,第35、40页。

② [美]罗伯特·基欧汉和约瑟夫·奈:《权力与相互依赖》(第3版),门洪华译,北京:北京大学出版社,2002年,第263页。

交流渠道以及降低交易成本①的方式,来促进国家之间开展合作,缓解无政府条件下国家过度倚重传统的权力政治手段实现目标的欲望以及因权力斗争而导致的冲突。权力政治只讲权利,不讲义务(责任),其结果只能是行为体之间不可避免的利益冲突和政治对立。国际制度正是在这一点上介入进来,在承认行为体享有应有权利的同时,也为它们设定应尽的义务,以谋求二者的对等和平衡。当然,在无政府条件下,"机制所确立的法律责任并不具有约束力和强制力"②,并"有可能被主权国家的行动所推翻"③。但是,这并不意味着法律责任就完全无效,因为国际制度的这一安排等于是明白无误地向参与者发出一个信号,即世界是一个利益交织的共同体,在这个共同体中,他人并不是你可以随意剥削和利用的对象,而是你获取利益的依托。只有尊重这个依托,向其履行一定的责任,对方才会给予你相应的回报。否则,不是你自己利益难以实现,就是自己因恶化与对方的关系而付出高昂代价。国际制度的这一安排是人类理性互动模式所遵循的"互惠"(reciprocity)④原则的体现。

国际制度扮演的信息功能是最为重要的。⑤ 国际政治中持续存在的安全两难和政策冲突同国家之间缺乏信息沟通有着密不可分的关系。缺乏信息沟通意味着彼此互不了解对方的能力、意图、偏好和政策取向等,意味着相互误解、猜疑和恐惧在所难免。其最终结果只能是权力尤

---

① 国际机制的这三大功能最早是由基欧汉在讨论机制产生的原因和条件时完整提出的。参见 Robert O. Keohane,"The Demand for International Regimes," pp. 154 - 160。在 1984 年出版的《霸权之后:世界政治经济中的合作与竞争》一书中,基欧汉对这三大功能做了进一步的阐发。参见罗伯特·基欧汉:《霸权之后:世界政治经济中的合作与纷争》,第 104—133 页。

② Robert O. Keohane,"The Demand for International Regimes," p. 155.

③ [美]罗伯特·基欧汉:《霸权之后:世界政治经济中的合作与纷争》,第 108—109 页。

④ 有关"互惠"的文献包括:Robert O. Keohane,"Reciprocity in International Relations," *International Organization*,40 (1),1986,pp. 1 - 27; Deborah Welch Larson,"The Psychology of Reciprocity in International Relations," *Negotiation Journal*,4,1988,pp. 281 - 301; Joshua S. Goldstein and John R. Freeman,*Three-Way Street: Strategic Reciprocity in World Politics*,Chicago: University of Chicago Press,1990; Joshua S. Goldstein and Jon C. Pevehouse,"Reciprocity, Bullying, and International Cooperation: Time-Series Analysis of the Bosnia Conflict," *American Political Science Review*,91 (3),1997,pp. 515 - 529.

⑤ [美]罗伯特·基欧汉:《霸权之后:世界政治经济中的合作与纷争》,第 113 页。

其是军事权力成为国家借以影响他国行为路线的最为倚重的杠杆。国际制度的创建弥补了国际互动中缺乏信息沟通的弊端,所采取的办法就是通过确立原则、规范、规则和决策程序,为各国提供足以衡量别国表现的行为标准,增加彼此行为的可预见性,并通过组织形式(包括常设机构、国际会议、国际论坛等)增加信息交流渠道,促使政府持续交往,改善政府接受信息的质量。总之,国际制度通过为其成员提供信息和便利信息交流,可以降低无政府条件下交往环境的不确定性,增加政策的透明度。而这些有助于国家之间达成谅解和协议,增大他们采用协调而非对抗的方式解决冲突的可能性。

交易成本是新制度经济学的一个概念,本意是交易双方由于权益的让渡而产生的成本。由此引申,国际关系中的交易成本就是指国家在相互交往中由于权益的让渡而产生的成本,可以概括为信息成本、谈判成本、监督成本和制裁成本等。[①] 交易成本是由国家的机会主义倾向和国际体系的无政府性质所造成的。因此交易成本不是一个"消除"的问题,而是一个"降低"的问题。在此方面,国际制度的运作发挥着重要作用。首先,如前文所述,国际制度的信息功能为国家获取关于潜在伙伴和缔约环境的信息开辟了稳定的和经常性的渠道。其次,国际制度所包含的原则、规范和规则为国家之间达成具体协议提供了总的框架和指南,使各方没有必要再去围绕它们重新进行谈判。再次,组织机构的设置使得监督履约情况变得更加容易和有效。最后,国际制度的多边性质增大了对违约者实施制裁的合法性、可能性和有效性。由此可见,国家间交往成本的高低与制度环境的优劣呈反比关系:制度越完善,交往成本越低;制度越不完善,交往成本越高,而制度缺失则意味着交往成本最大化。

四、结束语

以上分析表明,国际制度虽然没有也不可能从根本上改变权力政治

[①] 关于交易成本的具体论述,参见田野:《交易费用:理解国家间关系的一个重要维度》,载《世界政治与经济》2002 年第 1 期,第 24 页;田野:《国际协议自我实施的机理分析:一种交易成本的视角》,载《世界经济与政治》2004 年第 12 期,第 28 页。

的现实,却可以在相当程度上缓解权力政治的消极后果,促进国际合作和国际关系的稳定与秩序。国际制度这一作用的发挥除取决于其自身在规范和组织建构方面的完善程度之外,还会受到国际环境以下四个方面因素的制约:其一,参与国际社会的国家越多,就越需要有共同遵循的行为规范,产生国际规范的动力也就越大;其二,认同一项制度规范的国家越多,该规范的道德力量就越大,由此产生的国际舆论也就越趋一致;其三,国家之间相互依赖越密切,它们之间"命运的结构性联系"①就越强,国家对国际交往的组织化、制度化的要求就越迫切,国际道德规范的制约作用也就越大;其四,一国掌握的足以制约他国的军事优势越明显,而其国内道德的约束力的强度又不足以对其国际行为构成制约时,该国就越有可能直接或间接地利用这种军事优势来挑战对其追求一己私利构成障碍的制度规范。从国际关系的发展趋势上看,这四个制约因素都在朝着有利于国际制度发挥作用的方向转变。可以预言,随着国家越来越自觉或不自觉地卷入国际一体化进程,它们在国际关系的规范化和制度化建设方面的共识会越来越多;随着全球化进程加快以及由此导致的相互依赖加深和扩展,国际社会对于制度规范的需求会进一步增强;随着相互依赖条件下国际关系议程越来越广泛,高级政治低级化和低级政治高级化,以及由此导致的军事力量作为政策手段的首要性相对下降,②国际制度这种软性的国际秩序稳定机制的地位和作用将会更趋凸显。

---

① 这是相互依赖理论的思想先驱诺曼·安吉尔(Norman Angell)对相互依赖的含义所作的表述。参见 Jaap de Wilde, "Norman Angell: Ancestor of Interdependence Theory," in James N. Rosenau and Hylke Tromp eds., *Interdependence and Conflict in World politics*, Brookfield: Gower Publishing Company, 1989, p. 26.

② 关于相互依赖条件下军事力量作用相对下降的论述,参见罗伯特·基欧汉和约瑟夫·奈:《权力与相互依赖》(第 3 版),第 24—38 页;Richard Rosecrance, "War, Trade and Interdependence," in James N. Rosenau and Hylke Tromp eds., *Interdependence and Conflict in World Politics*, pp. 48-57.

安全关系制度化的困难及原因分析 *

　　通过国际制度(国际机制)来对国家间关系实施管理是确保国际体系和平、稳定和有序的一个非常必要的途径和手段。但是,由于国家间交往涉及不同的问题领域,而不同问题领域又有着不同的特点,致使国家间关系制度化的难易程度及水平在不同问题领域存在较大的差异。尤其是在安全领域,国家在创建和维持制度安排方面所面临的困难似乎更大一些。那么,究竟是什么原因导致了这种困难,这种困难是由于客观因素导致的,还是由主观因素造成的? 对这样的问题做出科学解答对于理解安全领域的制度建设具有重要的启示意义,因为它关系到该领域的制度化建设是否具有可能性和可行性的问题,关系到阻碍该领域的制度化建设的因素能否被降低或消除的问题,同时也关系到安全领域的制度研究是否具有实质性价值的问题。基于这一考虑,本研究拟对此问题做一探讨。

一、问题的提出

　　国际制度是用于表述国际关系各个领域的规则体系和组织架构的一个概念,也是新自由制度主义学派的思想核心。国际制度从理论上讲

＊ 本文原载《解放军国际关系学院学报》2013 年第 2 期。

应该适用于国际关系的各个领域,但在实践中,更多、更经常地则是体现在经济、社会、环境等领域,至于在安全领域,相对而言则比较稀缺,效力也不像前者那么明显。与此相适应,迄今为止有关国际制度的理论研究和政策分析也主要是在国际经济、生态环境和社会问题等所谓的"低级政治"领域进行的,至于在以安全问题为核心的"高级政治"领域,国际制度研究则明显薄弱,理论成果也相对欠缺。例如,新自由制度主义代表人物罗伯特·基欧汉(Robert O. Keohane)和约瑟夫·奈(Joseph S. Nye)在他们于1977年共同出版的具有学派奠基意义的《权力与相互依赖》一书中认为,相互依赖尤其是复合相互依赖关系的发展加大了对国际机制的需求,国际机制就是"对相互依赖关系产生影响的一系列控制性安排"[①]。按照这一逻辑,在复合相互依赖条件下,国家行为及其相互关系的变化不仅限于经济领域,还会扩展到包括安全在内的其他领域。但是在接下来有关国际机制变迁和作用问题的分析中,他们所考察的个案却比较狭窄,仅限于国际货币和海洋开发、利用及管制等方面,而没有涉及安全领域。在1984年发表的《霸权之后——世界政治经济中的合作与纷争》一书中,基欧汉从理性选择和功能需求角度对国际机制的生成、维持、作用和意义等问题进行了系统、深入的论述,提出了国际机制的功能理论,从而把新自由制度主义推向了最高峰。但是他在这部著作中所分析的问题仍然局限于国际政治经济学的范畴,所考察的个案也只不过是贸易机制、货币机制和石油机制等。以刊登自由主义研究成果著称的《国际组织》(*International Organization*)杂志,在其30多年的历史中所登载的有关国际制度研究的文章主要集中在经济、环境、人权等领域,涉及安全领域的寥寥可数。

史蒂芬·克拉斯纳(Stephen D. Krasner)于1983年主编的《国际机制》一书可谓是早期机制研究的集大成之作,但是书中所收录的文章大

[①] [美]罗伯特·基欧汉和约瑟夫·奈:《权力与相互依赖》(第3版),门洪华译,北京:北京大学出版社,2002年,第20页。

多也是以国际政治经济学作为考察范围。在其中的五篇个案研究文章中,只有一篇是专门讨论安全机制的。然而,即使这唯一一篇关于安全机制的论文,对于在安全领域建立机制的可能性也是持比较悲观的态度的。这篇论文的作者、美国著名国际政治学家罗伯特·杰维斯(Robert Jervis)认为,安全领域制度研究的缺乏不是人为忽略所致,而是由安全问题本身的性质和特点决定的,具体即:(1) 安全问题具有更大的竞争特点;(2) 安全动机更加难以分辨;(3) 安全问题所涉及的利害关系更大;(4) 安全领域的不确定性更为明显。他还指出,所有这些造就了国家永远无法摆脱的安全困境局面,使得国际合作变得难上加难,进而导致安全机制难以创建。[①] 针对冷战时期美苏之间的对抗关系能否用机制概念加以解释这一问题,杰维斯也是持否定意见的。在他看来,这两个超级大国之间虽然达成了一系列类似于机制的规则安排,但是它们所表现出来的克制行为不是它们出于各自长远利益考虑自觉接受这些规范性要素约束的结果,而是它们在势均力敌和核战争阴影的背景下对于短期的自我利益估算的产物。他还强调指出,"两国的克制行为与它们的利益之间的联系过于直接和明显,以至于不适于用机制概念来概括"[②]。

不过,在冷战时期,并非所有有关国际机制的研究文献都是把关注点只集中在非安全问题上的,也并非所有有关安全机制的研究文献都是对安全机制持悲观态度的。但是,与当时数量占绝对多数的以国际政治经济学领域作为机制研究对象的论著相比,专门探讨安全领域机制问题的著作仍然非常少见。实际上,这种现象并不难理解。在长达40多年的以美苏争夺军事优势和势力范围以及东西方两大阵营在各个领域全面对抗为特征的冷战时期,安全问题成为各国尤其是处于冷战对抗前沿

---

① Robert Jervis, "Security Regimes," in Stephen D. Krasner ed., *International Regimes*, Ithaca and London: Cornell University Press, 1983, pp. 174 – 176.

② Robert Jervis, "Security Regimes," in Stephen D. Krasner ed., *International Regimes*, pp. 187 – 194, 173. 对于这一观点的批评和反驳,可参见 Joseph S. Nye, Jr., "Nuclear Learning and U.S.-Soviet Security Regimes," *International Organization*, Vol. 41, No. 3 (Summer 1987), pp. 371 – 402.

的各个国家安全关注的压倒性课题,安全政策成为它们治国方略中最优先考虑的事项。而由于传统安全思维的支配性影响,安全研究主要是围绕权力政治这一概念展开的,安全政策的谋划主要是着眼于如何最大限度地维持有利于自己的均势。在此背景下,且不说当时的安全研究很少借用包括机制理论在内的新自由主义的思想方法,即使是那些借用这种思想方法从事国际关系研究的学者也很少会把安全领域作为考察对象,由此导致国际关系研究分裂为两个彼此割裂的营垒:一个是用现实主义的权力政治和利益冲突观念分析军事安全问题的所谓战略研究;另一个是用新自由主义的制度规范和利益协调思想分析经济和社会问题的所谓国际政治经济学。与此相适应,原本可以同现实主义结合起来的国际机制概念似乎成了新自由主义国际关系理论的专利。

冷战结束后,随着国际形势总体趋缓、全球化进程大大加快以及由此导致的相互依赖和合作需求大大增强,国际制度研究迎来了蓬勃发展的大好时机,所涉及的问题领域也有所扩展,尤其是安全领域的制度研究得到加强。例如,1994年由美国学者亚纳·诺兰(Janne E. Nolan)主编、美国布鲁金斯学会出版的《全球参与:21世纪的合作与安全》一书论述了安全机制在合作安全中的核心地位,并对安全机制的原则、要素及其在世界不同地区的运用进行了广泛的探讨。[①] 黑尔加·哈夫托顿(Helga Haftendorn)、基欧汉和塞莱斯特·沃兰德(Celeste A. Wallander)在1999年共同主编的《不完全的联盟:超越时间与空间的安全制度》一书中宣称,编辑此书的目的之一是"将制度理论的范围扩展到安全领域":一方面利用国际制度的已有研究成果解释当代地区安全合作问题,另一方面通过对一些安全问题的经验分析来深化国际制度研究。书中收录的各篇文章以国际制度理论为分析框架,通过个案研究与理论概括相结合的方式,分别对安全制度的形式、功能、效力、生成和变迁等问题

---

① Jannie E. Nolan ed., *Global Engagement: Cooperation and Security in the 21st Century*, Washington, D.C.: The Brookings Institution, 1994.

进行了探讨。① 此外,有关特定问题和特定地区的安全制度的专门性研究成果也不断涌现,涉及联合国集体安全、军备控制、防扩散、建立信任措施、冲突管理、地区安全合作等诸多议题。有关安全机制的研究在我国学界也得到加强。应该说,这是一个很好的趋向,因为这不仅有助于弥补国际制度理论在安全领域的薄弱和不足,增强其对于安全事务的解释力,更有助于国际社会加强后冷战时期安全关系的制度化建设,平抑权力的过度竞争可能导致的动荡和混乱。不过,与经济-社会领域已经相当成熟的制度研究成果相比,安全领域的制度研究无论从微观的个案分析还是从宏观的理论建构方面看,仍然有许多问题有待专门探讨和解决。毕竟,相对于经济和社会事务而言,安全事务有其自身的规律和特点,主要从分析经济关系中得出的制度研究成果是否能够被完全运用到安全事务上? 安全关系究竟是否能够实现制度化? 如果不可能的话,困难会在哪里? 如果有可能的话,难度会有多大,预期目标会有多高,程度会有多深,安全制度的功能和效力如何,作用机理会有多复杂,等等,诸如此类的问题仍然是学术界需要加以研究的方面。

二、安全关系制度化的困难及其原因

学术研究实际上是社会生活的反映。迄今为止国际制度研究所呈现的重经济、轻安全的现象在很大程度上反映的是国际关系制度化在不同问题领域难易程度各不相同这一现实。的确,相对于国际经济领域的制度安排而言,国际安全领域的制度化更难推进和实现。正如查尔斯·利普森(Charles Lipson)在分析经济和安全领域的国际合作的差异时指出的那样,虽然这两个领域都既存在冲突,也存在合作,但是二者仍然有

① Helga Haftendorn, Robert O. Keohane and Celeste A. Wallander eds., *Imperfect Unions: Security Institutions over Time and Space*, New York: Oxford University Press, 1999.

着重大区别:经济问题更多的是由建立在稳定的共同预期之上的规则、规范和组织机构组成的复杂网络所管理的,而安全领域的机制则是非常稀缺的。[①]

任何社会现象都是人的主观意识与现实世界的客观条件相互结合的产物。安全领域制度安排的相对匮乏也是由这两个方面的原因共同造成的。因此,探讨安全制度稀缺的原因,需要分别从客观和主观两个方面来考察。

(一) 客观原因:安全问题本身的性质和特点

从客观方面看,前文引述的杰维斯的观点是有道理的。因此,下文将围绕这些观点进行阐发。首先,相对于经济问题而言,安全问题更具有敏感性和生死攸关的意义。安全对于个人来说意味着生命,对于国家来说意味着生存。它不仅是国家维持其在国际体系中的存在和身份的根本需要,也是它从事其他一切必要活动和追求其他一切目标(如发展、繁荣、进步等)的前提条件。因此安全问题是一个生存性的问题,安全威胁涉及的是生存性的威胁。[②] 安全问题如此重大的利害关系使得国家在处理与别国的安全关系时往往倾向于保守和谨慎。一旦在此方面出现失误,例如,在不该让步时做出让步、在不该合作时谋求合作,就有可能招致灾难性的后果。

其次,与经济关系相比较,安全关系的确具有更大的竞争特点。这是因为在无政府条件下,安全是相对的,而不是绝对的。所谓安全是相

---

① Charles Lipson, "International Cooperation in Economic and Security Affairs," *World Politics* 37 (October 1984), p. 12.

② 这是英国安全问题研究学者巴里・布赞等人关于安全问题和安全威胁界定标准的观点。参见 Barry Buzan, Ole Waever and Jaap de Wilde, *Security: A New Framework of Analysis*, Boulder and London: Lynne Rienner Publishers, 1998, pp.5, 21。笔者认为这个观点抓住了安全概念的本质属性。不过,仅有这一个标准并不全面,还应该加上"由人为因素造成"这一限定条件,因为能够对国家的生存造成威胁的因素是多种多样的,除来自别国的军事挑衅以及出于人为原因所导致的各种非传统安全威胁之外,还包括来自自然界的各种非人为的、不可抗拒的灾害的侵袭和破坏,如地震、海啸、山洪、雪灾等。如果把这类威胁也纳入安全问题的范畴,安全概念就会因为过于宽泛而失去实际意义,国家的安全政策就会因无所不包而失去焦点。

对的,包括三重含义:(1)一国是否享有安全以及在多大程度上享有安全,是以别国是否对其构成威胁以及在多大程度上构成威胁作为参照系的,如果没有这个参照系,一国的安全状况或感受就无法衡量;(2)国家为实现安全所采取的最常见的手段是建立和保持足够强大和有效的军事力量,但军事力量是否足够强大和有效,只有当与别国尤其是被认为对本国构成威胁的国家的军事能力进行比较或较量时才能够得到验证,如果不做这样的比较,就无法确切地知道它是否足以维护本国的安全;(3)安全是一个程度问题,如果说一国享有安全,只是说相对于它在以往的某个特定时期的处境而言是比较安全的,或是相对于另外一个或一些国家在同一阶段的处境而言它是比较安全的。因此,绝对安全实际上是不存在的,也是可望而不可即的。正如有学者指出:"无论对于国家还是个人来说,谋求绝对安全都是不可能的事情,总会有现实或潜在的威胁存在。问题并不在于是否有安全威胁存在,而在于哪些安全威胁应该被给予最大的关切以及在何种程度上给予关切。"①正是由于安全是相对的,在缺乏超国家权威提供公共安全保障的条件下,国家往往倾向于依靠自助的方式来维护自己的安全,所采取的手段通常是增强实力、壮大自己,从而在它们之间形成某种为了获取安全手段而产生的竞争关系。而由于安全问题事关生死存亡之大事,致使安全竞争往往会表现得尤其激烈。这无疑会缩小国家在安全领域开展合作的空间。

再次,能否对别国意图做出准确的判断是决定国家之间能否形成共同预期、开展相互合作的一个关键性因素。但是出于以下几个方面的原因,使得安全动机的判断变得非常困难:(1)无论是出于自我保护的目的还是对外扩张的需要,国家都会谋求军备,提高军事能力,也就是说,防御性动机和进攻性动机在武力行为施展之前所表现出来的行为都是相

---

① Michael Sheehan, *International Security: An Analytical Survey*, Boulder and London: Lynne Rienner Publishers, 2005, p. 7.

同的;①(2)国家为了防御潜在敌人的进攻,有时会采取"先发制人"的进攻行动,而且在很多情况下,进攻的确能够成为一种行之有效的防御手段(即所谓"最好的防御就是有效的进攻"的格言);②(3)除固定设施(如堡垒)之外,当代大多数军事手段既可以用于自卫和防御,也可以用于进攻和征服;③(4)国家加强军备建设有时只是为了更新武器装备,顺应新军事革命的需要,或是维持有利于自己的国际军事力量的平衡,但是由于新式军事装备具有更加优越的性能和威力,其他国家很难对其真实意图做出准确的判断。④

最后,能否有效地监督别国的行为是国际合作赖以实现的必要条件。要保证监督的有效性,国家的政策就必须具有足够的开放性。这一点在经济领域比较容易实现。实际上,经济的发展离不开国内市场的开放,而且国内市场越开放,国家获得发展的机遇就越大,如先进技术的引进、稀缺能源及原料的获得、外国投资的涌入、贸易伙伴的增加等。尤其是在全球化加速发展的当代条件下,向国外开放已经成为必不可少的要求。但相比之下,在军事领域,问题却不那么简单,因为军事领域涉及军事能力的建设、军事力量的部署和军事战略的谋划等事关国家安全利益的机密,因而也就成为国家竭力保守的领域。尤其是对于在军事上处于弱势地位的国家来说,防止本国的军事机密被"曝光"显得更加重要。虽然它们也会开展军事交流与合作,但与经济、社会等领域的交流及合作

① Robert Jervis, "Security Regimes," in Stephen D. Krasner ed., *International Regimes*, p. 175.

② 参见 Robert J. Art, "The Four Functions of Military Power," in Robert J. Art and Kenneth N. Waltz eds., *The Use of Force: Military Power and International Politics*, Fourth Edition, Maryland: University Press of America, 1993, p. 4.

③ 参见 Robert Jervis, "Cooperation Under the Security Dilemma," in Robert J. Art and Kenneth N. Waltz eds., *The Use of Force: Military Power and International Politics*, p. 52; Barry Buzan, *People, States and Fear: A Agenda for International Security Studies in the Post-Cold War Era*, Second Edition, England: Pearson Education Limited, 1991, p. 312.

④ 参见 Barry Buzan, *People, States and Fear: A Agenda for International Security Studies in the Post-Cold War Era*, pp. 312 – 313.

相比较,其局限性和保守性显然要大得多。军事领域的这种不确定性(或称不透明性)很容易导致国家之间产生相互怀疑、恐惧和敌对心理,进而加大它们开展合作的困难。至于在此领域达成规范、接受限制的可能性就更小了。

(二)主观原因:极端现实主义的安全观

以上分析说明,安全关系在制度化方面所面临的困难与安全问题本身的性质和特点有着很大的关联,也说明杰维斯对于安全机制难以创建的原因的解释确实有其合理之处。但是,需要指出的是,这种解释也存在明显的局限:首先是他把安全问题所具有的竞争性、安全动机的难以分辨性和安全领域的不确定性仅仅归因于安全问题本身,而没有更进一步,从主观方面入手去揭示导致安全问题呈现这些特点的观念性原因,甚至断言安全关系在制度化方面所面临的困难与人为因素无关。这就暴露出机械唯物主义的认识论缺陷,进而也就很容易滑入宿命论的泥潭。其次是他把安全问题所具有的这些消极特点视为无法改变的现象,轻视了作为安全主体的国家(实际上是作为安全政策的谋划者和实践者的人)所具有的主观能动作用。这就导致了绝对主义的弊端:似乎面对无政府的国际体系的制约,人类只能被动适应,而不可能求得缓解;似乎在无政府状态下国家只能采取自助手段,而不可能实行互助;似乎国家对于自我利益的追求只能导致对抗和冲突,而不可能导向协调与合作。这显然是不利于人类社会的进步和国际关系的改善的,也是不符合人类历史从低级到高级、从野蛮到文明的演进规律的。实际上,杰维斯所指出的安全问题的那些特点只不过是在纯粹的权力政治条件下(也就是霍布斯所假设的"自然状态"下)所呈现的画面,根本不可能作为具有普遍和永恒意义的规律来看待。从此意义上讲,杰维斯从安全问题的特点中所得出的观点与其说是揭示了安全制度难以创建的原因,不如说是从反面论证了安全制度的必要和必然。

马克思主义的辩证唯物主义告诉我们,人类社会是客观现实与主观意识相结合的产物,是二者的辩证统一体:一方面,客观现实造就了人类的生存环境及条件,塑造着人们的主观意识(即世界观和价值观),另一方面,主观意识一经形成就会对人们的社会活动产生巨大的反作用,指导和制约着人们在现实世界中的行为实践。而且,由于客观现实先于主观意识而存在并且决定着主观意识的形成,因此主观意识的变化往往滞后于客观现实的发展。这一原理告诉我们,解释人类社会生活的现象,必须分别从客观和主观两个方面着眼,只有这样,才有可能获得对社会现象的全面解释。国际关系作为人类社会生活的一个层面和社会交往的一种方式(只不过这种交往是在超越国家界限的基础上开展的),必然也需要采取这样一种视角来理解。

将以上思想方法应用于解释国际安全制度创建的困难,我们就会发现,其中的原因也与人们的安全观有着很大的关联。这种安全观就是长期以来支配着人们安全思维和国家安全战略谋划的现实主义安全观。现实主义作为人类思想史上具有重大影响的理论流派之一,对于国际关系持有以下基本观点:(1)国际体系处于无政府状态;(2)国家是国际关系中的最重要行为体;(3)国家利益是国家对外行为的根本指南和动力,以国家利益为中心是国家理性的根本要求和体现;(4)自助是国家行为的根本原则;(5)以军事力量为基础的物质力量是维护国家利益的根本和最终保障;(6)国际政治的本质是争取权力与安全的斗争;(7)国家间的权力分布(均势或霸权)是国际秩序赖以实现的基础;(8)在国际关系中,冲突是常态,而不是例外。在这些基本思想指导下,现实主义在国家和国际安全问题上主要坚持以下几点:第一,国际体系的无政府状态决定了国家必须把自我保存(即自身安全)作为追求的首要目标,也决定了国家必须依靠自己的努力来维护自身安全。第二,维护自身安全的最可靠和最有效手段是保持足够强大的军事力量,并将其应用于对潜在敌国的威慑、威胁或实际使用之中。第三,军事力量的威胁和实际使用意味着冲突和战争在所难免,因此冲突和战争总是与安全问题相伴随,也是解决安全问题的有用和可用手段。① 第四，国家之间围绕安全目标及手段而展开的竞争必然导致安全困境。安全困境是国际体系无政府状态的必然产物，因而是一个无法摆脱的"绝对困境"。基于这个原因，"国际关系的核心主题……是悲剧"。② 第五，国际和平与稳定有赖于国家之间的权力制衡，因此国家安全的维护必须以均势作为基础，战争是建立和维持均势的有用和必要手段。

应该说，上述观点包含着不少合理成分，对于国际关系的研究和实践具有非常重要的指导意义。这主要体现在它所坚持的以下观点抓住了国际关系和安全问题的本质：(1)国际体系的非集权性和非等级制特点；(2)国家利益的最高指导地位；(3)权力因素的决定性影响；(4)军事力量的至关重要作用；(5)安全竞争的客观现实等。不过，也必须看到，现实主义的偏颇和局限也是非常明显的，主要表现为：在国家利益问题上，过分强调其差异性和对立性，轻视了其共同性和互补性；在无政府状态的含义和后果问题上，过分强调国家间的竞争和对抗一面，忽视了它们开展协调与合作的可能性；在国家利益的实现方式和手段问题上，过分强调自助和硬实力的运用，忽视了互助、合作和软实力的作用；在国际政治的本质问题上，片面强调权力斗争的一面，忽视了制度规范、文化认同等非权力因素的影响，并因此而把国际政治简单地归结为权力政治；

---

① 现实主义者对战争持普遍接受的态度，甚至认为战争是必要的和有用的。例如，爱德华·卡尔(E. H. Carr)指出：战争"潜伏于国际政治的背景之中，就像革命潜伏于国内政治的背景之中一样"(E. H. Carr, *The Twenty Years' Crisis 1919-1939*, Second Edition, London：Macmillan, 1946, reissued 1964, p. 109)；赫德利·布尔(Hedley Bull)认为，战争是一种核心制度，"从国际体系的角度看，战争似乎是任何时期的体系结构的一个基本决定因素"(Hedley Bull, *The Anarchic Society: A Study of Order in World Politics*, New York：Columbia University Press, 1977, p. 187)；肯尼斯·华尔兹(Kenneth Waltz)指出：人们所能期望的至多并不是和平，而是较长时期的体系稳定，所谓体系稳定不是指没有战争，而是指没有体系范围的战争；战争能够增进体系的稳定，降低爆发大战的可能性(Kenneth Waltz, *Theory of International Politics*, Reading, MA：Addison-Wesley, 1979, pp. 169-170)；罗伯特·吉尔平(Robert Gilpin)认为，战争向来是国际体系变革的关键发动机(Robert Gilpin, *War and Change in World Politics*, Cambridge：Cambridge University Press, 1981, pp. 13-15)。

② Robert Jervis, *Perception and Misperception in International Politics*, Princeton：Princeton University Press, 1976, p. 93.

在国家与非国家行为体的地位和关系问题上,只强调国家的决定性作用,否认各种非国家行为体(如国际组织)的实际影响和独立角色;在敌对国家之间的安全关系问题上,只看到双方竞争的必然性和安全困境的不可避免,忽视了它们规避冲突的意愿和相互妥协的可能性;在和平与安全的保障机制问题上,片面强调均势的稳定作用,忽视了均势政治所固有的缺陷(如易变性、不可靠性和难以控制性),甚至主张把战争作为维持均势和达成国家目标的必要手段。另外,现实主义还以静止和悲观的眼光看待世界,把国际关系中的各种消极方面视为不可能改变的永恒规律,把人类历史视为一个循环往复、没有变革和进步的过程。

总之,现实主义包含着明显的轻视和贬低国际合作与制度规范的作用的倾向,是一种崇尚强权、强调对抗、否定变革的保守观念。它虽然揭示了国际关系的许多消极方面,却未免狭隘、偏执和绝对,更没有意识到人们缓解或消除这些消极因素的可能性和潜力。如果以这些理念指导政策实践,国际关系制度化的动力必然是微弱的,前景必然是黯淡的。由此引申,国家间的冲突与战争永远也不可能得到缓解,甚至还有可能进一步加剧和发展,因为这种观念包含着明显的助长战争的逻辑。正如有学者指出的那样,"现实主义在科学上有失精确。这体现为它为应对战争形势所建议的各种方法并不能造就和平,而只能导致战争。的确,这些做法常常会增大战争的前景。这说明作为这些方法产生根源的战争与和平理论是有缺陷的"①。

三、政策启示

以上分析表明,安全关系的制度化之所以更加难以实现,既是由安全问题本身的性质和特点所决定的,同时也与长期以来支配人们安全思维的现实主义安全观念有着密不可分的关联。只有将客观和主观两个方面的因素结合起来统筹分析,才能够求得完整、合理的理解。由此我

---

① John A. Vasquez, *The War Puzzle*, Cambridge: Cambridge University, 1993, p. 89.

们可以得出以下几点启示：其一，鉴于国际体系的无政府状态以及安全问题的生死攸关性、高度竞争性和保守性等特点，国家的安全战略必须以"自助"作为首要原则，以实力作为首要依靠，任何背离这两个要求的政策举措，都会使本国的安全利益遭受无法承受的损害。其二，鉴于以自助和实力为核心的安全竞争的无限制发展会导致安全困境有增无减，还会导致强权政治泛滥和冲突因素发展，因此各国在谋求自身安全时有必要借助制度化手段来对彼此行为施加规范，对彼此关系进行调节。如此做的益处，从消极意义上看在于避免竞争失控和军事对抗的爆发，从积极意义上看则在于改善安全环境，塑造稳定、有序的国际秩序。其三，国际制度的创建有赖于安全观念的转变。适度的、有节制的现实主义安全观是必要的、有用的，但极端的、保守的现实主义安全观却是必须予以破除的。为此，有必要从非现实主义传统中汲取养分，如东方传统中的"己所不欲，勿施于人"思想。实际上，只要转变安全观念，安全关系的制度化就能够得到实现。联合国集体安全制度的建立就是集体安全思想的产物，欧共体/欧盟、欧安会/欧安组织、东盟、东盟地区论坛、上海合作组织、防止核扩散机制、朝核问题六方会谈以及各种军控和裁军机制的创建，则是共同安全观和合作安全观不断发展的结果。这些制度化安排虽然不可能解决成员国所面临的所有安全问题，也不足以取代自助和实力政策，但却是它们缓解安全压力、实现安全目标的必要补充。因此，要缓解权力政治的消极后果，推动国际关系的稳定和进步，就必须更新安全观念。

论安全机制生成和维持的条件 *

　　安全机制是国际制度的重要组成部分,是指若干国家在安全领域达成的旨在管理彼此关系、解决共同关心的问题的规则体系和(或)组织架构。安全机制在缓解安全困境、化解国际争端、促进国际合作和塑造共同体意识等方面扮演着非常重要的角色,是国际关系制度化的重要载体,也是维护国际和平、稳定与秩序的重要途径和手段。因此安全机制对于国家和国际社会来说是十分必要的。但是必要性并不等于必然性,安全机制的创建、维持和有效运作,并不是仅凭主观意愿就能够实现的,而是需要具备特定的条件。理清这一问题有助于深化安全机制的研究,并对利用制度化手段维护国家和国际安全具有重要的启示意义。

　　国际机制研究兴起于 20 世纪 80 年代,有关成果不断涌现,但由于国际机制更多的是在国际经济、环境和社会等领域产生和运作的,致使安全领域的机制研究相对薄弱,成果也比较欠缺。其中就包括安全机制的生成和维持条件之类的问题。而每当涉及这一问题时,学术界大多引用的是美国著名学者罗伯特·杰维斯(Robert Jervis)在 1982 年发表的《安全机制》一文中提出的观点。在这位学者看来,安全机制的创建必须具备以下四个方面的条件:第一,大国必须具有创建安全机制的意愿,也

---

* 本文为作者参加中国国际关系学会 2010 年年会交流论文。

就是说，它们必须更倾向于拥有一个有规制的环境（regulated environment），而不是一个各国可以自行其是的环境；第二，各国必须相信其他国家也珍视相互安全与合作的价值，例如，倘若某个国家认为它所面临的是希特勒式的政权，它就不会寻求建立安全机制；第三，各主要行为体都必须满足于现状，放弃把扩张作为维护自身安全的最佳选择；第四，战争以及单方面谋求安全的努力必须被认为是代价高昂的。[①]

应该说，杰维斯所说的这几点是很有道理的，表明安全机制的创建与大国的意愿、有关国家的安全观念和政策以及国家对于自我利益及其实现方式的收益和成本的估算有着密不可分的因果关系。我国学者任晓在 2006 年发表的一篇论文中，通过对 1921 至 1922 年举行的华盛顿限制海军军备会议和 1997 至 1999 年举行的朝鲜半岛问题"四方会谈"这两个案例进行分析，从正反两方面论证了杰维斯上述观点的合理性。除此之外，任教授还补充了另外两个条件：一是有关国家的国内政治方针（倾向），二是有关国家涉及对外目标的价值取向。[②] 笔者认为，这些观点都是成立的。因此本研究无意对它们再做进一步的论证或阐发。不过。以笔者之见，仅有这几点还不全面，不足以涵盖安全机制所需要的所有必备条件。毕竟，安全机制是人为建构的产物，是以一种制度化的方式来对国家自行其是的决策倾向进行制约，对国家在无政府条件下的行为方式进行规范。这就决定了安全机制的创建、维持和运作需要具备诸多适宜的条件。另外，上述观点中也存在着一些有待深化和完善之处。例如，杰维斯的第一个观点只是指出了大国意愿的必要性，但没有更进一步去说明大国应该在其中扮演什么样的角色。尽管人们很容易从"大国意愿"中引申出"大国强制""大国支配"之类的逻辑推论，但在实践中仅有这样的条件并不充分，而且有时还可能收到适得其反的结果。例如，

---

① Robert Jervis，"Security Regimes，" in Stephen D. Krasner ed. ，*International Regimes*，Ithaca and London：Cornell University Press，1983，pp. 176 – 178.

② 任晓：《论安全机制的生成条件和有效性——个案分析和理论探讨》，载《世界经济与政治》2006 年第 6 期，第 31—37 页。

在朝鲜核问题上,尽管美、俄、中、日等各大国都把六方会谈这一多边性质的制度框架作为最佳的解决办法,都希望通过这一框架来确保朝鲜半岛无核化目标的实现,美日两国甚至还力图通过经济和外交强制的办法来迫使朝鲜接受和参与这一安排。但是几年来的实践证明,朝鲜方面对于六方会谈的接受与拒绝以及对于弃核目标的遵守与违反,实际上同美国的强硬施压并没有多么大的关联,反倒是美国的一味施压所换来的往往是朝鲜方面变本加厉的针锋相对和愈加断然的拒谈表态(这在2009年4月之后新一轮的朝核危机中体现得更为明显)。相比之下,六方会谈在此次危机之前所取得的一系列进展都是在美国收敛了强硬举措、缓和了与朝鲜的紧张气氛的前提下得来的,也是在中国积极灵活的外交斡旋(而不是强制施压)下得以实现的。这说明制度化途径的成功与否同大国强制的有无并没有必然的联系,大国虽然必须也应该在其中发挥重要作用,但其作用应该主要的不是依靠强制,而是依靠协调和斡旋等手段,因为国际体系的无政府状态决定了各国自身才是其利益和政策的最终决定者,而主权是其捍卫自身利益和政策的最终屏障。因此,若要促使国家参与和接受某项制度安排,除上述条件之外,还必须考虑其他方面的因素,如利益协调、主权克制、威胁认知以及大国作用的方式等。正是基于这种看法,本研究拟对上述观点做一补充和发展,力求从更全面、更具有基础性和涵盖性的层面对安全机制在生成、维持和有效运作方面所应具备的条件做一分析和概括。具体来说,本研究强调以下几点。

一、共同利益或互补利益的存在

国家利益是国家行为的最高指南,也是国家开展对外交往的根本动力。"只要世界在政治上还是由国家所构成,那么国际政治中实际上最后的语言就只能是国家利益。"[①]国家利益是特殊性与普遍性的统一体。

---

① Hans J. Morgenthau, *Dilemmas of Politics*, Chicago: University of Chicago Press, 1958, p. 68.

一方面,由于民族的、社会的、阶级的、地缘的、经济的、政治的和文化的等诸多方面的矛盾和差异,各国拥有各自不同的国家利益。国家利益的这种特殊性,决定了国家之间在相互交往中必然会形成某种竞争关系,产生这样或那样的对立和冲突。在此情况下,它们之间就不可能产生"预期的汇聚",也不可能具备合作的条件。另一方面,各国的利益也不是完全冲突的,因为国家生活在同一个体系中,受制于同一个环境,承担着相同或相似的职能(如维护本国的安全、促进本国的发展和繁荣),因而在某些方面也就有着共同的或互补的利益需要。

所谓共同利益,是指若干国家认为某些事态或结果对自己以及大家都有利,或是都珍视某些相同的价值,如和平、稳定、安全、发展、繁荣和进步等。国际关系中的共同利益概念所强调的是行为体在生存环境和政策目标等方面的相同或相近需求,这些需求与它们在政体类型、意识形态、发展程度以及文化传统等方面的差异没有必然的联系,尽管在这些方面的相同或相近之处常常会成为它们共同利益的纽带和增长点,也尽管这些方面的差异常常会成为引发冲突的温床。也就是说,从对外关系角度看,国家利益主要是以国家所期望的国际环境和政策目标来界定的,只要若干国家在这些方面有着相同或相似的需要,就可以说它们拥有共同的利益。例如,冷战时期美苏两大国虽然在以上各个方面以及对外战略总体目标上存在重大分歧甚至对立,但它们之间在一些局部问题上仍然拥有一些共同的需要,包括:维护两国以及北约和华约之间的战略均势与和平局面、避免两国和两大集团之间兵戎相见、尊重彼此在欧洲和东北亚的势力范围、维持德国和朝鲜的分裂、阻止核武器向无核国家扩散等。可以设想,如果没有这些共同利益的联结和牵引,它们之间在战略武器控制和欧洲及东北亚安全等问题上就不可能开展有限的合作,进而也就不可能建立起一系列相对稳定和有效的机制安排。[1]

---

[1] 关于美苏安全机制的划分及讨论,可参见 Joseph S. Nye, Jr., "Nuclear Learning and U. S.-Soviet Security Regimes," *International Organization*, Vol. 41, No. 3 (Summer 1987), p. 371 - 402.

英国著名学者、国际社会学派的代表人物派赫德利·布尔(Hedley Bull)在界定国际体系(international system)和国际社会(international society)这两个概念时指出：当若干国家之间有着经常性的接触和交往，并且它们的交往足以对对方的决策产生影响，以至于它们作为一个整体的组成部分而行事时，国际体系就形成了。国际体系是国际社会产生的前提条件，但它并不等同于国际社会，因为后者要求国家不仅要有足够的交往，还必须有某些共同利益意识和价值观念。如果说若干国家组成了一个国际社会，这是因为它们意识到有某些共同利益的存在，或许还有某些共同的价值观。在此基础上，它们会认识到彼此的交往必须受到某些规则的制约，如尊重彼此的独立地位、信守已经达成的协议、限制相互使用武力等。与此同时，它们还会开展合作以构建制度框架，如国际法的各种实施程序、外交和国际组织机制，以及有关战争的惯例和公约等。布尔还指出，凡是国际社会都有一些基本的、主要的或普遍的目标，这些目标是：(1)维持国际体系和国际社会本身的存在；(2)维护各国的独立或外部主权；(3)维护国际和平；(4)限制武力的使用、促使国际承诺得到遵守、承认各自的财产权等。[①] 布尔关于国际体系和国际社会的联系与区别的观点，对于我们理解国际合作和国际制度的生成条件具有重要的启发意义。

应该说，在当今国际关系中，布尔所列举的这些共同利益的确是有所存在的。[②] 正是出于这个原因，才使得各国在为它们各自的特殊利益展开竞争的同时也努力寻求合作，并为此而创建、参与和维护国际制度。不过也必须看到，受诸多因素的制约，在不同地区和不同国家之间，共同利益意识的发育并非均衡。在许多地区，各国的共同利益意识不仅薄弱，而且还经常遭受冲击。例如，有些国家希望和平共处，但另一些国家

---

① Hedley Bull, *The Anarchical Society: A Study of Order in World Politics*, New York: Columbia University Press, 1977, pp. 9 - 10, 13, 16 - 19.

② 布尔也认为，现代国际体系已经演变成为一个全球性的国际社会。参见 Hedley Bull, *The Anarchical Society: A Study of Order in World Politics*, p. 16.

则力图发动侵略;有些国家希望维持现有秩序,另一些国家则力图推翻现状;有些国家希望维护战略力量平衡,另一些国家则力图打破这种平衡;有些国家希望争端通过和平方式来解决,另一些国家则崇尚制裁和武力手段;有些国家希望通过多边主义来实现互利共赢,另一些国家则偏好单边主义和绝对收益。如果出现这些分歧,国际合作就无从谈起,国际制度也就无从建立。

国家利益的一致性会导致国际规范的确立,而国际规范又有可能获得合法性并最终影响国家行为。核不扩散规范之所以能够确立起来,就是因为它与绝大多数国家的利益是一致的。这一规范虽然不时地遭到违反,但并没有导致核不扩散机制陷于瓦解。相反,违反规范所导致的消极影响一直在促使着国际社会不断地做出努力,以加强该机制的效力。正是由于《核不扩散条约》是世界各国旨在控制核武器扩散这一共同利益的体现,使得该条约的诞生促成了这一共同利益的制度化和组织化。

有时,国家之间虽然缺乏足够的共同利益,但仍然能够开展合作,甚至建立制度安排。在这里,互补利益起到了关键的作用。所谓互补利益,是指各方所追求的目标尽管有所不同,所采取的政策手段也存在差异,但一方目标的实现能够为另一方目标的追求提供便利条件或是起到促进作用,或是一方政策手段的实施有助于另一方政策目标的实现,从而使得双方都能够获得满意的结果,尽管双方政策的出发点是不同的,甚至是对立的。例如,在 20 世纪 90 年代前期的阿以谈判当中,阿拉伯方面最关心的是收回被占领土,包括让巴勒斯坦实现独立至少是自治,而以色列方面最关心的是实现同阿拉伯邻国以及巴勒斯坦的和平。双方的政策目标虽然不同,但也存在相互交叉和补充之处,从而使得"以土地换和平"的解决方案成为可能,并最终促成了巴以之间《奥斯陆协议》的达成和约以之间《和平条约》的签署。再如,在 2003 年开启的"六方会谈"框架下的朝鲜核问题谈判进程中,朝鲜方面采取的是两面政策:一方面不时地采取违反核不扩散机制的举动,伺机突破核门槛,甚至不惜以核试爆相对抗,另一方面也希望利用其他各方要求它弃核的动机来达到改善安全环境和获取经济援助的目的。前一点显然是与其他各方确保半岛无核化的政策目标相抵触的,但后一点则为它们开展对话与合作提供了可能,因为双方的利益在此方面出现了互补。这就为后来"以行动对行动"原则的达成和落实开辟了道路。不过,与共同利益相比较,互补利益一般处于从属地位,而且是以共同利益的存在为前提的,如果没有更高一级的共同利益的存在,也就不可能有互补利益发挥作用的空间。可以设想,倘若当年阿以双方或一方继续坚持以非和平方式实现自己目标的政策路线,它们之间就不可能实现合作。倘若美国不克制其推翻朝鲜政权的打算,或是朝鲜不收敛强硬对抗的做法,六方会谈就不可能达成"去核化"的协议(尽管这一协议在 2009 年 4 月由于朝鲜的不合作行为而受到严重冲击)。在这两个案例中,争端双方旨在避免战争这一共同的利益需要对于双方保持接触势头和达成妥协起到了重要的牵引作用。当然,这不是说只要双方拥有共同利益,它们之间开展合作和达成相应的机制安排的条件就算完全具备了,而是说当有些情况下共同利益不足以促成合作时,就需要有互补利益加以补充。从此意义上讲,互补利益起着进一步加固的作用。例如,在朝核危机当中,尽管美朝双方都把避免战争作为底线,但如果它们之间没有产生上文所说的互补性的利益需要,仅靠避免战争这一点是很难促使它们走到谈判桌前的,也是很难促使它们通过谈判达成"利益交换"的协议的。

二、国家主权的自我限制

国家是由领土、居民、政府和主权这四大要素构成的政治单元,其中,主权具有特别重要的意义,因为主权是一个国家所拥有的独立自主地处理其内外事务的最高权力。从国际法和国际关系角度讲,主权是国家最根本的属性和最重要的象征,"是对国家在国际政治体系中作为抽象而又真实的基本实体的本质特征的表述"[1]。主权意味着对内的最高

---

[1] Louis Henkin, "The Mythology of Sovereignty," 转引自杨泽伟:《主权论——国际法上的主权问题及其发展趋势研究》,北京:北京大学出版社,2006 年,第 6 页。

管辖权和对外的独立自主权,只有这两个方面的权利都得到保障,国家才能够维持其在国际体系中的独立存在,国家的根本利益才能够得到维护,国家的生存和发展才能够获得坚实的政治基础。因此对于国家来说,主权是其在国际交往中最为关心的。这就涉及国际关系中的一个至关重要的问题,即国家如何处理自身主权与国际制度的关系,因为国际制度尽管不要求成员国放弃主权,也不谋求取代主权国家的地位,但出于协调政策和开展合作的需要,一般都会对成员国的主权施加不同程度的限制。这也是国际制度的本质含义,因为国际政治的一个基本特征是:相互依赖的行为体和彼此独立的政策选择。在此情况下,如果不对各国自行其是的行为施加限制,争端和冲突就会在所难免。这就对建立共同遵守的行为规范以及作为这些行为规范保障机制的组织机构提出了要求。从此意义上讲,国际制度的建立和维持是以国家接受外界对其主权的适当限制为前提的,只不过限制的程度和范围各有不同。

实际上,适当限制国家主权的思想是与国际社会主权观念的发展演变紧密相连的。1945年之前,国际社会中普遍流行的是传统的主权观念。这种观念把主权看作是绝对的和不受任何外力约束的东西。但是二战的爆发暴露出了这种主权观念的严重弊端,加之战后以来国际相互依赖的发展和国际合作领域的扩大,使得主权绝对不受限制的思想变得越来越与国际秩序的要求不相容。在此背景下,新的主权观念应运而生,其核心就是:主权是最高的,但并不是绝对的,一国拥有主权并不意味着它可以为所欲为、不受任何限制,一国主权的行使不能以侵犯别国的主权为前提,不能建立在违反国际法的基础上。正如联合国前秘书长加利在《和平纲领》中所说:"尊重国家的根本主权和完整是取得国际任何共同进步的关键。但是,绝对和专属主义的时代已经过去了,这种主权的观念从来不符合事实。"①不仅如此,"固执地拒不承认对其主权施加任何条约限制的国家,最终会发现本国已被排除在国际交往范围之外,

---

① 加利秘书长报告:《和平纲领》,联合国文件中文版,1992年6月17日,第5页。

并被剥夺了其生存和发展所必需的权利"①。

国家主权受到限制的突出表现就是国际法的不断完善和国际制度的大量增生。就安全领域而言,主权受到限制的情形也是广泛存在的。例如,《联合国宪章》就明确规定,成员国在对外关系中必须充分尊重别国的主权,不得针对别国使用武力和武力威胁,不得干涉别国内政,只能以和平方式解决争端等。这些都是对国家滥用主权的限制。再以军控和裁军机制为例,为了防止成员国的军备建设升级为军备竞赛、降低爆发战争的风险,这类机制一般都会对成员国武器系统的规模、水平或结构加以限定,甚至还会要求成员国消除某些种类的武器,或是禁止其发展某些种类的武器,并接受检查和监督。如《核不扩散条约》就明文规定:有核武器国家不得以任何方式向无核国家转让核武器及其他核爆炸装置,不得以任何方式协助、鼓励和诱导无核武器国家制造核武器及其他核爆炸装置(第2条);无核武器国家不得以任何方式接受任何国家转让的核武器及其他核爆炸装置,也不得以任何方式制造核武器及其他核爆炸装置(第2条)。为了确保此禁令得到遵守,条约还规定:所有国家和平利用核能的活动都必须被置于国际原子能机构的安全保障制度之下,接受该机构的监督和检查(第4条)。因此,对于国家来说,加入防扩散机制就意味着其在核领域的自主权要受到严格限制,违反此限制的行为将承担道德、法律和外交代价,包括面临制裁的危险。

即使是那些仅以政治宣言为基础、缺乏法律约束力的安全机制也包含着对成员国主权的一定程度的限制性要求。如东盟地区论坛就是一个组织松散的、仅靠协商对话和会议形式运作,并且不对成员国规定强制性义务的机制安排。作为目前正在推进的建立信任措施的重要组成部分,该机制要求成员国增加军事和防务政策的透明度,包括发表防务政策白皮书、开展情报交流、通报军事调动情况、观摩军事演习、参加联合国常规武器登记制度等。这些虽然按照约定都是建立在成员国"自愿"履行的基础上的,但实际上已构成对它们在防务政策领域的自主权

---

① 转引自杨泽伟:《主权论——国际法上的主权问题及其发展趋势研究》,第6页。

的一定程度的制约。虽然这些措施只是些"常识性"的要求,把对成员国主权的限制降低到了最低限度,但是,如果某些成员国拒绝履行这些义务(实际上,目前仍有一部分成员国没有全面履行这些义务),论坛的效力就会被打折扣,论坛朝着所预定的预防性外交阶段发展的动力和进程就会被削弱。

总之,国家接受对自身主权的限制是国际制度赖以建立和有效运作的前提条件。如果国家不愿意接受这种限制,那么国际制度就很难建立;如果国家在参与国际制度之后又不愿意按照机制的规范对其主权进行自我克制,对行为进行调整,那么国际制度就很难维持,其效力的发挥就很难达到预期的效果。虽然其他成员国可以考虑采取集体制裁的办法来促其遵守制度规范,但这并不是国际制度有效性的主导性来源。其主导性来源在于成员国的"自愿"接受和遵守,这也是作为国际社会生活有序化的重要保障的国际组织所遵循的一项基本原则。而由于"自愿"接受和遵守意味着国家需要对自身主权进行自我限制,因此国家对于自身主权的克制与否便成为除国家利益之外的另一个至关重要的影响因素。这一因素在涉及安全问题的关系中尤其突出,因为安全问题与国家的身份、生存、领土完整和政权稳定等核心利益休戚相关,而武力的保有、建设和使用又被认为是国家享有和维护主权的根本体现及手段。因此,能否确保国家自愿接受制度规范对其主权尤其是在事关安全利益方面的主权的限制,是安全机制赖以生成和维持的关键。正如有学者指出的那样,"国家这一概念的一个核心要素是,国家在其领域内拥有使用武力的合法权利,在国际关系中,国家拥有为了避免遭受伤害和维护自主权而以自卫为目的的使用武力的权利,还拥有决定在何种条件下行使武力自卫的权利,以及——作为自主权的一部分——在认为必要时谋求自卫手段的权利",这样一来,规范似乎特别难以同自主权相调和,因为规范限制自主权。[1]

---

[1] Terry Terriff, Stuart Croft, Lucy James, and Patrick M. Morgan, *Security Studies Today*, Cambridge: Cambridge University Press, 1999, p. 45.

三、共同威胁认知的拥有

国家创建安全机制的目的,从大的方面看可以分为两类:一类是增进相互信任、化解彼此误解或争端、避免相互开战;另一类是应对共同面临的威胁、确保共同安全。就第一类目的而言,只要双方之间拥有旨在维持和平关系的共同或互补利益,它们就能够实现合作。而对于第二类目的来说,共同威胁的存在或者说共同威胁认知的形成是一个必不可少的前提条件。当然,这里所说的"威胁"是广义上的威胁,既指军事意义上的某个具有侵略意图的敌国或敌国集团,也指非军事意义上的、来自国家以外的各种新型安全挑战,包括恐怖主义、跨国犯罪、金融危机、能源短缺、环境污染、流行疾病等。无论是哪一种威胁,只要若干国家之间能够达成足够的共识,或者说对于它们所面临的威胁产生共同的应对需要,它们就有可能产生合作的意愿,并为此而建立机制,开展合作。而如果它们无法就所面临的威胁达成共识,或者说,一方所认为的威胁没有得到其他各方的认同,那么就不可能达成合作。国际关系中的集体防御(或称同盟)和集体安全体系就是成员国为了应对共同威胁而建立的最为常见的制度化合作框架,只不过对于第一种合作模式来说,威胁来源是确定的,是国家在结为联盟之前就已经存在的,或者说被认为是已经存在的,而在后一种合作模式中,威胁来源则是不确定的,或者说是潜在地存在的。

不过,集体防御和集体安全并不是国家应对威胁的仅有方式。随着安全观念的转变,一种新的应对威胁的合作模式应运而生,这就是现已越来越受到推崇的合作安全机制。合作安全机制作为一种新型的安全合作模式,具有这样几个显著特点:一是认为一国安全的增进不应建立在别国安全受损的基础之上,而是要谋求相互安全和共同安全;二是坚持包容性和开放性的组织原则;三是不预设敌国和对手,主张通过"与对手合作而不是对抗"的方式谋求安全;四是着眼于成员间的相互安全保证（reassurance），消除彼此间的怀疑和畏惧。因此，合作安全机制具有更广的适用价值，尤其适用于虽然缺乏共同的威胁认知但拥有共同或互补的安全利益或者说面临共同的安全问题（如相互怀疑和畏惧、军备竞赛、战争风险等）的敌对国家之间。也就是说，对于合作安全机制来说，决定其能否建立和有效运作的因素，与其说是国家间的共同威胁认知，不如说是共同或互补利益意识。

四、核心国家的推动和主导

国际机制是主权国家间协议的产物，因此是一种人为建构的安排，只有通过主观努力才能够实现。共同或互补利益的存在以及共同威胁认知的拥有，只是为国家之间创建制度安排提供了内在动力，制度安排能否建立起来，还需要有核心国家的推动和主导。这里所谓的核心国家，是指享有较高声望、能够对其他国家的政策选择产生重大影响、具有制定和实施国际规则的能力，并为合作进程提供指导和动力的行为体。而根据国际政治的实践，这种行为体多由大国、强国来充当。不过，也存在例外情况：有时中小行为体也能够充当核心角色，就像东盟组织在东亚多边合作进程中所扮演的角色那样。因此判定每个行为体是否属于这里所说的"核心国家"，关键要看它是否能够提出被广泛接受的合作倡议并在合作进程中发挥其他各方无可替代的吸引、协调和领导作用。

在国际机制的生成问题上，现实主义、新自由（制度）主义和建构主义所持的观点是各不相同的。现实主义者强调霸权国或称领导国的作用，认为国际体系中的权力分布向某一拥有强大实力的主导国集中有助于国际机制的建立和维持，而权力的分散则与机制的瓦解密切相关。[①]主导国创建机制的目的在于为自己的私利服务，但由于它所建立的机制具有"公共物品"（或称"公益"）的属性和效用，因此其他国家一般也会接

---

① Robert O. Keohane, "The Demand for International Regimes," in Stephen D. Kraner ed., *International Regimes*, p. 142.

受和遵从,主导国的地位因此而得到维护。这种观点主要是从二战后美国制度霸权的经验中得来的。它虽然未免扩大了美国作为全球性超级大国在创建战后以来的一些主要多边机制(如联合国、国际货币基金组织、世界银行、核不扩散机制等)当中的作用,但也说明了大国、强国在国际机制的创建和维持过程中所扮演的关键角色。这种观点是从"供给"角度来解释国际机制的生成的,因此可以被称作国际机制的"供给理论"。

与现实主义的"供给理论"相对立的是新自由主义的"需求理论"(亦称国际机制的"功能理论"),认为国际机制之所以能够产生,是因为国家对于国际机制有"需求",而之所以有"需求",是因为它能够为国家提供用于规避"政治市场失灵"(即由于各国自行其是,导致彼此交往陷于混乱,无法获得理想的结果)所需要的各种"功能",包括提供信息和增加信息交流渠道、确立(法律)义务、降低交往成本、促进积极互惠等。[1] 这一理论本身是成立的,也是新自由主义国际制度(国际机制)理论的核心所在。不过,这一理论与其说是解释了国际机制是如何建立的,不如说是说明了为什么国家会建立国际机制。因为"需求"并不等于就"有",仅有"需求",而没有"供给",需求是不可能兑现的。

建构主义从认知和认同角度来解释国际机制的生成,认为国际关系是一个社会化交往过程,在这一过程中,国家之间不断地相互"认知"、相互"学习",并在此基础上形成"共有知识",建构"共有身份"(认同),从而达到对行为标准的"共同理解",最终导致共同规范的建立。这种观点突破了理性主义(其代表性流派就是长期以来支配人类思维的现实主义和自由主义传统)仅仅从"物质"性因素出发来解释国际关系现象的局限,把行为体在社会化互动过程中所形成的"观念"因素作为解释变量。它有助于解释共同的行为习惯和惯例在没有外力强制的情况下是如何"自

---

[1] Robert O. Keohane, "The Demand for International Regimes," in Stephen D. Kraner ed., *International Regimes*, pp. 141 - 171.

主地"产生的,也有助于解释已有的许多行为规范是如何逐渐地被各国所认同和"内化"的。但是它却无法解释为什么另有一些行为规范(如核不扩散规范)不是"自主地"产生的,而是通过人为方式建立的,为什么尽管已经有行为规范存在并且大都为各国所认可,但仍然需要通过建立国际组织来为它们的履行和实施提供保障。总之,它没有涉及国际机制创建和维持过程中的"人为推动"因素,而这一因素对于许多国际机制(尤其是带有组织实体的国际机制)来说是必不可少的。

在以上三派理论中,只有现实主义对此问题做出了回答。不过,需要指出的是,这一理论的实际贡献并不在它所引申出的,被西方尤其是美国学界大肆宣扬的"霸权稳定论",而在于它所揭示的国际政治中的权力主导逻辑以及国际机制创建过程中的大国核心作用的客观现实。实际上,所谓国际机制是由霸权国创建,并不是一个普遍的规律,它虽然能够解释为什么在二战结束后的世界上会出现一些全球性的多边机制,却不能够解释为什么这些多边机制并没有随着美国霸权的衰落而衰落,反而越来越走向成熟和巩固,也不能够解释为什么在美国霸权衰落的背景下全球和地区范围内还会有更多的、新的机制安排出现。因此,有必要对现实主义的国际机制"供给理论"做出新的诠释,将其所强调的"由霸权国供给"改为"由核心国供给"。"核心国"与"霸权国"虽然只有一词只差,但含义和结果是迥然不同的。这一命题不仅更加符合当今国际机制演进的实际,更具有涵盖性和适用性,而且从操作层面看,还有助于增强国际机制的公正性和合法性。

国际机制的创建、维持和有效运作需要核心国家的推动和主导,这已被国际组织的历史经验和现实证明。例如,联合国及其安理会的有效运作离不开五大国的协调一致和共同支持(冷战时期联合国作用的受限最主要地是由于美苏两个超级大国的全面对抗和在安理会争相利用否决权阻止该机构达成对自己不利的决议所导致的);欧共体/欧盟的建立和发展离不开法德轴心的推动;东盟的成立与印尼政策的改变有着很大的关系,其后来的发展历程也同印尼的核心作用密不可分;朝鲜核问题

"六方会谈"的启动和每一轮会谈的进展都与中国的积极推动和外交斡旋密切相连,该机制虽然后来陷入瘫痪,但其在运行期间所产生的积极效应却是无法抹杀的,也因此而为安全机制政策的实施和研究提供了经验;东盟系列峰会这个由中小国家集团倡导和主持的多边对话机制之所以能够建立并维持存在,是因为它得到了中、美、日等大国的认可和支持,而这个机制的主导权之所以能够一直掌握在这个由中小国家组成的集团手中,倒不是因为这个集团已经在地区权力格局中占据了优势地位,而是因为该地区的任何一个大国都不具备单独支配该论坛的客观条件,同时也是因为该集团利用这一条件适时提出并积极推进适合本地区需要的多边合作模式,从而在很大程度上担当了东亚多边合作进程的"驾驶员"的角色。

国际制度与安全困境的缓解 *

　　安全是国家在国际体系中追求的首要目标,也是国际社会追求的基本价值之一,但安全问题的大量存在却使得这一目标和价值常常难以实现。在困扰国家和国际社会的诸多安全问题中,安全困境具有特别耐人寻味的含义,因为这个问题揭示了国际政治领域一个经久存在的、目的与手段彼此背离、渐形渐远的矛盾现象。本研究拟对这一现象的内涵、生成机理和原因作一分析,在此基础上从国际制度角度对这一问题的解决途径做一探讨。

一、安全困境的适用条件、原因和后果

　　安全困境(security dilemma)作为一个概念最早是由美国学者约翰·H.赫兹(John H. Herz)于1950年提出的。[①] 此后它便成为国际关系学界特别是战略和安全研究领域频繁使用的一个概念。根据一种较为简洁的表述,安全困境是指"任何一方权力的增加都会被其他各方权力的相应增加所抵消,到头来所有各方都会比这一恶性循环开始时

*　本文原标题为《安全困境、国际制度与国际安全》,原载《太平洋学报》2006年第7期。
① John H. Herz, "Idealist Internationalism and the Security Dilemma," *World Politics*, Vol. 2,1950, pp. 157 - 180.

更不安全"①。美国著名国际政治学家罗伯特·杰维斯(Robert Jervis)指出,安全困境的核心是"一国安全的增加导致另一国安全的减少"②。

安全困境反映的是国际政治中的一个特定现象。它所揭示的问题是:为什么国家谋求安全的努力不能给自己带来安全,反而会使自己的安全恶化。因此,安全困境不是一个可以任意套用的概念。它的成立必须满足四个基本条件:(1) 各方都以自保和安全为目的,主观上无意损害对方的安全。与此相适应,各方的政策仅限于防御,而不是着眼于扩张。如果其中有任何一方怀有扩张或征服意图,由此引发的紧张关系就不属于安全困境的范畴,而只是一个"安全问题"。正如美国学者兰德尔·施维勒(Randall Schweller)所说:如果国家正在为安全以外的其他目标进行武装,那么由此引发的就不是"安全困境",而是由某个国家或国家联盟为侵略进行动员而引发的,由其他国家或国家联盟采取相应的措施而加剧的"安全紧张"局面。③ (2) 彼此之间无法确定对方的真实意图,在此情况下对对方产生虚幻的敌对意象。如果彼此能够确切地了解对方的意图,比如说知道对方只希望维持现状,那么它所采取的任何行动,无论是机会主义的侵略扩张还是理性主义的对等互惠,都不可能构成双方安全交互递减的局面,因为前者导致的是对方安全的彻底丧失;后者导致的则是双方安全的同时增进。即是说,不确定性以及由此产生的虚幻的利益不相容意识是安全困境产生的认知条件。(3) 各方都以增加军事实力作为谋求安全的手段,但所采取的手段却与所谋求的目标相背离,最终导致"自招失败"(self-defeating)的悲剧性结局。按照杰维斯的说法

---

① Glenn H. Snyder, "The Security Dilemma in Alliance Politics," *World Politics* 36, July 1984, pp.461 – 495.

② Robert Jervis, "Cooperation Under The Security Dilemma," in Robert J. Art and Kenneth N. Waltz, eds., *The Use of Force: Military Power and International Politics*, Lanham: University Press of America, 1993, p. 38.

③ Randall Schweller, "Neorealism's Status-Quo Bias: What Security Dilemma," in Benjamin Frankel ed., *Realism: Restatements and Renewal*, London: Frank Cass and Company Ltd., 1996, 107.

就是,"以防御为目的的行动所导致的非本意和不希望的后果构成了安全困境"①。(4) 由于双方都采取同样的行为路线,没有哪一方能够逃避实力与安全彼此背离的怪圈。因此,安全困境所揭示的两难局面具有双重含义:一是从单方面看,增进自身安全的努力反而使自己更不安全;二是从双方看,安全竞争的结局是双方安全的共同递减。英国学者阿兰·柯林斯(Alan Collins)把安全困境概括为四个特点:意图的不确定性、缺乏适当的政策、别国的安全减弱、各国的安全递减。② 这四个特点不仅揭示了安全困境的逻辑过程,也说明了安全困境的本质特征。

需要指出的是,在界定安全困境时,西方学术界存在一种将其"泛化"的缺陷。例如,美国学者杰克·施奈德(Jack Snyder)认为,除传统意义上的安全困境外,国际政治中还存在一种由某些霸权国造成的安全困境,即所谓"帝国式的安全困境"(imperialist security dilemma)。③ 按照施奈德的解释,霸权国为了自身安全,会有意识地采取武力威慑甚至进攻性的政策,以使别国不敢对其发动挑战。这种政策当然是霸权国所惯用的,但是否属于安全困境的范畴,则颇值怀疑。实际上,霸权国这样做的目的虽然含有维护自身安全的合理成分,但已远远超出了本国安全的合理需要,所谋求的是地区或全球支配地位。而这一目标无论做何辩解,都不应被理解为"安全"需要,因为安全的基本含义就国家而言,是指"保持其独立身份或功能完整",所涉及的是关乎国家生存利益的问题。④ 如果把这个概念加以曲解或滥用,那么任何国家都会以"自身安全"为由任意界定自己的安全利益和设计自己的对外政策,包括侵略、扩张

---

① Robert Jervis, *Perception and Misperception in International Politics*, Princeton: Princeton University Press, 1976, p. 66.

② Alan Collins, *The Security Dilemma and the End of the Cold War*, New York: Keele University Press, 1995, p. 11 - 15.

③ 参见吴征宇:《论"安全两难":思想渊源、生成机理及理论缺陷》,载《世界经济与政治》2004 年第 3 期,第 34—35 页。

④ Barry Buzan, *People, States, and Fear*, 2nd edition, Boulder: Lynne Rienner, 1991, pp. 18 - 19; Michael Sheehan, *International Security: An Analytical Survey*, Boulder and London: Lynne Rienner, 2005, p. 58.

和干涉政策。这样一来,以目的说明手段正当为信条的强权政治就会合理化和无限化。因此,把霸权国以巩固支配地位为宗旨的政策列为"安全"困境的范畴,在逻辑上是站不住脚的,在政策上则是十分有害的,存在严重的道德、法律和政治风险。美国著名批判理论家罗伯特·考克斯(Robert Cox)指出:"理论总是为一定的人和一定的目的服务的。观点源自人们在特定时间和空间——尤其是社会和政治意义上的时间和空间——所处的地位。世界是站在不同的立场上被加以认识的。"①这句名言有助于我们理解为什么会出现这种把安全困境的概念扩大化的倾向。

安全困境是国际关系中的常有现象。这一现象的产生从根本上讲源于国际体系的无政府性质。国际体系的无政府性质意味着国家必须把自我保存(即安全)作为其最基本的和首要的目标,也意味着国家必须依靠自己的力量,通过不断地获取实力来谋求这一目标的实现。但是,在一个资源有限和缺乏互信的世界上,国家会以相对的眼光看待彼此的实力和安全:"如果有某个国家比自己强大,另一个国家……就会感到自己弱小不敌。该国的安全和自我保存要求它必须使自己变得比邻国强大。而且它只能以损害邻国利益为代价来增进、培育和施展自己的权力。……由于国家的强大纯粹是相对的,因此它不得不将自己的实力与邻国的实力作比较。……它是否会变得强大取决于其邻国是否会扩张或收缩、强盛或衰落。"②因此,谋取尽可能多的实力尤其是军事力量成为国家实现安全目标的前提条件。但是,军事力量既可以用于自卫和防御,也可以用于进攻和征服。另外,即使国家竭力增强自我防卫能力,但是它们为此"所获得的既太多又太少:说太多是因为它们因此而具有了

---

① 转引自 Terry Terriff, Stuart Croft, Lucy James and Patrick M. Morgen, *Security Studies Today*, Cambridge: Polity Press, 1999, p. 108.

② 这是让-雅克·卢梭(Jean-Jacques Rousseau)基于现实主义立场对于国家权力的相对性的经典论述。转引自:Charles W. Kegley, Jr. and Eugene R. Wittkopf, *World Politics: Trend and Transformation*, 7ᵗʰ edition, Boston and New York: Bedfast/St. Martin's, 1999, p. 428.

发动侵略的能力;说太少是因为其他国家在感到威胁后会也增加自己的武装,从而使第一个国家的安全受到削弱"①。因此,无论作何解释,一国出于自保目的而采取的增加军备的行动都会被他国当作威胁看待,并促使其采取针锋相对的反制措施,由此导致它们之间行动与反制行动螺旋式攀升的恶性循环。

国家之间之所以会以威胁的眼光看待对方,是因为它们无法对对方的意图作出明确的判断。在此情况下,它们宁肯把对方设想得凶险一些并从最坏处着眼设想加以防范,也不愿由于自己的盲目乐观而坐视"威胁"逐渐增大,因为安全事关国家生死存亡之大事,军事优势是国家在战争中立于不败地位的杠杆。在这里,关键的变量是对别国意图的判断。在缺乏超国家权威提供公共安全的条件下,如果国家之间无法确定对方的意图,那么它们就很容易对对方产生恐惧。而"恐惧导致怀疑、不信任和各种各样的凶险幻想,直至各国政府都认为若不采取一切防范措施,就是对自己国家的犯罪和背叛。如此一来,各国政府都会把别国政府的每一项防范措施视为敌对意图的表现"②。英国学者赫伯特·巴特菲尔德(Herbert Butterfield)指出,安全困境产生的关键是"你根本无法领会别人对你的恐惧。……你知道自己对他没有恶意,除自身安全保障之外,你不想从他那里获取任何东西;而且你根本不可能知道或者记住的是,由于他无法知道你心里究竟在想什么,所以他也就根本无法对你所抱有的意图像你自己那样感到放心。由于双方都怀有这种心理,因此问题就呈现出十分错综复杂的局面。而且双方都没有认识到自己所处困境的实质,因为在他们的想象中,只有对方才是怀有敌意和不讲道理的"③。英国学者肯·布斯(Ken Booth)和尼古拉斯·惠勒(Nicholas

---

① Robert Jervis, *Perception and Misperception in International Politics*, p. 64.
② Grey Edward, *Twenty-Five Years*, *1892—1916*. 转引自 Charles W. Kegley, Jr. and Eugene R. Wittkopf, *World Politics: Trend and Transformation*, 7th edition, p. 428.
③ Herbert Butterfield, *History and Human Relations*. 转引自 Jason G. Ralph, *Beyond the Security Dilemma: Ending America's Cold War*, England: Ashgate Publishing Limited, 2001, p. 2.

Wheeler)也从不确定性这一角度定义安全困境,指出:"如果一国对另一国造成的威胁……能够准确地被潜在或现实的对象国认识到,那么这种情形就不能被列为安全'困境'。它只不过是一个安全'问题'。无论致力于军事准备的国家抱有什么样的真实意图,是潜在或现实对象国对于别国意图和能力的无法消除的不确定感才造就了安全困境。"①

安全困境作为国际政治的一个悲剧性事实,其消极后果是显而易见的。最明显、最直接的莫过于军备竞赛的不断加剧和升级。而军备竞赛不仅会加深彼此间原有的互不信任和恐惧,恶化国家的安全环境,而且还会成为引发危机和战争的导火线,因为安全困境隐含着直接导致战争的逻辑,即"最好的防御就是一种有效的进攻"②。当然,这并不是说处于安全困境中的国家从一开始就将进攻性战略作为首选方案,而是说当它们在被这一螺旋模式困扰到别无其他良策可施的情况下为了摆脱这一处境而不得不选择"先发制人"的武力手段,以彻底打消本国所面临的安全"忧患"。安全困境对国际关系的另一个严重影响是阻碍国际合作的开展。安全的实现不仅仅依赖于国家的单边努力,还依赖于国与国之间的相互谅解和协调,因为国家间关系实质上是一种相互依赖的关系,而相互依赖意味着利益的相互交织和行为的相互影响。在此情况下,如果各国只从自己意愿出发,以怀疑和戒备的眼光看待其他国家,由此产生的政策只能是单纯的自助和防范,所导致的结果只能是原本有可能朝着积极方向转化的相互依赖关系一味地朝着敌对和冲突的方向发展,进而造成各国安全的普遍恶化。

二、国际制度:缓解安全困境的有效手段

根据上文分析,安全困境的生成机理可以归纳为"无政府状态—自

---

① Ken Booth and Wheeler N., "The Security Dilemma," in Baylis, J. and Rengger, N. eds., *Dilemmas of World Politics: International Issues in an Changing World*, Oxford: Clarendon Press, 1992, p. 31.

② [美]约翰·米尔斯海默:《大国政治的悲剧》,王义桅、唐小松译,上海:上海人民出版社,2003年,第49页。

助—不确定性—相互疑惧—权力竞争—安全递减"这样一个逻辑发展过程。其中,无政府状态是安全困境产生的最根本原因。据此推理,消除这一困境的最根本途径应该是改变无政府状态,建立类似于国内政府的超国家权威。但是由于在以主权国家为基本行为体的国际体系中,这一设想具有明显的不现实性,因此寻求解决途径只能以接受国际体系的基本特征为前提,在承认国家的独立地位和自主权的基础上,着眼于最大限度地克服其他几个环节的弊端。在此方面,国际制度(international institutions)①具有十分重要的意义,因为国际制度不是对国家主权的否定和超越,而是对国家主权的承认和补充;它不要求国家放弃主权,而是主张国家主权的国际汇聚;它不否认无政府状态的存在,而是力图对无政府的世界施加控制,以保障其有序运行。它是由主权国家在自愿基础上建立的、旨在对彼此关系实施管理的一种"没有政府的治理"形式。具体来说,国际制度在克服安全困境方面所能发挥的作用主要体现在以下三个方面。

(一)国际制度能够降低交往环境的不确定性,增进国家间的相互理解和信任

不确定性的存在是阻碍国家间关系走上良性互动的一个非常重要的因素。不确定性意味着缺乏关于别国意图、能力和可能的政策选择的信息,而缺乏信息又意味着无法形成关于对方未来行为的可靠预期,进而也就意味着相互误解、猜疑和恐惧在所难免。由于一国的战略选择不仅取决于该国所追求的目标,也取决于该国对于其他国家所追求的目标的判定,因此,能否以及如何掌握关于别国意图的可靠的信息便成为影

---

① 关于国际制度的定义,参见 Robert O. Keohane, *International Institutions and State Power: Essays in International Relations Theory*, Boulder: Westview Press, 1989, p. 3 - 4。另见 Robert O. Keohane, "The Analysis of International Regimes: Toward a European-American Research Programme," in Volker Rittberger, ed., *Regime Theory and International Relations*, Oxford: Clarendon Press, 1993, pp. 28。关于国际制度与国际机制(international regimes)的简明辨析,可参见杨光海:《论国际制度在国际政治中的地位和作用——与权力政治之比较》,载《世界经济与政治》2006 年第 2 期,第 48—49 页。

响国家战略选择和国家间互动关系的性质的关键。国际制度的创建缓解了国家在获取信息方面所面临的结构性障碍,弥补了国际互动中缺乏信息交流的弊端,因为国际制度最重要的功能就是为成员国提供信息和信息交流渠道,[①]充当着"传达信息和发送信号的机制(mechanisms)"的角色。[②] 国际制度的这一功能首先和最主要地体现在它为行为体在国际交往中如何行事确立了共同遵循的原则、规范和规则(统称"游戏规则")。这些游戏规则或者是在国家交往中经过反复实践约定俗成的,或者是在国家自觉和自愿基础上谈判达成的,反映了各国对于哪些行为是应该受到鼓励的、哪些行为是应该加以禁止的这一问题的共同认识,也符合参与国的根本利益和集团的整体利益,因而(在其适用范围内)具有公认性、合法性和互利性。正是由于这个原因,国际制度能够"将行为体的期望汇聚在一起",为它们提供足以衡量别国表现的行为标准,塑造彼此的行为预期,使成员国的政策取向保持在可预见的轨道上,从而降低彼此在各行其是条件下给对方造成的不确定感。

国际制度的信息功能还体现在另外两个方面:一是通过监督和惩罚机制确保各国履行规则,制止个别国家的机会主义行为,从而稳定各国对于彼此行为的预期;二是通过组织形式(国际机构、国际会议、国际论坛等)增加信息交流渠道,促使各国持续交往,改善政府接受信息的方式方法。国际机制的实践证明,"凡是高效运作的国际机制,通常都是与参与国官员之间大量的信息交流和沟通联系在一起的。在这类机制中,政府不再是作为孤立的、自我封闭的行为体行事的。以相互理解和友好为特征的'跨政府'网络会不断发展,由此导致的结果是:各成员国政府的所谓'机密'文件也能够为对方所了解;各成员国的政府官员之间形成了

---

① [美]罗伯特·基欧汉:《霸权之后:世界政治经济中的合作与纷争》,苏长和等译,上海:上海人民出版社,2001年,第113页。作者认为国际制度(或机制)的另外两个功能分别是确立法律责任和降低交往成本。参见该书104—133页。

② Helga Haftendorn, Robert O. Keohane, and Celeste A. Wallander, *Imperfect Unions: Security Institutions over Time and Space*, New York: Oxford University Press, 1999, pp. 3,30.

一种非正式的联盟关系,共同致力于目标的实现;官员之间还会就对方国家的政策进行不断的磋商。这种跨政府关系为决策者提供了关于对方行为的高质量的信息,从而增大了它们之间开展合作的机会"[①]。总之,国际制度通过为其成员提供信息和便利信息交流,可以降低无政府条件下交往环境的不确定性,增加政策的透明度。这有助于消除国家之间的相互猜疑,减少虚幻的不相容意识。

(二)国际制度能够促进国家间的积极互惠,并使这种互惠制度化

"互惠"(reciprocity),俗称"一报还一报"(tit for tat),是人类理性互动模式所遵循的一个基本原则和行为标准。互惠的基本的含义是:"大致对等的价值的交换,其中,一方根据另一方业已采取的行为来确定自己的行为,以便达到以善还善、以恶还恶。"[②]从含义上看,互惠包括积极的和消极的两种形式,前者以奖赏、友好为特征,是一种良性互动;后者以惩罚、对抗为特征,是一种恶性互动。军备竞赛就是国际安全领域一种典型的消极互动,安全困境就是由于这一消极互动所造成的结果。互惠具有两种方式:第一种可以称为"特定互惠"(specific reciprocity),是指"特定伙伴依照严格限定的程序交换对等价值的物品。如果存在责任的话,这些责任是通过特定行为体的权利和义务而明确地体现出来的"。因此,这种互惠不需要相互确立责任,它们只需根据自我利益就可以实行"一报还一报";第二种互惠可以称为"扩散互惠"(diffuse reciprocity)。在这种互惠中,"对等的定义不是那么严格,伙伴可能被视为一个团体,而不必是特定的行为体,而且交换程序也不是那么受到严格的限定"。在这种互惠中,责任非常重要,只有在各方具有普遍的责任意识的条件下才能够实现。这种互惠要求相互确立责任,遵守普遍接受的行为标准。[③] 可见,特定互惠比较易于操作和实现。相比之下,扩散互惠则很难

---

① Robert O. Keohane, "The Demand for International Regimes," in Stephen D. Krasner, ed., *International Regimes*, Ithaca and London: Cornell University Press, 1983, p. 165.

② Robert O. Keohane, *International Institutions and State Power: Essays in International Relations Theory*, p. 136.

③ 同上注,pp. 134, 146.

实施,也难以衡量,因为行为体不能从自己当前的合作性行为中获得直接的回报,而且它要求行为体不能只考虑短期的自我利益,而是应该着眼于可预期的长远利益,相信自己当前作出的牺牲将会带来长远的回报,而且其他行为体在面对利诱时也不会背弃它们的承诺。[①] 扩散互惠虽然难以实现,但作为一种积极的交往模式,却是国际关系特别是政治-安全关系朝着良性互动方向发展必不可少的条件。

互惠尤其是扩散互惠的内在要求说明了确立法律责任对于促进良性互动的极端必要性。在此方面,国际制度的作用必不可少,因为国际制度的另一大功能就是为行为体确立法律责任。国际制度的核心是原则、规范和规则,它对于国家行为的控制和相互关系的调节主要是通过这些具有规范性质的安排——以及如果可能的话还包括组织架构——来实现的。规范是权利和义务(责任)的统一体,是对行为体应享有的正当权利和应履行的必要义务的法律或道德规定。根据人类历史的既往经验,凡是在缺乏法律和道德规范条件下发生的政治行为,都是一种把权力尤其是军事权力奉为圭臬的政治行为。国际政治亦不例外,因而也就有了只看到权力因素而忽略了制度作用的现实主义思想谱系中的所谓"国际政治就是权力政治"之说。而权力政治只讲权利不讲义务,其结果只能是行为体之间不可避免的利益冲突、政治对立乃至暴力对抗。国际制度正是在这一点上介入进来,以制度化规范的形式,在确认行为体享有应有权利的同时,也为它们设定应尽的义务,以保持二者的对等和平衡。而这正是国际制度促进国家间积极的互惠模式的要义之所在。当然,在无政府条件下,"机制"所确立的法律责任并不具有约束力和强制力,[②]并"有可能被主权国家的行为所推翻"[③]。但是,这并不意味着法律责任就全然无效,因为国际制度的这一安排等于是明白无误地向参与

---

① 参见 Robert Jervis, "Security Regimes," in Stephen D. Krasner, ed., *International Regimes*, p. 180.

② Robert O. Keohane, "The Demand for International Regimes," in Stephen D. Krasner, ed., *International Regimes*, p. 155.

③ [美]罗伯特·基欧汉:《霸权之后:世界政治经济中的合作与纷争》,第108—109页。

者发出一个信号,即世界是一个利益交织的共同体,在这个共同体中,他人并不是你可以任意剥削和利用的对象,而是你谋取利益的依托。只有尊重这个依托,向其履行一定的责任,对方才会给予你相应的回报。否则,不是你自己的利益难以实现,就是自己因恶化与对方的关系而付出高昂的代价。①

（三）国际制度能够改变国家追求自我利益的方式,增大它们以协调与合作谋求共同安全的机遇和前景

国家利益是国家行为的最高准则,其中安全利益有着尤其重要的意义。国家追求安全利益的方式多种多样:既可以是和平的,也可以是暴力的;既可以是合法的,也可以是非法的;既可以是自助的,也可以是互助的。从一定意义上讲,安全困境也是由于国家过分倚重自助所造成的。自助之所以被国家倚重,除国际体系的无政府性和国家利益的差异性这一客观现实的决定性影响之外,还与国家对于彼此利益的虚幻的不相容意识有着密切联系。实际上,国家利益既存在差异和冲突的一面,也存在共同和互补的一面。国家利益是客观存在的,但国家利益的界定则是主观的。处于安全困境中的国家都是以追求自身安全为目标,但是,合理合法的目标却在彼此利益的虚幻的不相容意识的驱使下被赋予了不合理甚至不合法(如先发制人的进攻)的手段。因此,如何使目标与手段相契合,保持二者的相辅相成,便成为摆脱安全困境的另一个关键。国际制度在此方面可以发挥有效的作用。

国际制度所确立的各种行为规范和规则由于具有公认性、互利性、合法性和适用性,因而一般能够为成员国所"内化"。这种"内化"有助于重塑它们的利益观念。具体到安全困境问题上,它们会意识到本国安全的维护不仅要以增进本国自身的安全为宗旨,还要以不损害别国的安全为条件;不仅要依靠自身的单边努力,还要寻求与其他国家的沟通、协调

① 杨光海:《论国际制度在国际政治中的地位和作用——与权力政治之比较》,载《世界经济与政治》2006 年第 2 期,第 52 页。

与合作；不仅要依靠"硬实力"作后盾，也要依靠"软实力"作保障。随着利益观和安全观的转变，国家追求安全的方式就会发生相应的变化。国家安全战略中的防卫和威慑举措虽然会继续保留，但合作安全和共同安全的成分会逐渐增多，而后者的增多无疑将会对前者所故有的缺陷起到稀释和抵消的作用。需要指出的是，国际机制对于国家利益的影响不是针对其内容而言的，而是针对追求利益的方式方法来说的。即是说，国际制度不谋求改变国家的利益，所要改变的只是国家在追求自我利益过程中面临的可能的政策选择的收益-成本比率。① 它并没有取代国家对于收益-成本的基本估算，而只是为国家获取更为有利的收益-成本比率开辟了新的可能性。② 总之，国际制度的增生、强化和完善有助于促使国家从传统的、视野狭隘的"国家安全"思维向新型的、视野宽阔的"国际安全"思维的方向转变，有助于合作安全和共同安全的实施与实现。这样一种趋势的发展不仅对于缓解安全困境具有重要价值，从更为广泛的意义上讲，对于国际社会应对其他各种安全挑战也具有长远的、重大的战略意义。

三、结束语

国际制度在应对安全困境方面所能发挥的积极作用是显而易见的。上文只是从学理上对此问题作一初步探讨。实际上，当代国际关系中也不乏这方面的成功案例。只要考察一下欧盟和北约国家相互关系的历史和现状以及东盟和上海合作组织等机制内部正在呈现的积极趋向，我们就没有理由不对国际制度寄予期望。当然，与任何一种社会制度一样，国际制度的作用也不是绝对的和万能的。这最主要是因为，受国际体系根本特性的制约，它不具有强制性的实施规则的能力，其效力的来

---

① Helga Haftendorn, Robert O. Keohane, and Celeste A. Wallander, *Imperfect Unions: Security Institutions over Time and Space*, p. 9.

② Joshua S. Goldstein, *International Relations*, English reprint edition, Peking University Press, 2005, p. 107.

源主要在于它自身的性质。不过,这也正是它的生命力之所在。国际制度对于安全问题的意义归结到一点就在于,它能够塑造新的安全思维,促使各国以合作安全的方式追求共同安全的目标。尽管这一模式的实现要受到众多因素的制约,在不同地区和不同国家之间也存在极大的差异,但是要摆脱安全困境等问题的困扰,就必须把加强国际社会的制度化建设作为各国共同追求的一个长远目标。

国际制度与国家软实力的增进 *

　　国际制度（国际机制）是有关国家出于共同利益的需要而建立的旨在管理彼此关系、解决共同关心的问题的规则体系和（或）组织架构。国际制度研究涉及诸多方面的问题，其中作用问题占有非常突出的位置。而在此问题上，研究界大多是把关注点集中在国际制度在化解国际争端、促进国际合作和塑造国际秩序等方面，至于它对于国家软实力的促进作用则较少论及，也缺乏系统的成果。而实际上，这一方面的作用和功效对于参与国来说意义非同小可，甚至可以说具有某种大战略的含义。基于这一考虑，本研究拟对该问题做一探讨，以期深化国际制度作用问题的研究，同时也为我国对外政策提供启示。

一、软实力概念的界定

　　关于权力（或称实力）这一概念的定义，国内外学术界有多种表述。有人将其定义为"控制他人思想和行为的能力"①，另有人将其定义为"让

---

* 本文原载《教学与研究》2010 年第 3 期。
① ［美］汉斯·摩根索：《国际纵横策论——争强权、求和平》，卢明华、时殷弘、林勇军译，上海：
　上海人民出版社，1995 年，第 140 页。

别人做他们原本不愿意做的事情的能力"①,还有人将其定义为"某个行为体影响国际事件以使其朝着自己满意的结果发展的能力"②。这些定义尽管表述各不相同,但从中可以看出,权力是一种能力,这种能力是以对其他行为体或外部事态施加影响为标志的。因此权力又等同于影响力。在国际关系中,国家一般是通过三种方式来向其他国家施加影响力的:一是强制,包括经济制裁、武力威胁或实际使用武力等;二是奖赏(或称利诱),如经济援助、经济合作、安全保护(结盟)等;三是吸引和说服。前两种方式依靠的是物质性资源,因此又被称为"硬实力"的运用;后一种依靠的是非物质性的资源,包括思想、文化、价值观、意识形态、政治体制、国际声誉、国际制度等,因而又被称为"软实力"的运用。

软实力作为国家权力的一个组成部分,虽然在国际关系实践中一直存在并发挥着作用,但作为一个独立概念,则是由约瑟夫·奈(Joseph S. Nye Jr.)在其于 1990 年出版的《注定要领导:美国权力性质的变化》一书中首先提出的。在后来撰写的《美国权力的悖论:为什么世界上唯一的超级大国不能够擅自独行?》《软实力:世界政治中谋取成功的途径》等著作中,奈对这一概念做了进一步的阐发,形成了颇具学术价值和政策意义的软实力理论。按照奈的解释,"软实力是指通过吸引而非强制或报偿的方式来达到你想要的结果的能力。它产生于一国文化、政治理想和政策的吸引力。如果我们的政策在别国看来是合法的,那么我们的软实力就能够得到增进。"③奈和罗伯特·基欧汉(Robert O. Keohane)在合著的一篇文章中更明确指出,硬实力是指通过威胁或者奖励,让别人做他们原本不想做的事情之能力。而软实力则是指"通过吸引而非强制来达到目的的能力,它是通过说服别人按照自己的意志行事或是促使别人

① Joseph S. Nye Jr., *Bound to Lead: The Changing Nature of American Power*, New York: Basic Books, 1990, p. 26.
② Walter S. Jones, *The Logic of International Relations* (Fifth Edition), Boston: Little Brown, 1985, p. 245.
③ Joseph S. Nye Jr., *Soft Power: The Means to Success in World Politics*, New York: Public Affairs, 2004, p. 5.

同意接受能够产生预期行为的规范和制度而实现的"①。换句话说,硬实力的运用表现为借助利诱("胡萝卜")或是威胁("大棒")手段,直接促使他人改变自己的意志或行为;而软实力的运用则表现为通过自己思想、文化的吸引力或是决定政治议题和国际制度的能力,让其他国家自愿效仿自己或者接受国际体系的规范,从而间接地促使他人调整自身的偏好。②

　　需要指出的是,奈在强调软实力的同时,并没有否认硬实力的作用。相反,他认为二者都是影响力的必要来源和手段,只不过它们所依赖的资源和施展影响力的方式有所区别。由于软实力是借助文化、政治理想(或称价值观、意识形态)和制度等手段,通过吸引和说服的方式来达到目的的,因此与建立在军事和经济胁迫之上的强制方式相比较,这种施加影响力的方式具有无可比拟的优点:一是所付出的成本较小;二是所得到的结果具有稳定性和持久性;三是不会招致对方的反感和抵制;四是可以弥补硬实力的不足,因为有许多对外政策目标仅仅依靠军事和经济手段是无法实现的。正如奈所说:"如果一个国家可以让它的权力在别国看起来是合法的,那么它在实现自身愿望时会遇到较小的阻力。如果一个国家的文化和意识形态是有吸引力的,那么他国就会比较心甘情愿地追随它。如果一个国家能够确立起与自己社会相一致的国际规则,那么它不得不变的可能性就会减少。如果一个国家能够帮助维持一些制度,而这些制度又能够鼓励别国用它所偏爱的方式引导或限制它们的活动,那么这个国家就不需要这么多代价高昂的胡萝卜和大棒。"③也就是说,软实力不仅仅是影响力,也不仅仅是劝说或通过争论说服他人的能力,它还是一种诱导和吸引的能力,而诱导和吸引有可能导致默许和

---

① Robert O. Keohane and Joseph S. Nye Jr.，"Power and Interdependence in the Information Age," *Foreign Affairs* (September/October 1998)，p. 105.

② Joseph S. Nye, Jr.，*Bound to Lead: The Changing Nature of American Power*，pp.31 - 32.

③ ［美］约瑟夫·奈:《处于十字路口的美国巨人》,载胡鞍钢、门洪华主编:《美国大战略》,杭州:浙江人民出版社,2003 年,第 45—46 页。

效仿,还有可能促进旨在谋取领导权的努力的实现。

关于软实力的构成要素和来源,目前学术界并没有完全统一的看法。奈将其分为三个方面:一是文化吸引力;二是政治价值观(或称意识形态)的吸引力;三是塑造国际制度和决定世界政治议程的能力。我国学者俞新天教授将其分为思想、观念和原则、制度(包括国内制度和国际制度)以及战略和政策三个部分。[①] 门洪华将其分为五个方面:文化、观念、发展模式、国际制度和国际形象。[②] 还有学者将其分为文化吸引力、民族凝聚力、制度创新能力、信息实力、国家大战略、国际制度塑造力以及国际义务的承担能力。[③] 依笔者之见,对于软实力的要素和来源的界定,应采取宽泛的方法,凡是不同于军事和经济等物质性力量的影响力资源和手段都可以被作为软实力的要素来考虑。不过,仅有这一点是不够的,还应该看这些非物质性资源和手段在运用过程中是否能够被对象国认可,是否被认为是有益的、合法的和适用的,因为软实力的关键是吸引力,而吸引力产生于公认性、有益性、合法性和适用性:只有当一国的思想、文化、倡议或政策被别国所认可,并被视为是有益的、合法的和适用的,这些因素才有可能对它们产生吸引力,它们也才有可能心甘情愿地接受、追随或效仿。否则这些因素的施展不仅不可能产生预想的结果,还有可能引起反感和抵制,即使它们有可能产生影响力,那也是在借助物质性资源和手段(如武力胁迫、外交施压或经济利诱和惩罚)的情况下强行施加的(西方大国的人权外交和新干涉主义就明显地包含这些成分),而这些做法只能被列入硬实力的范畴。从此意义上讲,争取软实力的斗争也就是争取合法性的斗争。

二、国际制度对国家软实力的促进作用

在软实力的各个组成部分中,国际制度占据特别重要的地位,因为

---

① 俞新天:《软实力建设与中国对外战略》,载《国际问题研究》2008 年第 2 期,第 16 页。
② 门洪华:《中国软实力评估报告》(上),载《国际观察》2007 年第 2 期, 第 19—20 页。
③ 马建英:《软权力论与国家崛起刍议》,载《理论研究》2007 年第 5 期,第 40 页。

国际制度虽然包含监督或制裁之类的强制性实施手段，但最主要地还是通过互利性的规则规范的吸引和诱导方式来塑造国家行为的，而且由于它的规则规范是建立在成员国的共识基础上的，因而（在其适用范围内）具有相当的合法性。因此，如果一个国家能够参与和主导国际制度，并利用这一安排来传播自己的国际政治理念、塑造符合本国利益的行为规范、掌握国际议程的决定权，那么它的软实力就能够得到增进，而软实力的增进又会带动国家的整个实力地位和影响力的提高。具体来说，国际制度对于国家软实力的增进作用主要体现在以下几个方面。

（一）参与和维护国际制度有助于增进本国行为的合法性

合法性是国家在施展对外行为时必须考虑的一个因素，因为只有当一国的行为被认为是合法时，它的意志才容易得到贯彻，它的政策才会产生吸引力，否则它的意志和政策只能依靠强制手段来推行。国际制度作为国际社会部分或全体成员共同意志的体现，它所包含的规则规范是在它们集体协议的情况下达成的，也符合它们的共同利益，因而一经确立就会成为检验成员国行为合法与否的重要尺度。

国际制度合法性的根源在于，它们是在成员国一致同意的基础上建立的，也是在它们集体协商的前提下修改和完善的，它们的原则、规范、规则和程序的确定得到了参与国的认可，并通过国内立法程序得到确认。如果一些行为体能够获得它们想要的结果，而另外一些行为体则可能一无所获，国际机制就很难建立或长期维持。换言之，国际机制之所以具有合法性，首先是因为得到了参与国的认可，它们的原则、规范和规则体现了成员国的集体意志、反映了成员国的共同利益需要。从此意义上讲，国际制度是国家行为合法性的一个重要源泉，尽管它不是唯一的源泉，也尽管它所代表的合法性不一定像国际法那样具有最高的权威性和全球范围的适用意义。

当今世界是一个国际制度大量增生的时代，尽管各个领域的制度安排还存在这样或那样的缺陷，有些甚至还暴露出明显的"民主赤字"的弊端，但是作为国际社会部分或全体成员共同利益的体现，这类安排对于增进国家行为的合法性具有越来越重要的意义,而合法性的获取不仅有助于减少国家在谋求自身目标过程中的阻力,还有助于赢得其他国家的好感和信任,进而有助于增强本国政策的感召力和影响力。正如基欧汉和奈所说,"如果一个国家能够使自己的力量被他国视为合法,并建立促使他国以和谐的方式确立其利益的国际制度,它未必需要像其他国家那样耗费昂贵的传统经济资源和军事资源"①。

（二）参与和维护国际制度有助于提高国家的声誉

声誉(reputation)与形象(image)和威望(prestige)属于同一范畴的概念,都是指外界对于行为主体的评价。声誉的提高也就意味着形象的改善和威望的增长。声誉虽然在表象上是主观的,但其来源却是客观的,是以行为主体在过去的行为表现作为评判依据的。在国际社会中,一国的声誉如何,对于其国家利益的增进有着不可忽视的影响,其意义不仅仅在于决定本国在其他国家心目中的印象,更重要的在于影响其他国家在与本国交往时的政策偏好和取向,因为一国的政策总是建立在对各种影响因素的评估之上的,而声誉作为一国既往行为的反映,必然会成为其他国家在制定针对该国的政策时所参考的一个重要指标。不仅如此,一国的声誉还会影响其他国家对于该国在国际问题上所提出的倡议的态度和反应:声誉不良的国家,其政策动议很难得到广泛的国际支持;相反,享有良好声誉的国家,其政策主张则易于得到其他国家的响应,进而易于推进本国目标的实现。正是基于这个原因,声誉通常是被作为软实力的重要资源和手段来看待的,是一笔巨大的战略无形资产。它不仅易于赢得其他国家的信任,获得广泛的盟友和合作伙伴,扩展国际交往的空间,还有助于提高国家在国际舞台上的威望,从而在增进其利益过程中取得事半功倍的效果。

在国际关系中,良好的声誉可以通过多种方式来塑造。其中,倡导

---

① ［美］罗伯特·基欧汉和约瑟夫·奈:《权力与相互依赖》(第3版),门洪华译,北京:北京大学出版社,2002年版,第263—264页。

创建国际制度、维护国际制度的规则规范和有效运作具有不可或缺的意义,因为国际制度是国家行为合法性的重要源泉,是国际合作的重要载体,是以和平方式解决争端的重要渠道,也是国际关系民主化的重要推动力量。因此,"国际机制有助于对国家的声誉做出评价。这是通过为衡量别国的表现提供行为标准,将这些行为标准同具体问题联系起来以及为进行评价提供论坛(这些论坛通常是以国际组织的形式体现出来)的方式而实现的"①。国家声誉通过国际社会的舆论反映出来,而舆论又可以分为积极舆论和消极舆论两个方面。前者以褒扬和赞誉为特征,后者以谴责和声讨为特征。国际社会的舆论以大多数国家的意志为基础,是对国际社会公认的行为规范的道义维护。国际舆论作为国家声誉的反映,在国际政治中的作用是不容置疑的。一个国家可以不顾及国际舆论和规范而自行其是,但由此产生的道德风险则有可能抵消甚至超过其所得的收益。因此,对待国际制度的态度和政策是国家声誉的一个重要来源,进而也就成为影响国家软实力的一个重要因素。不仅如此,从实现国家利益的角度看,因信誉好而享有良好声誉的行为体更容易被当作合作伙伴来对待,也容易从合作中得到收益;相反,背弃机制义务的国家则很可能使自己的声誉受到损害,并因此而丧失从合作中获得潜在收益的机会。②

(三) 国际制度是合法的"政治控制的工具"③

国家在对外交往中都力图对别国的行为施加控制,因为只有控制了别国的行为,本国的意志才能够得到贯彻,本国的目标才有可能实现。控制别国的行为可以采取多种方式:既可以利用经济或军事等硬实力资

① Robert O. Keohane, *After Hegemony: Cooperation and Discord in the World Political Economy*, Princeton: Princeton University Press, 1984, p. 94.

② Andreas Hasenclever, Peter Mayer, and Volker Rittberger, *Theories of International Regimes*, Cambridge and New York: Cambridge University Press, 1997, pp. 35 - 36.

③ G. John Ikenberry, "State Power and the Institutional Bargain: America's Ambivalent Economic and Security Multilateralism," in Rosemary Foot, S. Neil MacFarlane, and Michael Mastanduno, eds., *US Hegemony and International Organizations: The United States and Multilateral Institutions*, New York: Oxford University Press, 2003, p. 51.

源实施胁迫或利诱,也可以借助包括国际机制在内的软实力手段来进行约束。前者虽然能够发挥作用,但缺点是容易遭到对方的抵制,并因此而引发冲突。相比之下,后者则无须耗费经济或军事成本,也容易获得对方的认可和接受,因为这种方法具有一定的合法性,或者说是一种合法的政治控制的手段。正是基于这个原因,各国都希望建立有利于自己的制度安排,并以此来实现对其他国家行为的控制。虽然这样做意味着本国的行动自由也会受到相应的制约,也意味着必须向其他国家履行相应的义务,但是由于它能够使国家在无须动用物质资源和强制手段的情况下"把别国锁定在稳定的和可预期的政策方向上",因此不失为一种有吸引力的政策工具。

不过,国际制度作为一种合法的"政治控制的工具",对于实力地位不同的国家来说,其含义是不尽相同的。就大国而言,它的价值主要体现在两个方面:其一,如果大国能够促使弱小国家参与和遵守符合其利益的多边制度,那么它为谋求领导或霸权地位所付出的资源成本就会降低,所遇到的来自对象国方面的阻力也会大大减少。其二,如果大国倡导建立的制度安排能够具有经久的适用价值和较高程度的独立组织能力,那么即使将来该国的实力地位相对下降,这种制度仍然有可能继续为其带来有利的结果。也就是说,"对于领导国来说,制度既有助于保持其权力优势,也有助于延长其权力优势"①。这一点在二战后以来的美国霸权历程中体现得最为典型,学界也因此而将当今的美国霸权称为"制度霸权",以区别于历史上的古罗马和大英帝国等主要依靠武力征服所建立的霸权类型。例如,阎学通教授指出:历史上,"所有的霸权都是以军事实力为基础、以强制方法实现自己的海外利益的。而美国与以往霸权不同之处在于它不完全依靠军事实力将自己的意志强加于

① G. John Ikenberry, "State Power and the Institutional Bargain: America's Ambivalent Economic and Security Multilateralism," in Rosemary Foot, S. Neil MacFarlane, and Michael Mastanduno, eds., *US Hegemony and International Organizations: The United States and Multilateral Institutions*, New York: Oxford University Press, 2003, p. 52.

人,而是想建立一个由美国主导的制度性的霸权体系。……制度化的霸权体系是通过建立多数国家接受的国际规范,使美国的霸权政策合法化,以便得到较多国家的政治支持,减少霸权政策对武力的过分依赖"①。这样一来,"在美国帮助下建立起来的国际制度,不仅影响了其他国家谋求利益的方式,而且也影响了它们对自己行为的看法以及对国家利益的界定……这类体制并非建立在强制性的基础上,其之所以能成功,在很大程度上是由于美国利用了它们来达到其他国家也试图达到的目的"②。

美国以及其他大国利用国际机制达到控制中小国家行为的目的的案例,还可以从核不扩散机制中得到说明。阻止核武器向更多国家扩散是有核国家的共同利益所在,因为这有助于维持这些大国对于核武器的独占地位,并防止本国的安全由于核武器向敌对国家的扩散而受到威胁。而由于防止核扩散也符合整个国际社会避免核战争、维护世界和平的利益需要,因此率先掌握了核能力的那些大国便利用国际社会的这种愿望建立起了核不扩散机制。这使得它们得以对无核武器国家的核活动实施监督,对违规者实施惩罚。当然,"这种惩罚不是以权力政治的名义进行的,而是在一种巧妙的概念——维护国际规范——的名义下进行的"③。这样一来,核不扩散机制便成为有核国家维护自身利益的合法的政治工具。

就弱小国家而言,国际制度的吸引力主要在于:第一,它能够为这类国家制约大国滥用权力的冲动提供一个可能的渠道。大国与小国在国际体系中的处境不同,最根本的原因在于它们在硬实力资源方面的巨大反差。基于这个原因,在非制度化的关系框架中,小国很容易受到大国

---

① 阎学通:《美国霸权与中国安全》,天津:天津人民出版社,2000年,第23页。

② [美]约瑟夫·奈:《美国定能领导世界吗?》,何小东、盖玉云等译,北京:军事谊文出版社,1992年,第159页。

③ Bradley A. Thayer, "The Causes of Nuclear Proliferation and the Utility of the Nonproliferation Regime," in Raju G. C. Thomas ed., *The Nulcear Nonproliferation Regime: Prospects for the 21th Century*, London: Macmillan Press LTD, 1998, p. 103.

的肆意压制和支配。而如果能够建立起某种共同接受的制度安排,这种可能性则会大大减小,因为国际制度的规则是针对所有成员的,其对行为的制约具有非歧视的特点,即使有些制度安排在权利和义务方面对于不同成员有着不同的规定,但为了照顾各方的利益需要,一般都会谋求二者的大体均衡,而且也能够达到二者的大体均衡(如世界贸易组织有关发达国家与发展中国家之间的贸易条件的规定、核不扩散机制中有关有核国家与无核国家在防止核扩散和和平利用核能方面的不同义务的规定)。这就使得实力相对弱小的成员有可能借助共同规则来对大国可能的强权行为进行制约。虽然后者有时会倚仗其超强实力采取违反规则的行动,但出于吸引其他国家遵守它所倡导或认可的制度规范以及利用这些规范谋求合法的领导地位的考虑,它们在一般情况下还是倾向于在共同规则的框架内行事的,除非在它们看来这些制度安排有悖于它们霸权利益的实现(就像二战后以来美国时而表现出的那样)。

弱小国家期望通过制度手段来约束强国的事例也是很多的。美国学者约瑟夫·格里科(Joseph M. Grieco)通过对欧盟不同成员国在该组织中的利益估算和互动关系进行分析后指出:欧盟中的弱小国家的确怀有与强国建立制度化联系的动机,以便获得在强国如何行使权力上的发言权,从而阻止强国对弱国的主导。而且这种动机在许多情况下得到了实现。他由此得出结论认为:如果制度向弱国提供了影响强国政策的机制,则弱国会发现与强国的制度化协调具有吸引力。[①] 以研究美国制度霸权著称的约翰·伊肯伯里(G. John Ikenberry)借用这一观点指出:强弱国家之间的制度化,如果为弱国创立了发言机会,那么也就能够为弱国希望与强国合作但避免被主导提供路径。[②]

[①] Joseph M. Grieco, "State Interests and Institutional Rule Trajectories: A Neorealist Inter-pretations of the Maastricht Treaty and European Economic and Monetary Union." 转引自[美]约翰·伊肯伯里:《大战胜利之后:制度、战略约束与战后秩序重建》,门洪华译,北京:北京大学出版社,2008年,第57页。

[②] 约翰·伊肯伯里:《大战胜利之后:制度、战略约束与战后秩序重建》,第57页。

第二,参与国际制度有助于弱小国家弥补其在硬实力方面的不足,提升它们对于国际事务的发言权和影响力。增强在国际舞台上的发言权和影响力是任何国家都期望达到的目标。在传统的国际关系中,这一目标的实现主要取决于一国所拥有的军事和经济能量。但是,随着国际关系的制度化和组织化程度不断发展,利用制度安排来增进本国利益和提高对外影响力已经成为一个非常有用的途径。这一点对于在硬实力方面相对欠缺的发展中国家来说显得尤其重要。以东南亚国家为例,与美、中、俄、日、印等各大国相比较,这些国家在硬实力方面的差距是非常巨大的。但是,在今天的东亚国际格局中,谁也不会否认这些国家作为一个整体在地区事务中所扮演的独特而重要的角色。究其原因,不仅是因为这些国家对内以"东盟"组织为依托,走联合自强的道路,争取在国际舞台上用一个声音说话,也是因为它们通过倡导创建"东盟10+1""东盟10+3""东盟地区论坛""东亚峰会"等多边框架,积极推动符合亚太国家共同利益的地区一体化和安全对话机制的发展。这极大地改变了它们以往在大国争夺和支配的夹缝中求生存的被动处境,在一定程度上也造就了如同有些舆论所说的"四两拨千斤"或"小国领导大国"的奇特现象。近年来东盟还一直在积极寻求与区外大国谈判,争取它们接受和加入作为其组织规范的《东南亚友好合作条约》和《东南亚无核区条约》等文件。按照东盟的设想,如果其他各国也遵守这些文件所确立的规则规范,不仅东盟国家自身的安全、独立和行使主权的能力能够得到保障,东盟在塑造地区秩序方面的影响力也将得到提高。

再以中国为例,冷战时期,与美苏两个超级大国相比,中国借以施展国际影响力的硬实力资源要少得多,但在国际事务尤其是战略和安全领域仍然是被作为一支举足轻重的力量来看待的。其中的原因,除中国在第三世界所具有的巨大感召力之外,还有另一个独特的优势,这就是从70年代起中国在联合国及其安理会的合法席位的全面恢复。尤其是作为安理会"五常"之一所拥有的否决权赋予了中国在事关国际和平与安全的重大问题上同美苏两个超级大国平起平坐的地位。这成为支撑中国在美苏两极格局背景下的"政治大国"地位的最重要的权力资源之一。冷战结束以来,中国的国际影响力有了更进一步的提高,这虽然是建立在中国硬实力的迅速和大幅提升这一物质基础上的,但同中国在国际制度方面的积极参与和创新政策也有着密不可分的关系。目前中国不仅已加入了几乎所有的全球性条约和组织,而且还以负责任的大国的姿态在其中扮演着重要角色。此外,中国还积极倡导和推进区域性的制度安排的建设和发展。上海合作组织和朝鲜核问题六方会谈机制就是中国在地区安全领域推动国际关系制度化进程的代表性成果。这些多边合作框架的运作对于制约超级大国的强权政策、维护地区和平与稳定以及提高中国的国际影响力具有不可替代的意义。

三、政策启示

国际制度对于国家软实力的增进作用是显而易见的。这就意味着国家必须重视对国际制度的参与和投入,重视利用制度化渠道来促进本国国际威望和影响力的提高。对于已经日益深入地融入国际社会、致力于通过和平发展实现民族昌盛的中国来说,这一点尤其必要。就目前而言,中国一方面要提高参与国际制度的质量,亦即增强对国际机制、国际组织的主控力和影响力,另一方面要善于捕捉时机,推动创建既符合本国利益又能为有关国家接受和欢迎的制度安排。六方会谈机制就是在朝核问题僵局难以打破,美朝双边谈判长期未果,有关各方对中国的特殊地位寄予厚望的背景下成立的。该机制在运行期间所取得的每一个进展都与中国卓有成效的外交斡旋紧密相连,中国也因此而扮演了这一进程的组织者、掌舵者和促和者的角色。中国的这一作用得到了有关各方和国际社会的高度赞赏。目前,六方会谈由于朝鲜的毁约举动而陷于瘫痪。这不仅给已取得的各项成果以及旨在借助这一渠道推动建立东北亚和平与安全机制的努力造成巨大冲击,也使中国所扮演的突出角色受到损害。因此,无论从维护东北亚和平与稳定的角度看,还是从维护中国的国际威望、提高中国的发言权和影响力方面看,都有必要采取新的、进一步的努力来推动朝鲜半岛多边对话进程重新启动。

国际制度与安全共同体的建构 *

　　国际制度(international institutions)是管理国家在各个领域的互动关系的规则体系和(或)组织架构,它通常是以国际机制(international regimes)、国际组织(international organizations)和国际惯例(international conventions)的形式体现出来的。国际制度研究涉及诸多方面的问题,其中地位和作用问题是不同学派争论最为激烈的焦点之一。按照新自由制度主义的观点,国际制度的作用主要是:(1)通过确立行为标准,对国家自行其是的行为进行限制,从而达到规范竞争、促进协调的目的;(2)通过确立权利和义务关系,促进行为体之间的"积极互惠",增进对于彼此行为的共同预期;(3)通过提供信息和信息交流渠道,降低行为体对于彼此意图和行为选择的不确定感,减少相互猜疑,并为监督彼此行为创造条件;(4)通过降低交往成本(包括信息成本、谈判成本、监督成本、制裁成本等),为合作的开展提供便利;(5)通过把不同问题联系起来统筹解决(即所谓"问题联系"战略),增大各国在共同关心的问题上达成协议的可能性。这五个方面的作用归结到一点就是调节关系、缓解冲突、促进合作的实现。不过,需要指出的是,国际制度的这几个作用都是从理性主义和功利主义的角度得出的,所突出的是作为国家政策工具的制

＊ 本文原载《解放军南京政治学院学报》2010 年第 4 期。

度安排所具有的服务功能。而实际上,国际制度的作用并非仅限于此,从更为长远的眼光看,它还有助于成员国重新界定自我利益和身份、增进它们的集体认同,促进安全共同体的逐渐形成。这后一方面的作用或许并不是国家在创建制度安排时有意追求或预期的目标,但却是制度安排在促进成员国合作过程中可能产生的更为深远的"外溢"性结果。之所以有可能产生这样的结果,是因为国家间关系如同人类所形成的其他各种关系一样,从本质上讲也属于社会关系的范畴,只不过这种关系是在超越民族国家疆界的基础上建立起来的。既然如此,国家间的互动交往自然会具有某种"社会建构"的功能,国际制度作为国家用以建立良性互动关系的重要手段,在这一社会建构过程中必然会显示出建设性的推动作用。鉴于国际制度的这一作用需要运用社会学的视角和方法来研究,而建构主义又是社会学方法在国际关系研究中的最有代表性的体现,因此这里将主要借用建构主义的观点来对国际制度的作用做一探讨,在此之前有必要先对安全共同体的概念做一界定。

一、安全共同体的含义、特征及条件

安全共同体(security community)概念最早是由美国学者卡尔·多伊奇(Karl W. Deutsch)等人于 20 世纪 50 年代提出并加以论证的。但是受冷战环境的制约,这方面的研究并未受到重视,其适用价值也受到很大的局限。冷战结束后,随着国际局势的总体缓和以及地区主义、多边主义的大力发展,这一概念重新受到人们的关注,建立区域性或次区域性的安全共同体成为国际社会的一个热门话题。这方面的研究也随着建构主义的兴起而取得长足的进展。

按照多伊奇等人的定义,安全共同体是指实现了"一体化"的社会集团,"这个集团的成员真切保证互不进行武力斗争,而是以其他方式解决彼此争端"①。一体化意味着在一个区域内已经形成"共同体"意识,并且

---

① Karl W. Deutsch and Sidney A. Burrell, et al., *Political Community and the North Atlantic Areas: International Organization in the Light of Historical Experience*, Princeton: Princeton University Press. 1957. p. 6.

形成广泛而强有力的正式或非正式的制度和惯例,这些制度和惯例的目的在于长期保障区域内的人们对于"和平变革"的可靠预期。[①] 安全共同体既可以是"合并型的"(amalgamated),也可以是"多元型的"(pluralistic)。合并型安全共同体是指"两个或两个以上原先独立的单元通过正式合并,结成一个更大的单元,并且在合并后拥有某种类型的共同政府"[②]。按照加拿大学者霍尔斯蒂(K. J. Holsti)的观点,今天的英国、美国、意大利和德国就属于这种类型。多元型安全共同体则是指一个由主权国家组成的跨国区域,其中的各国虽然没有在政治上实现统一,但仍然得以建立起长期稳定的互信、互惠与和平关系。综合国内外学术界的观点,多元安全共同体具有以下显著特征:一是各国之间不仅没有战争,也没有针对对方的大规模的、有组织的战争准备,包括竞争性的军事集结或军备竞赛等;二是各国之间虽然仍会存在各种分歧和争端,但都会寻求以和平方式来解决,因此将安全共同体与其他类型的安全关系区别开来的标志不是冲突的消失,而是和平管理冲突的方式和能力;三是安全共同体不是依靠强制机制来维持,互不使用武力和武力威胁不是源于法律所规定的责任和义务,而是已成为"根深蒂固的习惯"。[③] 需要指出的是,相对于合并型安全共同体而言,多元型安全共同体更贴近当今国际关系的需要,也较容易实现,因为这种共同体并不要求各国放弃主权和对各自利益的追求,也不排斥成员之间发生纠纷的可能性。因此本研究所讨论的安全共同体仅限于多元型安全共同体。

安全共同体与同盟(alliance)体系有着原则性的区别,因为它不以某个外部威胁的存在为前提,也不具有动员和组织集体力量反对外来威胁

---

① Karl W. Deutsch, "Security Communities," in James Rosenau ed. *International Politics and Foreign Policy*, New York: Free Press, 1961. p. 98.

② Ibid, p. 6.

③ 参见 K. J. Holsti, *International Politics: A Framework for Analysis*, Fourth Edition, Englewood Cliffs, NJ: Prentice-Hall, 1983. pp. 441 – 442; Emanuel Adler and Michael Barnett, "A Framework for the Study of Security Communities," in idem eds., *Security Communities*, Cambridge and New York: Cambridge University Press. p. 35.

的功能,它的主要目标不是威慑或抵消某种共同威胁,而是通过塑造共同的安全利益来避免暴力冲突,和平解决争端。另外,安全共同体也有别于集体安全(collective security)体系。首先,集体安全是通过集体力量的威慑以及必要时的联合行动来制止内部可能出现的侵略行为,安全共同体则是通过形成合理而持久的制度和惯例来预防暴力的发生;其次,集体安全的成功实施有赖于各种制裁(或惩罚)手段作保障,包括必要时的集体武力行动,也就是说,在集体安全安排中,集体武力被认为是一种合法的、可用的工具。与此相反,在安全共同体中,武力手段则完全丧失了合法性,和平的维护依赖于非暴力原则的自愿遵守与和平解决争端机制的主动运用。最后,集体安全的实现有赖于尽可能多的国家的参与,尤其是离不开主要大国的支持与合作,而安全共同体则与成员的众寡或强弱无关。也就是说,一个区域内国家实力的薄弱并不妨碍这些国家形成安全共同体。①

由此可见,安全共同体无疑是领土-主权国家时代所能企及的最理想的一种国际安全模式。不过,这种安全模式也是最难实现的,因为它是以共同体(community)为纽带的,而不是靠一般意义上的联盟(association 或 union)来维系的。联盟只需要有共同利益作支撑,但共同体则不仅需要有共同利益,还需要有集体认同;联盟可以依靠强国(如霸权国)的权力来维持,但共同体的存续则与权力的施展无关;联盟成员间的合作可以采取“特定互惠”(亦称“直接互惠”)的方式,共同体成员间的合作则更多地是以“扩散互惠”(亦称“间接互惠”)的形式表现出来。根据美国学者布鲁斯·可罗宁(Bruce Cronin)的定义,共同体是指“一个由政治行为体在共同利益和集体认同感的基础上组织起来的集团,这些共同利益和认同感使得其成员在建立和维持内部关系方面拥有积极的利害

---

① 最后一点参见阿米塔·阿查亚:《建构安全共同体:东盟与地区秩序》,王正毅、冯怀信译,上海:上海人民出版社,2004年,第25—26页。

关系"①。美国学者伊曼纽尔·阿德勒(Emanuel Adler)和迈克尔·巴内特(Michael Barnett)认为共同体的建立必须具备三个条件:第一,共同体的成员必须拥有共同的认同感和价值观以及对于相关事物的共同理解;第二,处于共同体中的成员保持着多方面的和直接的交往关系,它们的互动不是间接的,也不是仅限于特定的和孤立的领域,而是通过众多场合下面对面的接触和关系体现出来;第三,成员间的关系建立在互惠尤其是"扩散互惠"之上,这种互惠所体现的是某种程度的长远利益甚至利他主义,而不是短期的自我利益,更不是损人利己的自私自利。长远利益来自对互动伙伴的理解,利他主义则可以被理解为一种义务和责任意识。②

二、国际制度对安全共同体的促进作用

上述特点表明,安全共同体并不是一种仅凭主观意愿就能够建立起来的国际关系模式,它的实现有赖于国家间的社会化交往不断深化、价值观念不断趋同、共同利益不断增多,尤其是集体认同意识得到充分发展。因此安全共同体的形成是一个社会建构的过程。这一过程虽然需要有一系列客观条件的具备,但国际制度的创建和有效运作必然会有助于推动这一过程的发展,因为国际制度虽然是由国家建立的,其目的在于更有效地为国家的既定利益服务,但一经建立就会具有自己的"生命力",能够作为一种自变量(而不仅仅是因变量)发挥作用。这种作用不仅体现在新自由制度主义学派所强调的"规范国家行为"方面,还体现在建构主义学派所强调的"建构国家认同和利益"方面。新自由制度主义(同现实主义一样)把国家的身份和利益视为外生的和给定不变的(亦即

---

① Bruce Cronin, *Community Under Anarchy: Transnational and the Evolution of Cooperation*, New York: Columbia University Press, 1999. p. 4.

② Emanuel Adler and Michael Barnett, "A Framework for the Study of Security Communities," pp. 31 - 32.

是由国际体系的无政府状态以及国家在其中的地位和相互关系所决定的），①认为国际制度只是为国家的既定利益服务的工具。建构主义则认为，国家的身份和利益是在国家间的社会化交往过程中产生的，有什么样的社会交往模式，就会有什么样的国家身份和利益，因此它们是可变的和可塑造的。在这一过程中，国际制度发挥着至关重要的作用：它的有效运作能够促使成员国重新界定自己的身份，并在此基础上形成集体认同感，而集体认同感的产生又会导致它们对于自我利益的认识的改变，为它们最终结成以相互信任与和平交往为特征的安全共同体创造条件。笔者认为，只有把新自由制度主义的认识论与建构主义的认识论结合起来，才能够比较全面地理解国际制度的功能和作用。具体来说，国际制度在这一过程中的作用主要体现以下几个方面。

（一）国际制度为成员国开展社会化交往提供了一个持续、稳定的平台

如上文所述，社会交往是认同感产生的前提条件。只有通过社会交往，行为体之间的沟通（communication）才能够成为可能。沟通是一个传达信息、增进理解的过程。通过这一过程，彼此的价值观、意图和偏好不仅能够被对方充分理解，为双方减少误解、增进互信创造条件，还有助于它们缩小分歧、扩大共识。因此"沟通是社会集团的黏合剂"，它"能够使一个集团形成共同的思维、共同的见识和共同的行为"②。许多制度安排一般都建有各种常设性的会议、论坛、理事会或秘书处等机构。这些机构不仅充当着协调和管理成员国关系的工具的角色，也为它们保持经常性的交流与沟通提供了稳定的渠道。从此意义上讲，国际组织也是一个通过促进成员间的沟通来建构集体利益和身份的场所。这对于那些存在矛盾和争端但较少或缺乏双边交往渠道的国家来说尤为必要。

---

① John Gerard Ruggie, *Constructing the World Polity: Essays on International Institutionalization*, London and New York: Routledge, 1998. p. 13.

② Emanuel Adler and Michael Barnett. "A Framework for the Study of Security Communities," p. 7.

（二）国际制度有助于增进成员之间的相互信任，进而为集体认同的形成创造认知条件

互信与认同是相互包含、相互助长的关系：互信的建立能够增进彼此的认同，认同则有助于互信程度的加深。不过，由于一定程度的互信是集体认同产生的必要条件，因此从逻辑上讲互信先于认同而存在：没有足够的相互信任，就不可能形成高度的相互认同。信任是一个社会心理学概念，是集体单元（两人之间、群体和共同体等）所特有的一种属性。"信任"可以被最恰当地理解为"尽管不确定，但仍然相信"①。"信任意味着必须对对方在与我们交往时所怀有的善意和能力持乐观的心理。"当信任某人时，我们是在相信："（1）他所讲的话是真实的；（2）他在关心我们的福祉，并且被我们正在对他所怀有的依赖心理感动；（3）他有能力履行自己的承诺；（4）他的言行是一致的。"不过，信任不仅仅是对别人的善意和能力的依赖，"被信任的一方会感到自己有必要去实现给予自己信任的一方对于自己所怀有的期待"②。

信任的这些属性在安全共同体中的典型表现就是各国普遍怀有"对于和平变革的可靠预期"，亦即无论成员之间出现何种争端，它们都相信这些争端会以非暴力的方式得到解决。不过，"信任总是包含着某种风险因素。这种风险来自我们无法监督别人的行为、无法完全知道别人的动机，总之，是来自社会现实的不确定性"③。因此，如果这些不确定性无法得到消除或是降至最低，那么行为体之间的相互信任就会大打折扣。在此方面，国际制度能够发挥重要的推动作用，因为国际制度的功能之一就在于为成员国提供信息，改善信息获取的渠道，并通过各种报告、监

① Emanuel Adler and Michael Barnett. "A Framework for the Study of Security Communities," p. 46.

② Charles W. Kegley, Jr. and Gregory A. Raymond. *Exorcising the Ghost of Westphalia: Building Word Order in the New Millennium*, New Jersey: Prentice Hall, 2002. pp. 206, 207.

③ Emanuel Adler and Michael Barnett, "A Framework for the Study of Security Communities". pp. 45–46.

督和惩罚机制来减少成员对于彼此意图和行为的不确定感。实践证明，这些安排在增进国家之间的相互信任、塑造它们对于彼此行为的可靠预期等方面是能够发挥作用的。

关于国际制度在增进国家间的信任和认同方面的作用，我国学者袁正清归纳出四点：（1）通过确立行为规范、监督机制和惩罚措施来增强彼此的信任，其中，一些经济组织的建立也会产生新功能主义所说的外溢和扩散效应，促进国家间的和平倾向。（2）国际组织有助于行为体的社会化。行为体在国际组织内部通过社会学习或者国际组织通过传授使行为体发现自己的偏好，重新定义自己的身份，达成对形势的规范性理解，产生积极的互惠预期，从而增进彼此认同。（3）国际组织推动了文化的同质性，增强了共同命运感，生发出自我约束的规范，培育出一种新的地区文化。（4）国际组织不仅仅是一种增进既定利益的工具，而且还是利益与认同形成的场所。它有独立的主体地位和合法性权威。在组织内，成员国通过多种形式的互动，如争论、对话、说服、会议外交等，来改变它们之间的认知结构，形成对规范的共同理解，产生集体认同。①

（三）国际制度有助于促进成员国的"社会学习"，培养它们的"合作习惯"

"社会学习"（social learning）是认知心理学和社会学经常使用的一个概念，是指行为体通过参与社会交往等活动不断地获取新的知识、形成新的认知，进而导致对自己的偏好、利益和身份进行不断的定义和再定义的过程。社会学习对于行为体的政策取向的影响是通过两种形式体现出来的：一种是原有的政策目标保持不变，但对政策手段做出调整；另一种是对政策目标和手段都做出调整。需要指出的是，无论是哪一种结果，都涉及行为体利益的改变，只不过前者侧重于利益的实现方式，后者侧重于利益的全部内容。也就是说，社会学习既是一个塑造行为体的

---

① 袁正清：《国际政治理论的社会学转向：建构主义研究》，上海：上海人民出版社，2005，第236页。

认知的过程,也是一个行为体对自我利益进行定义和重新定义的过程,通过这一过程,行为体的利益有可能发生改变。不过,在这一过程中,行为体的认知既有可能朝着积极的方向转变,也有可能朝着消极的方向转变。也就是说,行为体的利益既有可能变得越来越相容,也有可能变得越来越相悖。如果是前者,国际关系中的合作一面会日益增大,反之,冲突的一面则会有增无减。因此,如何促使它们的认知和利益趋于相容而不是相悖,便成为影响它们相互关系的性质(协调与竞争、冲突与合作)的重要因素,也成为它们能否结成安全共同体的关键。在此方面,国际制度同样扮演着积极角色,因为国际制度的根本目的在于促使成员国以协调与合作的方式追求各自的目标。为了达到这一目的,它会确立一系列行为规范,有时还会建立相应的保障机构。而这些规范和机构的设立能够为成员国之间开展有序交往提供稳定的、可预期的框架和渠道,借助这一框架和渠道,成员间的"社会学习"会持续不断地进行,彼此间的认知会不断地调试,相互适应的意识和倾向会不断增强,从而导致利益和身份的界定逐渐地朝着相容的方向转变,进而导致对抗意图的减弱和合作意识及习惯的产生和发展。正如有学者所说:合作的习惯建立在行为体的学习和社会化过程之上,它与遵守国际规则的习惯的养成以及为此而树立良好声誉的愿望的增强休戚相关。[1] 随着合作习惯的养成和发展,行为体维护共同规则的意识会越来越强烈,国际规则的"内化"趋势也会相应地得到加强,并最终导致履约(合作)成为一种自觉自愿(而非依靠外力强制)的行为模式。例如,有学者经过对冷战时期美苏德三国政府对于核军控机制的政策反应的实证研究发现,国际规则一旦被内化,就能够转化为国内立法、日常性的组织行为和标准的运作程序,进而对政府的政策偏好产生重要影响。[2]

---

[1] Margret P. Karns and Karen A. Mingst eds., *The United States and Multilateral Institutions*, London: Routledge, 1992. p. 4.

[2] 参见 Harald Muller, "The Internalization of Principles, Norms, and Rules by Governments: The Case of Security Regimes," in Volker Rittberger ed., *Regime Theory and International Relations*, New York: Oxford University Press, 1993. pp. 361 – 388.

三、政策启示

　　安全共同体虽然是领土-主权国家时代最为理想的一种国际安全模式,但是这种安全模式只有在国家间的相互依赖和社会化交往发展到相当高的水平的条件下才有可能建立起来。其中,集体认同的产生、行为规范的内化和合作习惯的养成是必不可少的前提条件。由于制度化安排在这些因素的发展过程中能够发挥重要的促进作用,因此推动创建包括安全机制在内的多边制度框架具有特别重大的意义。但另一方面,也必须看到,制度框架的建立本身并不意味着安全共同体的核心条件已经具备,而只是为这些条件的发育和成长营造氛围,为国家间关系朝着这一方向演变开辟通道。以二战结束以来的西欧国家安全关系为例,虽然不能说欧共体/欧盟等制度框架的建立意味着参与其中的各国已经结成了成熟而完善的安全共同体,但是这些组织机构的发展和运作对于它们共同体意识的培养及和平解决争端的行为模式的塑造,的确起到了前所未有的促进作用,也使得这些国家间的安全关系呈现与历史上迥然不同的特征。这种情形对于当今世界其他地区来说应该具有启示意义。尽管这些地区的客观条件和安全问题有着很大的不同,其中有些地区在可预见的将来甚至根本就不具备建立安全共同体的条件,但是,只要积极探索灵活多样的制度化的合作框架,就能够为这种理想的安全关系模式的逐步发育创造条件。当前,在东亚地区,(安全)共同体建设已经被提上议事日程,为了推进这种关系模式的早日实现,探索适合本地区需要的多边制度框架应该成为一个重要课题。实际上,冷战结束以来,东亚地区已经出现了在经济和安全等领域建立多边对话与合作框架的努力,如东盟10+1、东盟10+3、东盟峰会、东盟地区论坛、朝核问题六方会谈、亚洲相互协作与信任措施会议、区域全面经济伙伴关系倡议等。这些框架虽然尚处在初始阶段,个别甚至已陷入瘫痪(如六方会谈),但期待通过有关各方的共同努力,该地区国际关系的制度化前景会逐步增大。

下　篇

东亚安全制度

东亚多边安全制度的现状评析与政策思考 *

国际制度是管理国家在各个领域的互动关系的规则体系和（或）组织架构，是缓解国际争端、促进国际合作、塑造国际秩序的重要途径和手段。安全制度作为国际制度的一个重要分支，对于国家间和平与友好关系的促进意义是不言而喻的。因此创建适宜的制度形式、推进安全关系制度化建设应该成为国际安全领域的一项必要议程。

安全制度，依据合作方式，可以分为军事同盟、集体安全和合作安全；依据适用范围，可以分为次区域、区域和全球；依据成员众寡，可以分为双边和多边。双边形式的制度安排虽然重要，但由于仅限于两国之间而无法代表某个区域制度化的整体情况，因此本研究所探讨的东亚安全制度着眼于多边范畴。另外，同盟虽然从内部结构上看也属于制度化的合作安排，但从合作理念上看，它却是以现实主义的权力政治和均势思想为指导，在应对所认定的外部威胁时采取的是集团对抗的方式，所导致的结果往往不是国际局势的缓和，而是更大程度及范围的紧张和对抗。这与强调通过合作化解分歧、实现共同利益的制度主义的基本理念不相符合。正是出于这个原因，有关国际制度/国际机制的研究文献一

* 本文选自作者主持的 2011 年度国家社会科学基金一般项目"中国与东盟睦邻关系的建构研究"的最终研究报告。

般都不把同盟作为分析对象,制度主义学派更是反对把排他性的同盟作为保障国家和国际安全的政策选择,除非其原有的性质已经有所改变。①有鉴于此,本研究不将其作为一种合理的制度安排来看待,也不将其作为东亚地区的一种积极、有益的制度形式来推荐。

东亚是世界政治的一个非常重要的舞台,也是安全关系最为复杂、各种安全矛盾最为集中的区域之一。这就使得制度化建设在该地区显得尤其必要。然而,该地区毕竟缺乏制度主义的历史经验,持续长达半个世纪的冷战格局又给该地区制度主义的发展造成了严重阻扰。只是随着冷战终结,一些制度化的安全安排才开始得到发展。目前该地区涉及安全问题的多边制度安排主要体现在以下方面:一是次区域性的东盟组织的成员范围实现了扩大,职能得到加强;二是在整个东亚乃至更为广泛的亚太范围内出现了以安全对话为主旨的多边会议机制,包括东盟地区论坛、东盟国际部长扩大会议等;三是东北亚国家为了和平解决朝鲜核问题而建立起了六方会谈机制,尽管这一机制已经陷入了瘫痪,但其价值不容小觑;四是除这几个政府间的框架之外,该地区还出现了一些被称为"第二轨道"的安全对话和研讨机构,包括亚太安全合作理事会、南中国海问题研讨会、东北亚合作对话、亚洲安全会议(香格里拉对话)等。这些制度化安排的发育和发展情况如何,目前已经达到何种水平,具有哪些特点,取得了哪些成就,存在哪些问题,其中的原因何在?对这些问题做出回答是准确把握东亚安全关系制度化现状的关键,也是进一步探讨符合该地区需要的制度化模式的前提条件。本研究拟以东盟、东盟地区论坛和六方会谈这三个政府间的制度安排为考察对象,对

---

① 例如,罗伯特·基欧汉等人于 1999 年主编的《不完善的联盟:超越时空的安全制度》一书虽然把冷战后的北约组织也作为安全制度对待,但他们的立论前提是:这个组织"正在从一个排他性的、以威胁为关切的同盟转变为一个包容性的、以风险为主要关切的安全管理型制度"。与此相适应,书中所收录的两篇有关北约的论文也是从这一论点出发来展开讨论的。参见 Helga Haftendorn, Robert O. Keohane, and Celeste A. Wallander eds., *Imperfect Unions: Security Institutions over Time and Space*, New York: Oxford University Press, 1999, pp. 23, 46, 107 - 139; 140 - 161.

这些问题做一概括性探讨。鉴于在当今世界各个地区当中,欧洲的制度化水平被普遍认为是最高的,因此把欧洲作为一个参照系,有助于加深对东亚地区安全关系制度化的已有程度和特点的理解。当然,如此安排的目的并不是要把欧洲树立为东亚安全制度建设的"样板",更不是主张东亚的制度化建设必须走欧洲的道路,而只是从学术研究的角度出发,来对两地在此方面的特点和差异做一比照,以便为更好地把握东亚地区的相关情况提供便利。

一、东亚多边安全制度的水平和特点

(一)与欧洲相比较,东亚地区的安全制度尚处在初始的发育阶段,无论组织形式还是功能效力等都处于较低水平

欧洲是当今世界制度化程度最高的地区。从政治-安全领域看,这里有欧盟、北约、欧安会等各类组织机构,而且这些机构的组织化建设已达到相当高的水平,职能也不断扩大,成员范围正在向整个欧洲扩展。欧盟的母体欧同体原本是一个以促进经济合作实现欧洲一体化为主旨的组织,而且从一开始就十分重视用具有法律约束力的规则规范和强制执行能力的组织机构来推进合作的开展。冷战结束后,欧共体改组为欧盟。1991 年签署的《欧洲联盟条约》为该组织确立了未来发展的三根支柱,即超国家的经济货币联盟、政府间的共同外交与安全政策以及政府间的内务和司法合作。为了推进共同外交与安全政策目标的实现,1999年的欧盟首脑会议提出了共同安全与防务政策安排。同年底举行的首脑会议提出了要在 2003 年底前建立一支 5—6 万人的快速反应部队的目标。至此,欧盟的职能实现了向防务和军事领域的拓展。它已经不再局限于政策磋商与协调,而是要对本地区的各种危机事件做出反应,从而开始具备某些有限的集体安全职能,[①]包括危机处理、维持和平、人道

---

① Hans W. Mall, "Security Cooperation in Europe and Pacific Asia: A Comparative Analysis," *The Journal of East Asian Affairs* (Korea), Vo. 19, No. 2 (Fall/Winter 2005), p. 74.

主义救援等。近年来欧盟也一直在参与联合国或北约领导下的这类行动或是尝试着独立承担这类任务。在组织结构方面,欧盟已经形成了一套比较完善的管理机构,包括:欧洲理事会(负责制定联盟的大政方针)、欧盟理事会(为主要的决策和立法机构)、欧盟委员会(为常设执行机构)、欧洲议会(为监督、咨询机构,并与欧盟理事会分享立法权)、欧洲法院(为司法裁决机构)等。负责共同外交与安全政策的机构主要是:政治与安全委员会、军事委员会、负责共同外交与安全事务的高级代表等。2004 年签署的《欧盟宪法条约》决定设立欧盟外交部长,组建欧盟外交部,负责欧盟共同外交与安全政策的实施。该条约还规定各成员国必须将其所有的军事和民用能力用于欧盟共同外交与防务政策的实施,最终目标是实现欧盟共同防务。条约还规定,一旦某一个成员国受到外来威胁或恐怖袭击,其他成员国必须提供一切资源进行援助,包括军事援助。由此可见,今天的欧盟已发展成为一个超国家和政府间性质并存的、高度一体化的实体或准联邦实体,而且其超国家的性质日趋明显。[①]

北约在冷战时期是一个由美国领导的、以对抗苏东集团和控制西欧为目的的多边军事同盟。苏联解体、华约解散后,北约对其任务、职能和力量构成进行了重大调整。1991 年举行的北约外长会议通过了"北约的核心安全职能"文件,第一次明确规定了北约在后冷战时期的四项任务:为欧洲稳定的安全环境提供不可或缺的基础;为盟国间就所有影响它们根本利益的问题提供磋商的论坛;威慑和防御对成员国领土的侵略威胁;维持欧洲的战略平衡。[②] 同年底举行的北约罗马首脑会议通过的《北约战略新概念》提出要从过去对付苏联和华约转向"冲突预防和危机处理"。在 1992 年举行的欧安会赫尔辛基会议上,经过美国的竭力游说,北约正式获得了欧安会授权,可以在域外采取军事行动。1999 年的北约华盛顿首脑会议通过了新的《北约战略概念》,提出了七种应对威胁

---

① 张海冰:《欧洲一体化制度研究》,上海:上海社会科学出版社,2005 年,第 81、53 页。
② 朱立群:《欧洲安全组织与安全结构》,北京:世界知识出版社,2002 年,第 74—75 页。

的手段,包括大西洋纽带、保持联盟的军事能力、欧洲安全与防务特性、冲突预防与危机处理、伙伴关系、对话与合作、北约扩大、军备控制、裁军与防扩散。① 至此,北约已经成为一个极具进攻性和扩张性、承担多样化"安全"任务的政治-军事集团,其中在防区以外实施以强制和平为目的的军事干预行动成为其职能转换的最突出特点。不仅如此,北约还大力实施东扩计划,成员国已从冷战时期的 12 个扩大到目前的 32 个(截至2024 年)。不过,也必须看到,尽管北约的职能和成员得到扩大,但从根本上讲仍然是一个军事同盟性质的组织,是美国霸权战略的工具,其对军事手段和干涉行动的过分强调是与后冷战时期兴起的合作安全与共同安全观念相背离的,由此引起的后果只会加剧国际矛盾和国际局势的紧张。这在北约东扩所引起与俄罗斯的对立以及北约发动的科索沃战争中已经得到充分印证。2022 年 2 月爆发并持续至今的俄乌冲突在很大程度上讲就是北约不断东扩的必然结果。

欧洲安全与合作组织的前身是始于 1973 年的欧洲安全与合作会议,起初充当着东西欧之间对话与谈判的论坛角色,是两大对立集团进行联系和沟通的重要纽带。90 年代以前,欧安会主要是以会议形式运作,旨在通过建立各种信任和安全措施来化解东西方之间的隔阂和敌意,推动欧洲裁军进程,预防冲突和危机。冷战结束后,欧安会的职能开始向维和和危机处理方面扩展。1992 年的欧安会首脑会议通过了《变革的挑战》最后文件,决定要"通过触及产生问题的根源,来预防侵略和暴力行为,并以适当方式和平地管理和解决冲突",还规定"欧安会将在成员国之间和成员国内部发生冲突的情况下从事维和行动",并可寻求欧共体、北约、西欧联盟以及独联体等维和机制的支持。这些规定使欧安会历史上第一次变成了一个具有行动职能的组织。② 在机构建设方面,欧安会经过数次改组,建立起了一系列相应的组织机构,主要包括:首脑

---

① 朱立群:《欧洲安全组织与安全结构》,第 102 页。
② 转引自朱立群:《欧洲安全组织与安全结构》,第 183 页。

会议、部长理事会(由成员国外长组成)、高官委员会(由资深外交官组成)、常设理事会(为经常性的决策和管理机构,每周举行一次会议)、秘书处、安全合作论坛(主要从事同建立信任与安全措施以及裁军问题有关的对话和磋商活动,每周举行一次例会)、少数民族问题高级专员(作为预防因种族矛盾可能爆发的冲突的工具)、民主制度与人权办公室等。1995 年 1 月,欧安会正式更名为欧安组织,成员国的数量也从最初的 35 个扩大到 56 个,覆盖欧洲、北美和中亚整个泛欧地区,成为世界上最大的地区安全组织。作为从事早期预警、冲突预防、危机管理和冲突后重建等维和使命的一个工具,欧安组织目前有十多个使团在有关国家和地区开展活动。不过,该组织在这些方面的任务主要是危机升级前的调解和情报收集,以及危机后的民事重建,包括监督选举、保障民主人权等。因此,与北约不同,它的维和"不包括强制和平行动"。[①]

总之,冷战后的欧洲已经形成了一个由多个组织构成的既相互重叠和竞争,又相互补充和支持的多元化的制度网络,表明欧洲地区的安全结构正在越来越明显地朝着制度化管理的方向转变。

相比之下,东亚地区的制度化进程则要逊色得多。东盟可谓是本地区建立最早、组织化程度最高的一个次区域多边合作框架,但即便如此,也无法同欧洲地区的任何一个组织相比较。东盟的历史已有 40 余年,但至今依然保持着较为松散的组织结构和最低限度的制度化倾向。它虽然是以保障安全——更确切地说是防止成员间爆发冲突——为主要目的,但除确立一些基本原则和行为规范之外,并没有建立起相应的保障机制,也没有以组织的名义行使有效的冲突管理,更没有由组织牵头开展防务合作。此外,由于强调协商性和非强制性,东盟缺乏有效的中央权力机构。它的决策机关"首脑会议"和"外长会议"不具有实质性的领导意义,它的常务委员会和秘书处等也不具备执行和监督能力。这就使得东盟在应对成员间的争端和突发危机方面显得无能为力,无所作为。

---

① Helsinki Summit Delaration, *The Challenges of Change*, Helsinki Document 1992, CSCE.

1994 年成立的东盟地区论坛为东亚地区安全多边主义的实践开辟了道路,但它只是一个"论坛",而不是一个完全意义上的国际组织。它没有常设管理机构,仅仅依靠东盟提供有关服务。它所形成的文件只是表达了参与国的意愿,而不具有法律效力,甚至不属于"决议"。它所确立的分阶段推进安全合作的目标在已经过去了多年之后仍然停留在相对而言较容易实施的"建立信任措施"阶段,而且即使这阶段的一些措施(如参加联合国常规武器登记制度、预先通告重大军事行动、发表年度国防白皮书等)也没有得到各成员国的全面落实,至于第二阶段的"开展预防性外交"和第三阶段的"探讨解决冲突的办法"就更加难以在短期内实现了。在东北亚次区域,虽然围绕朝鲜核问题在 2003—2008 年建立了六方会谈机制,但该机制并没有实现定期化和永久化,其召开与否只是根据形势需要来决定的,而且靠的是有关各方的一致同意和主办国的努力推动。更为不利的是,由于缺乏制度化的保障措施,会谈所达成的协议很容易被破坏,而一旦出现此种情况,会谈进程就会陷于瘫痪,就像 2009 年之后所出现的结果那样。第四轮六方会谈发表的《共同声明》中所表达的"建立朝鲜半岛永久和平机制"的愿景共识更是无从推进落实。

(二)东亚的制度化进程虽然起步较晚,但没有照搬欧洲模式,而是采取了完全不同于欧洲经验的"软制度主义"

所谓软制度主义,就是强调非正式的组织结构、非强制性的规范约束和循序渐进的推进过程。这种方式的最大特点就是以尊重成员国的主权为前提,不要求成员国让渡主权,也不谋求干涉成员国的内政,主张通过协商一致的办法培养"合作的习惯",逐步地促进合作目标的实现。这种方式最早是以"东盟方式"体现出来的,东盟地区论坛建立后,也成为该组织的运作原则。从表面上看,这是东盟组织积极推动的结果,但实质上也是参与该论坛的各个成员国的共同需要。如果不以这些要求作为运作原则,东盟地区论坛就不可能成立,也不可能维持到今天。六方会谈也是如此。如果不以尊重主权为前提,不以协商一致为运作方式,朝鲜就不可能被吸引进来,朝核问题的多边解决就不可能取得进展。

　　东亚国家对于软制度主义的强调表明,它们一方面希望通过制度安排促进彼此合作,解决仅靠自身努力无法解决的共同问题,另一方面又不愿意让制度安排对它们的主权造成制约和侵蚀。由于主权的维护是以防止外部干涉为前提的,因此它们把不干涉原则视为创建和参与国际制度的底线来看待。对于弱小国家来说,它们还期望通过参与国际制度来更好地维护和巩固自身的主权地位。这就造成了东亚的制度化进程是以过程为导向的,而不是以解决具体问题尤其是涉及成员国主权权利的问题(如领土争端等)为导向的。也正是基于这个原因,东亚地区的制度安排一般不涉及主权让渡,也尽可能避免对成员国的主权构成难以接受的限制,对它们的内政进行干涉。这与强调法律约束和超国家权威的欧盟的制度化方式有着原则性的区别。正如新加坡前外长在界定东盟未来的性质时所说,"同欧盟不一样,东盟不打算成为一个将要求成员国交出某些国家主权的超国家组织"①。

　　已有的研究成果表明,制度的组织形式(亦即正式化程度)与制度本身的效力并没有必然的联系,采取何种组织形式是由所涉及的问题的性质和成员国间关系的特点所决定的,非正式的制度安排也能够发挥一定的作用,只要它能够适应本地区的特点和需要。相反,如果某个制度安排脱离实际,正式化程度过高,就容易走向僵化并失去活力。例如,著名学者阿米塔·阿查亚(Amitav Acharya)在2008年11月举行的一次国际研讨会上发表的一篇有关欧洲与东亚地区主义之比较的文章中指出,欧亚两地的制度形式虽然不同,但都以各自特有的方式对本地区的秩序和繁荣作出了贡献。欧洲的制度尤其是欧盟和欧安组织是通过直接的方式,如建立单一市场和货币、促进冲突管理、维持和缔造和平的能力等发挥作用的。亚洲的制度则是通过间接方式,即确立和平的行为规范,包括不干涉规范,以及限制地区冲突等来发挥影响的。况且,欧洲的制度安排也并非没有缺点和局限。2008年格鲁吉亚危机的爆发说明,欧盟

---

① 转引自张锡镇:《东盟的历史转折:走向共同体》,《国际政治研究》2007年第2期,第133页。

和欧安组织尽管早已具备了建立信任、预防性外交和早期预警等各种机制化手段,但并不能确保欧洲和平不被破坏。相反,亚洲地区的制度安排虽然比较虚弱且常常被讥笑为"清谈馆",但在制约大国竞争、缓和地区均势政治等方面却起到了重要作用,成功地避免了类似于格鲁吉亚危机的严重事件。① 2022 年爆发的俄乌冲突是又一个反面例证。尽管欧洲有现成的安全机制可供利用,特别是作为原东西欧两大对立集团沟通工具的欧安组织,但这些机制却无助于化解俄罗斯与北约之间的矛盾纠纷,反倒是北约组织的不断强化和扩张成为双方矛盾对立日趋加剧的温床,并最终以俄乌战争的形式表现出来。

实践表明东亚地区的现有制度形式是能够发挥重要作用的。东盟在缓解成员国的安全困境、塑造和平秩序、增进内部团结和共同体意识等方面就发挥了显著的作用。东盟地区论坛虽然不是以解决具体的安全危机为己任,但其贡献却是不容忽视的:第一,它为亚太各国开展对话、增进理解和信任提供了一个稳定的多边平台;第二,为亚太各国落实合作安全观提供了一个适宜的框架;第三,对于东亚大国之间的竞争起到了一定的调和作用,有利于大国关系的总体稳定和该地区形势的总体缓和;第四,有助于亚太格局多极化的发展,抑制强权政治的过度施展;第五,有力地维护了东亚特色的多边主义和制度主义的原则及规范。六方会谈在其有效运作的几年间,在抑制美国单边主义和黩武政策、避免冲突无限升级、促使各方以对话和谈判方式解决争端等方面起到了无可替代的作用。尽管该机制陷于瘫痪,但通过多边机制形式推动各方和解及矛盾问题的解决则是实现半岛和平与稳定的必由之路。

(三)东亚在安全方面的制度安排采取的是合作安全的方式,而不是同盟和集体安全模式,这与欧洲有着很大不同

在欧洲,结盟有着悠久的历史传统。二战结束后,美国通过组建北

---

① Amitav Acharya, *Regionalism and Integration: EU and Southeast Asia Experiences*, International Culture Forum Hanoi 2008, 12 – 13 November 2008, p. 6,7. http://www. Bertelsmann-stiftung.de.

约在西欧建立起了一个多边性质的同盟体系,苏联为了加强与美国的对抗则在东欧组建了华约这个同等性质的组织。冷战结束后,虽然华约已经不复存在,但北约却继续保存了下来,而且职能和成员还得到了扩展。相比之下,东亚地区一直没有形成多边性质的同盟网络,也没有建立起全区域范围的集体安全框架。二战结束后,美国曾试图按照北约模式在东亚筹组以己为核心的多边同盟,但并没有取得成功。后来该地区所形成的以美国为中心的同盟关系都是建立在双边而不是多边基础上的。1954 年 9 月,在美国的策划下,美、英、法、澳、新、巴、菲、泰八国缔结《东南亚集体防御条约》,建立了"东南亚条约组织"。该组织虽以"东南亚"冠名,但区内国家只有三个(如果把巴基斯坦也算在内的话),而且在其存在期间没有发挥实质性的作用,不得不于 1977 年宣布正式解散。1965 年,英、马、新、澳和新西兰五国签订了《五国防御安排协定》,但这并不是本地区国家倡议的产物,而是英国在从东南亚撤出驻军后为了继续维持其在该地区的影响力所建立的,而且也不具有集体防御的性质,只是一个协商性的安排。1969 年苏联提出建立"亚洲集体安全体系"的倡议,并极力向该地区推销,但遭到了亚洲各国的普遍抵制,甚至包括亲苏的国家在内。

东南亚五国在成立东盟时也明确拒绝集体防御和集体安全的思想,它们甚至没有把防务合作纳入该组织的框架之中。在该组织于 1976 年举行的首届首脑会议上,苏哈托曾暗示在东盟内部开展防务合作,但遭到其他各国的坚决反对。[1] 1979 年底越南发动的侵柬战争给该地区的和平与稳定造成严重破坏,并使东盟国家感受到直接的军事威胁。在此情况下,有关在东盟框架内建立防务安排的建议不时地被提出来,但均被东盟予以拒绝,理由是:(1) 采取集体防御的办法只会起到刺激潜在敌人(具体指越南)的效果;(2) 由弱小国家结成的联盟不可能产生足够强大的力量;(3) 这只会把本地区国家推入大国纷争的旋涡,因为这些国家

---

[1] Amitav Acharya, "Regional Institutions and Asian Security Order," in Muthiah Alagappa ed., *Asian Security Order: Instrumental and Normative Features*, Stanford, California: Stanford University Press, 2003, p. 219.

中有许多与区外大国尤其是美国保持着双边防务联系。[①] 这几个理由对于东亚地区的其他中小国家来说也是适用的,也能够说明为什么多边性质的防御或集体安全体系无法在该地区建立起来。

冷战结束后,东亚地区的安全合作继续沿着两个轨道发展。一方面,以美国为核心的"轴辐式"(hub-and-spokes)双边同盟结构继续维持,其中美日同盟、美澳同盟等还出现了强化趋势;另一方面,区域和次区域范围的合作安全呈现前所未有的发展势头,突出表现为东盟的扩大、东盟地区论坛的成立、六方会谈机制的启动,以及第二轨道各种研讨和对话活动的开展。至于集体安全,虽然该地区没有形成自己的组织框架,但随着冷战后联合国作用的加强,该地区国家开始越来越重视利用这个全球性组织的维和机制来应对本地区所发生的严重的安全事件。这在柬埔寨和东帝汶问题的解决过程中都得到体现。

自从奥巴马政府上台后提出"重返亚洲"和"亚太再平衡"战略以来,特别是特朗普和拜登政府上台后相继推行"大国竞争"战略,美国出现了将其在亚洲的"轴辐式"双边同盟结构多边化的政策动向,如美日澳印"四边安全对话"(Quad)、美英澳"奥库斯"(AUKUS),以及美日菲加强在南海问题上的合作、美日韩加强在朝鲜半岛问题上的协调等,同时还加强了对东盟各国及组织的拉拢,有舆论甚至担心"亚洲版北约"的出现。但是,只要以下诸因素持续存在,以美国为中心的、囊括该地区绝大多数国家的统一的多边同盟体系就不大可能成立。

二、东亚多边安全制度水平较低的原因分析

东亚地区现有的安全机制虽然在管理本地区国家间关系方面起到了一定的积极作用,但由于制度化水平较低,实际效力仍然相当有限,尤

---

① Amitav Acharya, "Regional Institutions and Asian Security Order," in Muthiah Alagappa ed., *Asian Security Order: Instrumental and Normative Features*, Stanford, California: Stanford University Press, 2003, p. 220.

其是在解决实质性问题方面存在着很大不足。造成这种状况的原因是多方面的,主要有以下几点。

（一）东亚国家间的差异性过大,同质性较少

国家间在政治、经济、社会、文化等方面的同质性和差异性是影响它们开展合作的非常重要的因素。差异性较小,就容易产生亲近感和共同利益、共同认知以及在此基础上的合作意愿,反之,则容易引发矛盾和争端,不利于合作机制的发展。从东亚地区的情况看,在宗教文化方面,这里既有信奉佛教和儒家文化的国家,也有信奉伊斯兰文化的国家,还有信奉基督教文化的国家,此外,印度教文化在东南亚一些国家也很流行。"宗教的差异性,决定了东亚至今尚未形成高度统一的精神文化,也没拥有较多的可以共享的文化因子",致使"东亚现有的文化和思想不能满足合作的客观需求,不能为区域合作提供较为充分的精神动力和智力支持"。[1]

东亚国家在经济方面的差距尤其明显。经济是政治的基础,经济体制的差异不仅为经济领域合作的深化制造了障碍,也影响到各国对自身利益和总体对外战略目标及手段的不同定位,进而增大了它们在政治-安全领域开展合作的困难。

意识形态和政治体制也是一个非常重要的影响因素。本来,这不应该成为东亚国家开展合作的重大障碍,因为国家之间是否愿意和能够开展合作主要是基于物质利益的考虑,如经济合作主要是由经济利益驱动的,安全合作主要是由安全利益驱动的。但是在东亚地区,由于美国拥有占明显优势的影响力,而美国在冷战后时期又把扩展西式民主、人权和价值观列为其安全战略的重要内容和工具,甚至提出要对朝鲜这样的共产党国家实行"政权更迭",加之日本等国家的附和和支持,使得意识形态成为影响区内合作机制进一步发展的一个不容忽视的障碍因素。这不仅反映在六方会谈进程中,也反映在东盟地区论坛框架内。在该框

---

[1] 李文:《东亚合作的文化成因》,北京:世界知识出版社,2005年,第9、11—12页。

架的合作议题中,美国等一些西方成员总是企图推翻该组织赖以成立和维持的基础性规范"不干涉原则",把它们所认为的该地区一些国家存在的不符合它们利益和价值观的内政问题纳入论坛的讨论议题,以期借助集体之力对这些国家施压。例如,在对待缅甸国内问题上,美国就一直在采取这种做法。在 2005 年的东盟地区论坛外长年会召开之际,美国国务卿赖斯故意缺席会议,还要求东盟暂停缅甸拟于 2006 年担任的论坛会议轮值主席职位。尽管东盟国家对此感到不快,但迫于美国压力,还是做出了让步。2021 年初缅甸军方发动政变取代昂山素季政府上台执政后,美国等西方国家进一步收紧了对缅甸的孤立和制裁,同时还加大了对东盟在缅甸内政问题上的施压,与此同时东盟内部在如何对待这一问题上也出现了不和谐的声音,导致东盟系列峰会在此问题上频频发生争吵和裂痕。

(二)东亚国家的主权意识普遍强烈,对于国家利益的关切超过了对于地区主义的需要

国际制度的建立和发展是以限制成员国主权为前提的,国家是否愿意接受制度安排对其主权的限制以及在多大程度上接受这种限制,对于国际制度的产生和前景具有决定性的影响。而从这一方面来看,东亚国家的思想普遍趋于保守。实际上,东亚地区在制度建设方面所形成的以非正式性、非强制性和共识性为核心的"软制度主义"特征,很大程度上就是该地区国家怀有的极其强烈的主权意识决定的。这与欧洲地区已经出现的向以欧盟为代表的超国家组织让渡主权的趋势形成了鲜明对照。不过,东亚毕竟不是欧洲,对于欧洲国家尤其是发达的西欧各国来说,它们已经完成了从民族独立国家向现代国家的转型,这种转型的标志性特征是:国家统一的实现、异族统治势力的清除、分裂主义的消退、国内认同感(或称民族身份)的形成、中央政府权威的确立、国民基本福祉的满足等。而对于东亚各国来说,这些因素似乎依然显得非常遥远。它们在历史上长期遭受外部强权的统治,即使像中国这样的泱泱大国,也没有能够抵挡住西方炮舰的轰击,而一度沦为它们支配的对象。已经

实现了现代化的日本也曾面临殖民化的危机。二战后该地区国家虽然纷纷走上独立发展的道路,但它们摆脱异族统治、独立建国的历史毕竟只有几十年,历史记忆依然浓厚,"建构国家"(nation-building)的任务尚未完成。在该地区许多国家,分裂主义依然顽固:印尼的亚齐和西巴布亚独立运动、菲律宾南部的摩洛解放阵线、泰国南部的马来族分裂活动、中国的"台独""藏独"和"疆独"势力等,给这些国家的领土完整和统一所造成的威胁不得不引起这些国家政府的高度警惕。中国台海两岸的长期分裂至今没有得到解决,朝鲜南北因冷战而造成的分裂并没有随着冷战的终结而告终结,统一的前景更是难以期待。此外,与邻国领土争端的悬而未决、经济发展和维护稳定的繁重任务,以及国内种族、宗教和政治对立的持续存在与和解进程的艰难等,也是影响该地区国家稳定的重要问题。所有这些使得它们在开展对外交往和区域合作中不得不把维护本国的特殊利益——而不是区域的共同利益——置于更为优先的位置。而由于维护国家利益的最根本保障是主权权利,因此维护主权独立和不受干涉便成为该地区国家首要的、最为关心的问题。"和平共处五项原则"的提出和传播、万隆会议"十项原则"的确立、《东南亚友好合作条约》的签订和开放签署、《东南亚和平、自由和中立区宣言》的发表、东盟地区论坛对于主权平等和不干涉原则的强调、六方会谈对于各参与方"核心关切"的反复重申等,都体现了这一精神,也说明了东亚国家维护自身主权的愿望和决心之强烈。

　　这样一来,在东亚的制度化进程中,就出现了两种看似彼此矛盾和分离的倾向:一种是以主权为核心的一系列原则得到持续强调,并已成为指导该地区国家间关系的一套具有宪法意义的基础性制度规范,以至于"这些基本原则一旦被制度化就很难被抛弃"[1];另一种倾向是,由于对这些原则的强调会助长主权意识的进一步增强,因此对于该地区多边合作机制的创建及效力的发挥会造成限制性的影响。例如,东盟地区论坛

---

[1] Amitav Acharya, "Regional Institutions and Asian Security Order," p. 224.

之所以难以按照《概念文件》设想的那样从建立信任措施向预防性外交和解决冲突阶段发展，是因为在占据多数地位的发展中成员看来，这些措施会对它们的自主权构成制约或侵蚀。再如，朝鲜所采取的一些背离六方会谈精神的行动，如核试验、发射导弹和"卫星"等，都是在"行使和捍卫国家主权"的名义下进行的。第二次朝核危机爆发后，东盟地区论坛在 2003 年 6 月召开的外长会议上专门发表了一份主席声明，呼吁朝鲜履行半岛无核化义务，接受国际原子能机构的检查，并收回退出《核不扩散条约》的决定。朝鲜方面则称该声明是"对东盟地区论坛在过去 10 年来所维护的尊重主权、不干涉、公平和共识等原则的否定"[①]。1997 年东南亚金融危机以及柬埔寨国内冲突爆发后，东盟成员国中出现了要求东盟放宽不干涉原则的限制、出面进行干预的主张，如马来西亚副总理安瓦尔提出了"建设性介入"的方案，1998 年泰国外长素林又提出了"弹性接触"的建议。但在同年 7 月举行的东盟外长会议上，这些提议均被否决，取而代之的是各国一致同意采取"增进互动"的办法，亦即加强公开对话和观点交流，但不放弃不干涉原则。[②] 2021 年年初缅甸政变发生后，东盟顶住美西方要求采取强硬行动的压力，召开特别峰会，达成"五点共识"，其中之一就是派遣由东盟轮值主席国代表担任的缅甸事务特使与缅甸军政府及冲突各方保持接触，调解他们之间的对话进程，为达成和平解决方案创造条件。这显然是东盟基于对主权和不干涉内政原则的尊重而达成的举措，同时也是其在维护此项原则不受侵害的前提下力图有所作为的表现。

---

① 转引自 Amitav Acharya, *The Role of Regional Organizations: Are Views Changing?* paper prepared for the Pacific Symposium 2004, Nantional Defense University, Washington, D.C., 22-23 April 2004, p. 3.

② Mely C. Anthony, *ASEAN: How to Engage or Cooperate*, paper delivered at the ASEAN-ASIS Conference on ASEAN 2020: Vision, Crises and Change, Singapore, 21-22 July 1999.

（三）东亚各国的威胁认知差异较大，使得多边性质的同盟和集体安全机制不可能建立起来

缔结同盟的目的是通过成员间力量的联合和战略的协调一致来对付对它们构成威胁的共同敌人，因此这种合作安排的建立是以各国所面临的共同威胁的存在或者说所认为的共同威胁的存在为前提的。如果缺乏这一前提，结盟就无从谈起。在东亚地区，军事同盟安排从冷战时期就已经存在，但除东南亚条约组织这个仅仅存在了 20 余年而且是以非东亚国家为主的同盟集团之外，其他的都是双边性质的，而且都是在美国的策动下成立的，是美国与苏联争霸的工具和遏制共产主义的"防波堤"。而作为美国同盟伙伴的日本、韩国、菲律宾、泰国等之所以愿意加入这个体系，是因为它们希望借助这个超级大国的力量来防范它们所认为的"共产主义威胁"。也就是说，它们在威胁认知上与美国具有共同点，都是把反对共产主义作为它们结盟的基础，只不过对于美国来说还含有扩张主义和霸权主义的意图，而对于盟国来说只是为了寻求安全保护。美国也曾力图组建多边性质的同盟体系，但由于未果而不得不采取双边结盟的形式。但无论如何，这个同盟网络并没有扩展到整个东亚，尽管美国期望它能够在整个东亚发挥作用。即使是那些把共产主义视为威胁的国家也并没有都参与进来，如印尼、马来西亚、新加坡和文莱。虽然它们与美国保持着一定的防务联系，但并不属于美国同盟体系的成员，而是有着独立自主的外交和防务政策。况且它们不愿意采取对抗的方式来处理同苏联、中国和越南等共产党国家的关系，而是寻求缓和和实现关系正常化。这也是东盟组织为什么未能发展成为一个以反对共产主义为主要目标的同盟体系的原因之所在。至于印支地区的国家，就更不可能与美国具有共同的威胁认知了。

冷战结束后，随着集团对抗格局的削弱和意识形态因素的下降，东亚地区形成一致对敌的区域性多边安全安排的可能性进一步减小。这一点也适用于美国针对中国和朝鲜等"异质国家"的战略图谋。近年来，随着"大国竞争"战略的出台，美国把中国列为"头号战略对手"和"步步

逼近的威胁",试图通过拓展轴幅式同盟体系(即筹组所谓的"亚洲版北约")来建立对华战略包围圈,加大对中国的战略围堵和遏制,同时也在推动组建针对朝鲜的多边联盟机制。但是,东亚区内各国对外政策的总体倾向决定了美国的这一企图难以实现。中国坚持"与邻为善、以邻为伴"的周边外交方针,致力于发展同东亚所有国家的睦邻友好与互利合作关系,并已成为该地区各国的首要或主要经贸伙伴。越南在从柬埔寨撤军后加入了东盟,并实行外交多元化。东盟各国及组织对内推进一体化进程,对外推行"大国平衡外交",发展合作安全机制,无意同中国交恶。而且,随着双方各领域关系的不断发展,它们与中国的相互依赖日益加深,友好合作深入推进。在事关中国核心利益的台湾问题上,它们奉行"一个中国"政策,与美国的借台制华战略保持距离。至于南海问题,它们倾向于采取政经分离和接触对话的政策:一方面把该问题与其他各领域关系分离开来,避免其影响同中国在政治经贸文化等领域的友好合作,另一方面保持同中国的协商谈判,寻求通过达成《南海行为准则》实现对该海域争端的共同管理。虽然个别争端当事国如菲律宾和越南等怀有倚美制华的动机,但无意与中国全面对抗,面对中美战略博弈也不愿意选边站。韩国虽然把美国视为不可或缺的同盟伙伴,但也无意恶化同中国的关系,针对朝鲜则采取和解与对抗并重的两手政策。由此可见,无论在冷战时期,还是在冷战结束后的今天,东亚国家之间并不存在统一的威胁认知,因而也就不存在建立区域范围的多边同盟体系或集体安全机制的土壤。①

---

① 菲律宾因与我国存在南海领土争端,且倾向于采取强硬方式与我国周旋,自然希望加强与美国的同盟关系,同时也在寻求东盟邻国的支持,拓展与日澳等国的合作,以期形成对我国的联合施压态势。但即便如此,它也不得不承认,在本地区,包括在南海问题上,组建一致对华的区域性联盟并非现实可行。例如,2024 年 11 月 5 日,菲律宾国防部长特奥多罗在马尼拉举行的一场安全论坛上被问及在东南亚建立类似于北约的多边框架的可能性时回答说:由于东南亚国家对于利益和结盟的观点存在分歧,因此目前不可能在该地区建立一个类似于北约的安全架构。转引自《菲防长:东南亚版北约现阶段不可行》,联合早报网,2024 年 11 月 5 日,https://www.zaobao.com/news/sea/story20241105-5300414。

（四）东亚国家没有把多边主义和制度主义作为它们安全战略的优先手段，这使得东亚的制度化建设缺乏足够的政策支持

国家的政策取向是影响合作模式的一个非常重要的因素，其中主要国家的政策取向更具有决定性的意义。但是，就多边安全合作而言，东亚国家政策取向中的不利因素更多一些。造成这种状况的原因首先在于在该地区具有最大影响力的美国没有把多边主义和合作安全作为它在该地区主要的战略手段。这对于其他各国的政策选择起到了消极的导向作用。如上文所述，冷战时期美国在东亚推行的是基于双边同盟和前沿军事部署之上的威慑和遏制战略。冷战结束后，照理说，美国这种战略的适用性已经大大降低。但是美国不仅没有弱化这种选择，反而促其强化和提升，其目的在于借此遏制它所认为的新的威胁和挑战对象，实现美国的单极领导。在美国的这一战略框架中，"双边主义，而非多边主义，是关键"，而这种双边主义的本质就是加强与该地区传统盟国的军事同盟关系。[①] 在 20 世纪 90 年代以来美国政府公布的历次国家安全战略报告以及与东亚有关的各项政策文件中，双边同盟安排均被赋予首要地位，其中，美日同盟更是被当作美国东亚及太平洋战略的"基石"。当然，美国决策界也没有完全否定和排斥多边主义的地位和效用。在他们看来，"多边动议可以为美国在不削弱霸权战略的条件下同亚洲各国在地区安全事务中保持接触提供一个有用的途径。亚洲的安全制度在促进沟通和建立信任措施方面能够发挥积极作用，但由于发展得很不充分，不足以在管理和解决地区安全问题上扮演核心角色"[②]。显然，美国是只把多边制度作为其东亚战略的补充而不是替代来看待的。一旦发生危及美国重大利益的事态时，它主要依靠的还是单边行动和同盟关系以及在自己看来可以控制的那些制度安排。例如，在亚洲金融危机期

[①] Michael Mastanduno, "Incomplete Hegemony: The United States and Security Order in Asia," in Muthiah Alagappa ed., Asian *Security Order: Instrumental and Normative Features*, p. 151.

[②] Ibid., p. 151 – 152.

间,美国拒绝了日本提出的建立一个亚洲金融体系的建议,转而利用它易于操纵的国际货币基金组织来进行应对。前文述及的美国近年来所出现的积极推进小多边主义和拓展轴幅式同盟体系的政策动向,并不意味着其在亚洲已经改变了双边优先的联盟战略,而只是表明美国力图让传统的双边同盟发挥更好的核心和基石作用,通过将它们连接起来,组成一个更密更广的联盟网络。在这里,双边同盟仍然是基础,没有了双边,多边就无从入手。

冷战时期,日本把与美国的同盟关系视为自身安全的护身符,在外交和防务方面全面倒向美国。冷战结束初期,鉴于安全环境的大幅改善和日本政治大国抱负的增强,日本一度对创建和参与地区多边机制产生了很大的兴趣,积极支持亚太经合组织和东盟地区论坛等多边活动。相比之下,日美同盟则陷于"漂移"状态。然而,随着90年代中期以后两国对同盟关系重新定义,日本对待地区多边安全安排的热情趋于减弱。导致这一转变的原因是多方面的,最主要的是,面对中国的迅速崛起和日本经济的持续萎靡,日本从日美同盟中找到了依靠,"把美国当作遏制中国的最有力的筹码"[①],并力图借助美国的帮衬实现其"正常国家"的目标。在此背景下,目前日本决策界和研究界所形成的共识是:"日本只能把日美安全安排作为其安全战略的基础,除此之外,别无选择";"虽然多边安全安排也很重要,但双边主义是多边努力赖以实现的基础",因此"日美安全安排与多边安全并不是两个对立的选择,而是彼此加强的关系,因为只有当前者实施的威慑奏效时,后者才能够存在"[②]。日本提升与美国的同盟关系并将其置于地区主义之上的政策显然是不利于东亚多边机制的发展的。

中国传统上习惯于通过双边方式开展国际交往,对于多边框架比较

---

① [韩]金炳局:《夹在崛起的中国与霸权主义的美国之间:韩国的防范战略》,载朱锋、[美]罗伯特·罗斯主编:《中国崛起:理论与政策的视角》,上海:上海人民出版社,2008年,第324页。

② Council of Defense-Strategic Studies, *Report on Defense and Strategic Studies 1990 – 2000*, Tokyo: National Institute for Defense Studies, May 2001, pp. 13, 14.

陌生,也缺乏经验。改革开放后,由于面对的是一个以西方国家为主导的国际体系,因此中国对多边机制多持怀疑态度,担心参与会削弱自己的自主权甚至成为被约束的对象。对待东盟地区论坛,中国起初也是有所顾忌的,因为东盟邀请中国参与含有借助多边渠道约束和制衡中国的目的,美日等国也企图利用论坛来向中国施压。在此情况下,中国担心这一机制会不会受到西方大国的操纵,会不会成为它们干涉中国和亚洲其他各国内政的工具,会不会成为东盟国家联合制华的场所。[①] 但另一方面,中国也认识到,中国与外界联系的增强需要中国融入多边框架之中,亚太地区的制度化有助于地区合作、和平与稳定,中国只有积极参与到这些议程当中,才有可能更有效地维护本国的利益,也才有可能在东亚安全秩序的创建中有所作为。中国还认识到,东盟地区论坛作为一个以协商对话形式运作的会议场所,有利于增进亚太各国对中国和平发展政策的理解,有利于就共同关心的问题交流意见,达成共识。基于这些考虑,中国采取了积极而谨慎的态度,全面参与了该论坛的进程,并提出了一系列合作倡议,对于论坛的发展做出了重要贡献。不过,考虑到东亚安全及国家间关系的现实,以及西方成员企图把论坛变为干涉主义的工具,中国与东盟以及其他发展中成员一样,主张继续保持该机制的论坛性质,循序渐进地推进合作目标的实施。

东盟国家是东亚多边主义的积极倡导者和支持者,东盟地区论坛、东盟10＋3、东亚峰会等都是东盟倡议的产物。东盟创建东盟地区论坛的目的在于:一是把本地区各大国"锁定"在以己为核心的多边框架之中,一方面促使它们接受共同规范的制约,对地区安全做出承诺,另一方面使它们相互牵制,通过维持大国关系平衡,防止本地区事务被任何单一大国所支配。二是通过开展多边对话,探讨适合东亚地区特点和需要的安全合作模式,以弥补双边合作之缺陷和不足。三是掌握东亚多边主

---

① Michael Richardson, "A step ahead on Asian security", *International Herald Tribune*, 26 July 1994, p.2.

义的主导权,树立东盟在地区格局中的独特地位。东盟此举虽然含有"利己"目的,但它有助于抑制地区霸权、促进多极化的发展,也有助于推进合作安全模式的建立,因此是符合东亚地区安全秩序的需要的。不过,东盟的这一政策也是有缺陷的。第一是它不排斥双边同盟,而是把双边同盟与东盟地区论坛同等看待,将二者并列为地区安全秩序的保障。基于这种考虑,它们对美国在该地区的军事存在持支持和欢迎态度,其中部分国家还继续维持与美国的同盟关系(如菲律宾和泰国),或是为美国提供新的基地设施(如新加坡)。这种做法无疑会助长美国的军事强权,削弱合作安全的基础和效力。第二是东盟作为中小国家集团,实际上不具备主导地区安全的能力,也无法左右大国、强国的政策行为,它虽然能够把它们聚合在一起,但缺乏推动论坛朝着更高层次发展的能力。

(五)东亚地区的多边主义缺乏核心国家的推动和主导,而中小国家的作用又毕竟有限

多边主义作为一种制度化的合作形式,是需要有核心国家来推动和领导的。所谓核心国家,是指享有权威的、能够对其他国家的政策取向产生重大影响、具有制定和实施国际规则的能力,并为合作进程提供指导和动力的行为体。然而,在东亚现有的和拟议中的多边合作机制中,中日这两个有此能力的大国并没有担当起这样的角色,无论它们独自还是联合,都没有做到。从日本方面看,这是因为:(1) 日本至今没有端正对其侵略历史的认识,没有实现与亚洲邻国在民族情感上的和解,因而也就无法取得邻国的信任;(2) 日本的安全战略虽然包含多边主义,但却是"将日美之间的安全安排视为核心,而把多边安全合作仅仅视为边缘"[1]。从中国方面看,随着改革开放不断发展,中国已经越来越深地融入亚洲和国际社会,中国的世界观已经发生了很大的转变,不仅提出了

---

[1] Yasuhiro Takeda, "Japan's Compound Approach to Security Cooperation," in See Seng Tan and Amitav Acharya eds., *Asia-Pacific Security Cooperation: National Interests and Regional Order*, New York: M.E. Sharpe, 2004, p. 101.

"新安全观",还积极实践。中国真心希望东亚各国共同努力,建立以合作安全为主导的地区安全结构,并愿意而且也在努力推动这一进程的发展。但是由于部分邻国仍对中国怀有疑虑,与邻国的海上争端尚未解决,加之美日等国对华战略中的遏制倾向不断强化,使得中国的新安全观实施起来面临诸多障碍。研究界普遍认为,"东亚合作要求中日合作,而中日合作才能实现东亚联合"[①],比照欧洲整合过程中法国和德国的核心国家作用,"在东亚一体化的过程中,中日两国责无旁贷地应该担负起核心大国的职责"[②]。但是从中日两国关系的现状看,距离这一要求还有相当大的差距,究其原因,根本在于日本至今没有端正历史认识,没有用正常心态对待邻国的崛起和国际格局的新变化,从而导致两国至今没有实现真正的和解,没有像法德那样从昔日对手转变为共同推动区域合作的轴心。

再从美国方面看,美国作为一个全球性大国,与东亚存在众多而重大的利益联系,东亚的安全事务也需要美国的合作。但问题是美国以什么样的方式介入东亚事务,它对介入抱有何种目标。从目前美国的战略意图及介入方式看,如果由它来主导,只会导致亚洲版的北约的建立。这种以霸权、对抗和干涉为特征的安全模式无法与东亚国家的主导性规范(即主权平等和不干涉)相兼容,也会遭到该地区绝大多数国家的反对,因为它们普遍不愿意看到冷战在本地区重演。虽然它们接受美国的介入,但不希望由美国单边主导,不希望因此而加剧对抗,即使其最亲密的盟友也不希望。

从韩国方面看,随着它的中等国家地位的奠定和东亚大国矛盾的复杂化,韩国充当次区域合作核心角色的抱负日益强烈。金大中早在1993年就形象地提出:"我们要依靠自己的力量迎来一个使我们在东北亚能够发挥主导权的时代,我们一定要创造只有一个姑娘,却有四个小伙子

① 陈峰君、祁建华主编:《新地区主义与东亚合作》,北京:中国经济出版社,2007年,第239页。
② 张锡镇:《谁来主导东亚地区一体化》,转引自陈峰君、祁建华主编:《新地区主义与东亚合作》,第234页。

来求婚的条件。"①另有韩国学者指出：在中日合作领导一时不可能的情况下，东亚地区一南一北两个举足轻重的力量可以联合起来填补东亚地区领导空缺。②

东亚大国关系的现状的确为中小国家填补这一空缺提供了契机，但它们能否胜任这一角色并不是仅靠主观意愿就能够决定的。国际关系由权力因素所主导毕竟是无法回避的事实，东盟在吸引大国参与地区多边对话方面可谓成绩有嘉，为推动地区合作安全框架的建立做出了难得的贡献，但在事关战争与和平等关键问题上难以施展决定性的影响。正如美国学者指出的那样：东盟主导下的"东盟地区论坛"在未来的岁月中在东南亚建立合作安全方面将继续发挥有用的作用，但是它不能保证使中国、美国和日本避免发生冲突，尤其是以中国为一方，以美日为另一方的利益冲突，而这种冲突将削弱整个亚太地区和平与繁荣的基础。③

三、中国参与东亚多边安全制度建设的政策思考

如上文所述，冷战结束以来东亚的多边安全制度已经取得了前所未有的进展，其积极作用也已经开始显现，但是，由于现有机制发育水平较低，职能比较单一，许多问题领域尚未被包括进去，致使其作为国际制度所应具有的功能和效力并没有充分发挥出来。

中国是东亚国家，与该地区的命运休戚相关。这就决定了中国必须把东亚作为外交的首要舞台，并利用包括多边主义和制度主义在内的多样化的政策手段来促进自身利益的实现。近年来，中国在参与和推动东亚安全制度建设方面已经取得非常显著的成效，也积累了一定的经验。为了更好地利用制度化手段来应对中国所面临的问题和挑战，维护中国

---

① ［韩］金大中：《21世纪的亚洲及其和平》，北京：北京大学出版社，1994年，第267页。

② 转引自 Tang Shiping, "Last Chance for East Asian Integration," *Strait Times*, November 18, 200.

③ Patrick M. Cronin and Emily T. Metzgar, "ASEAN and Regional Security," *Strategic Forum*, National Defense University, Washington, D.C., 1996, p. 4.

的国家利益,同时也为了推动东亚安全机制的发展和逐步完善,这里拟提出以下几点政策思考。

(一)加强与东亚发展中国家的团结与合作,坚决捍卫以主权独立和不干涉原则为核心的全球基础性制度规范的权威

国际制度作为规范国家行为、调节国家间关系的规则体系,从等级排序上看分为基础性制度和程序性制度。基础性制度是针对整个国际体系而言的,对于国际社会中的各种制度安排具有根本的指导意义。现代国际社会的基础性制度的基石和核心是国家主权原则,由此引申出国家独立、主权平等、领土完整、互不侵犯、互不使用武力和武力威胁、互不干涉内政、和平解决争端等一系列规范规则。这些规范规则已被载入联合国宪章和其他各种主要国际条约,成为国际法基本原则和公认的国际关系准则。

东亚地区现有的制度安排(这些安排可以被看作是程序性制度的体现)也都是以这些规范规则作为指导原则的。东南亚五国之所以创建东盟,其根本目的就是通过这个组织来更好地保障它们各自的主权权利,其他各国后来之所以愿意加入这个组织,是因为它们看到这个组织不仅不会损害它们的主权权利,而且还有助于它们的主权权利的维护。《东南亚友好合作条约》中所确立的六项基本原则至今被东盟珍重,并在2007年通过的《东盟宪章》中得到重申和强调。东盟地区论坛成立时所发表的主席声明确认把《东南亚友好合作条约》作为论坛的指导原则,这与其说是东盟组织的强加,不如说是亚太发展中国家的一致需要。由中国提出,中印、中缅共同倡导的和平共处五项原则一直受到亚洲各国的普遍赞赏和拥护。中国于1998年提出的新安全观所强调的就是基于国家主权原则之上的国际秩序,这一秩序的目标"是保护国家主权和领土完整,防止干涉内政和促进国家繁荣与强盛"[①]。近年来东亚地区出现了以各种多边会议为纽带的探索区域一体化模式的趋势,加强合作、促进

[①] Muthiah Alagappa, "Constructing Security Order in Asia," in idem ed., *Asian Security Order: Instrumental and Normative Features*, p. 76.

东亚共同体目标的实现,也已成为区内各国的共识,但与欧洲不同,东亚发展中国家普遍强调国家主权的首要性,主张应以尊重主权、平等协商和不干涉内政为原则,不赞同照搬欧盟模式。所有这些表明,在东亚国家的国际政治理念中,本地区的安全秩序应该由三大目标支撑:政治生存、国家繁荣和地区和平与稳定。其中,政治生存是该地区国家的"最基本的目标",具体包括四个相互关联的方面:(1)国家独立;(2)领土完整;(3)意识形态不受侵蚀,包括国家身份和政治组织理念的保持;(4)维护主权。[①]

前文分析已经表明,东亚国家之所以把主权原则作为根本,是与这些国家所处的发展阶段和所面临的国内及国际环境决定的,是它们谋求其他各项目标的前提和保障。维护主权意味着反对干涉。这是当前和今后东亚发展中国家面临的一项重要任务。就中国而言,冷战结束以来中国所面临的"台独""藏独""疆独"等分裂势力的趋于猖獗与国外反华势力的鼓动、庇护和支持有着很大的关系。而西方国家在"民主""人权"和"人道主义"掩盖下所推行的"新干涉主义"也对中国的政治生存构成日益明显的挑战。东亚其他发展中国家尤其是东盟国家在这些方面所面临的威胁也非常严重,况且它们一直是把主权、平等和不干涉内政作为它们地区安全秩序的关键支柱来看待的。中国与东盟在维护主权和不干涉内政原则上有着重要的共同利益和共识。在参与和推进地区制度建设过程中,应该加强与包括东盟国家在内的亚太各个发展中国家的团结与合作,抵制任何旨在借制度框架干涉别国内部事务的企图,捍卫主权和不干涉原则的基础地位和国际法权威。

(二)以"新安全观"和"亚洲安全观"为指导,维护合作安全模式的主导地位,努力防止东亚安全结构被双边同盟体系支配

目前东亚地区所形成的是两种对立的安全合作模式,即合作安全机

---

① Muthiah Alagappa, "Constructing Security Order in Asia," in idem ed., *Asian Security Order: Instrumental and Normative Features*, pp. 78 - 79.

制与双边同盟安排。前者以非对抗性、开放性、包容性和渐进性等为特征，旨在把包括对手在内的所有与地区安全有关的成员都吸纳进来，通过使各方都感到满意的方式和进度，寻求安全利益的汇合点，促进成员间的沟通与合作，增进相互信任，最终实现互利共赢、共同安全的目标。同盟安全则是以对抗性、封闭性和排他性等为特征，旨在通过成员内部的合作与联合，对共同认定的对手进行威慑和遏制，以此保障同盟成员的单方面安全，并谋求在地区权力格局中的优势地位。国际关系的实践表明，这种安全模式只会加剧与对手的安全困境，是恶化安全环境、刺激军备竞赛、制造战争危机的重要根源。

冷战结束后，美国出于谋求单极霸权的需要，不断强化和提升它在东亚的双边同盟和前沿军事存在，并把中国作为主要的潜在对手。美国尤其重视日本的作用，企图使美日同盟成为亚太安全的"公共财产"。虽然不能说美日此举的唯一目的就是针对中国，但其中所包含的围堵和遏制中国的一面却是显而易见的。美国这一战略布局所造成的影响至少有三方面：一是加剧了中国与美、日之间的互不信任和战略矛盾，给这三大国之间的全面和解造成了难以克服的障碍，进而不利于整个东亚地区的战略平衡与稳定；二是助长了"台独"分裂主义的气焰，加大了中国谋求国家统一的难度；三是限制了中国与作为美国同盟或安全伙伴的国家在军事和与军事有关的领域开展合作的空间。鉴于美国在可预见的将来无意改变其以双边同盟为支柱的战略选择，也鉴于其他少数国家对于同美国结盟或建立防务联系抱有一定的期望，因此我们可以做的，与其说是设法促使这些安排解体，不如说是尽可能地扭转其同盟伙伴对于中国的消极认知，缓解这些安排对于中国造成的压力，使其失去用武之地，或者说架空其在东亚安全秩序中的作用。可以采取的办法，除在双边层面上寻求突破之外，还需要从多边和区域层面入手，包括东盟地区论坛、六方会谈、东盟10＋3、东亚峰会等。这些都属于有助于抵消或减弱双边同盟安排的消极影响的合作安全模式。而合作安全与中国所倡导的"新安全观""亚洲安全观"在本质上是一致的，都主张摒弃以武力威慑和结盟对抗为基础的安全结构,代之以通过协商对话,增进互信,培养合作习惯。因此,只要大力推进这些多边机制的发展,在这些框架内与有关各方保持磋商,共同探讨合作性的争端管理方法和应对共同威胁的途径,美国以双边同盟网络为支柱、以武力威慑为基础的东亚战略部署就会丧失或降低实际效用,美国利用这些安排主导东亚安全秩序的图谋就会落空。从此意义上讲,合作安全是防止美国支配东亚安全的可行途径,是抵消美国利用同盟安排对中国施加压力的有用工具。

此外,积极参与现有合作安全机制并推动其发展,还有助于中国增信释疑,缓解安全困境,展示和平大国、合作大国和负责任大国的国际形象与威望。增信释疑是中国在谋求和平崛起过程中需要认真加以对待的一项长期工作。目前,中国迅速崛起的势头正在引起国际社会尤其是周边各国越来越强烈的反应。这其中既有积极的一面,也有消极的一面,还有不确定的一面。对于积极的一面,中国自然要努力加以维护和巩固;对于消极的一面,则需要尽量加以消除,即使无法彻底消除,也要尽可能地使之降至最低程度;至于不确定的一面,我们则要努力加以引导,促使其朝着对我有利的方向转化,至少要确保其不向相反的方向转变。之所以强调这一点,除塑造友好、和谐的国际环境这一考虑之外,还是因为这涉及国家形象和威望在国际关系中的地位和作用问题。如果一个国家享有良好声誉,它就容易获得盟友和合作伙伴,它的对外政策就容易得到其他国家的理解,它所提出的倡议就容易得到它们的支持和响应,它所追求的政策目标也就容易获得实现。反之,如果一国被当作威胁、敌人或挑战者看待——无论是现实的还是潜在的,那么其他国家就会对其采取回避、防范甚至敌对的态度,一旦它们感到仅靠自身力量无法应对这个威胁和挑战,它们还有可能会倒向其他大国的怀抱,造成不利于大国崛起的外部环境。鉴于目前周边地区还有不少国家对中国和平发展道路的抉择缺乏足够信任,对中国在拓展国家利益过程中是否会采取扩张行为怀有疑虑,对中国"永不称霸"的政策宣示不够放心,对中国军费增长和军队现代化进程缺乏理解,对中国最终将如何处理与邻国的领土争端抱有怀疑,[1]因此,有必要在"增信释疑"方面加大努力,并将其作为外交和安全政策的一项经常性的任务来对待。

"增信释疑"可以采取多种渠道和形式,除双边渠道的各种层次上的接触和交往之外,还包括利用各种国际论坛和组织开展多边形式的对话、交流与合作,而且这种形式的效果更为明显,这种形式由于涉及较多的行为体,所形成的决议和宣言具有更为广泛的道德或法律效力,因此更容易得到外界的认可和信任。东盟地区论坛就属于这样一种性质的国际安排,而且尤其适用于在自由宽松的条件下开展"增信释疑"。

(三)支持东盟在东盟地区论坛中的主导地位,维护"协商一致"的运作方式和"循序渐进"的制度化进程

主导权问题是国际机制领域斗争的一个焦点,也是影响国际机制议事日程和发展方向的一个关键性因素。鉴于东亚在当前不具备建立制度化程度较高的机制形式的条件,而各大国又无法担当起东亚整合的核心推动者的角色,因此维护东盟地区论坛的现有框架和东盟在其中的主导权应该是一个合理的选择。实际上,东盟地区论坛从成立之日起就面临着主导权之争。美日等西方成员国一直力图控制论坛议程,推动其尽快朝着预防性外交和冲突管理方向转变,其目的在于把这个泛区域性的多边安排变为贯彻本国政策意图的工具。由于目前还不具备向这两个阶段过渡的条件,因此一旦该机制被它们主导,其现有的"论坛"性质、"协商一致"的运作方式以及最低限度的制度化框架等都有可能被改变,其结果必然会形成对中国以及其他发展中成员不利的局面,并且损害刚刚兴起的安全多边主义趋势。

在此情况下,由东盟掌握论坛的主导权无论对于中国还是整个地区

---

[1] 例如,有东南亚学者这样说:"北京宣称它需要一个和平的地区环境,以便集中精力于发展经济。这毫无疑问是其最优先的考虑。为了实现这一目标,它准备把与邻国的领土争端搁置起来,并表示要在它的'新安全观'的指导下奉行'共同安全'政策。但是当中国达到了一定的发展水平之后,又会发生什么样的事情呢?" Amitav Acharya, *Seeking Security In the Dragon's Shadow: China and Southeast Asia In the Emerging Asia Order*, Working Paper No. 44, March 2003. p. 12.

来说都是最佳选择,因为:(1)东盟国家都是些实力相对弱小的行为体,不会对区外任何大国构成威胁,况且东盟的对外战略是通过与各大国合作,增强自身发展的动力和地区和平的前景,为此,它们需要一个安全稳定的周边环境;(2)论坛的主导权保持在东盟手中,有助于缓解中美日俄印等大国之间围绕论坛领导权问题所产生的相互怀疑,也有助于缓解它们在此问题上的矛盾和斗争,进而有利于它们保持对话与合作的势头;(3)东盟倡导的安全对话模式符合东亚国际关系的现实和该地区多边主义的发展模式,同时也与中国提倡的新安全观具有本质上的相通之处;(4)东盟国家虽然对中国怀有防范心理,并希望利用多边规范和区外大国来对中国进行约束和制衡,但是它们不赞同美日等国的遏制政策,不愿意看到中国在区域合作中无所作为,在与其他大国的关系中处于绝对的劣势地位,相反,它们所期望的是这些大国各尽所能、各显其长,在东盟编织的合作与制衡相结合的框架内,通过东盟的组织和领导,共同为本地区的安全和稳定作贡献。因此,对于东盟在论坛中的主导权问题,我们要用全面和辩证的眼光来看待。至于它们旨在防范和制衡中国的意图,我们则需要通过与它们加强沟通和协调来尽可能地加以缓解。实际上,随着中国的积极参与和与东盟合作的深化,东盟对于中国作用的期待在增长。

(四)根据具体问题的性质,权衡多边主义与双边外交的利弊关系,防止多边机制损害中国的核心利益

多边主义是国际合作的一种必要模式,对于解决共同面临的问题具有重要意义。但多边主义并不是万能的,其适用范围应该是有限的,若利用不当,则会成为一把"双刃剑"。也就是说,在国际合作方面,国家应该对需要解决的问题进行分类,确定哪些问题是需要通过双边途径来解决的,哪些问题则是需要依靠多边渠道来应对的。在这里,权衡的标准是要看哪一种方式最有利于增进本国的利益。就中国在东亚地区所面临的安全问题来说,有些的确需要采取多边主义的方式,或是采取多边主义的效果会更好,如互信问题、防扩散问题、反恐问题、各种非传统安

全问题等。但是,有些则必须采取与问题直接相关的各方进行交涉的双边方式来处理,尤其是领土争端和内政问题。目前中国与一些邻国还存在领土领海争端,包括:与越南、菲律宾、马来西亚和文莱的南海岛礁及划界争端、与日本的钓鱼岛和东海划界争端、与印度的部分边界争端等。如果允许这些问题被拿到东盟地区论坛等多边框架内来讨论和处理,不仅会使问题更加复杂化,还会给中国造成很大的被动和压力。因为与这些争端方相比,中国拥有相对优越的综合国力和地缘区位,加之近年来中国崛起势头迅猛,国力不断上升,国家利益的边界在逐渐扩展。在此背景下,出于地缘战略和均势政治的考虑,这些国家中有的(如东盟国家)总是希望通过多边框架来寻求国际支持,以便达成对己有利的解决方案。另外,少数"第三方"也企图借助多边渠道来孤立或制约中国,因此很难会站到中国一边。除领土问题外,某些大国还经常在所谓的台湾问题、涉藏问题和人权问题上作文章,企图利用多边组织来向中国施加压力。这在东盟地区论坛进程和一些第二轨道活动中都有反映。一些国家将台湾问题视为对地区稳定的威胁而试图将防止台海爆发冲突纳入预防性外交的范畴。目前论坛成员国已开始就预防性外交在亚太地区的适用范围、遵循原则和可行措施等问题展开讨论。从含义上讲,预防性外交要求实施某些具有针对性和约束力的举措,如建立"减少危机中心"、设立调查事实的"特别代表"、论坛主席国获得"斡旋权"等。① 因此,在参与东盟地区论坛等多边机制时,必须严格限定议题的范围和解决的渠道,警惕任何旨在把双边争端和国内问题纳入多边框架的图谋。实际上,中国政府从一开始就十分强调这一点,并取得了很好的效果,今后需要继续坚持。

---

① 苏浩:《从哑铃到橄榄:亚太合作安全研究》,北京:世界知识出版社,2003 年,第 480 页。

东盟作用及效力评估

——安全机制的视角*

安全机制（security regimes）是安全关系制度化的重要载体,是指若干国家出于共同利益的需要而在安全领域达成的旨在约束成员行为、调节彼此关系的、具有长期适用价值的正式和非正式的原则、规范、规则和程序。它既可以有组织实体作为保障机构,也可以不依赖于组织实体而独立存在和运作。东盟作为一个区域性的、综合性的国际组织,其活动虽然涉及众多领域,但安全问题一直是它关注的一大重点。实际上,东盟的成立主要是由成员国的政治-安全利益所驱动的,只不过在冷战时期特殊的国际背景下这方面的关切被包裹在了经济合作的外衣之下。因此,东盟也可以被作为一个安全机制来看待。作为安全机制,东盟不仅有一系列原则、规范和规则作为指导,也建有定期性的首脑会议、外长会议、高官会议和秘书处等组织机构,还形成了一套别具特色的运作方式。

安全机制研究涉及诸多方面的问题,其中作用和效力问题占有特别突出的地位,也是检验安全机制的成败、价值及有效性的关键。安全机制是为了促进成员国在安全领域的合作而创建的,而由于安全合作涉及信任的建立、争端的处理、防务的协调和认同的建构等具体事宜,因此,

---

＊ 本文为作者参加中国东南亚研究会 2014 年学术研讨会交流论文。

出于全面考察和具体分析的需要,笔者将安全机制的功能和作用细化为四个方面:一是增信释疑,缓解安全困境;二是化解争端,实施冲突管理;三是开展防务和军事合作,实现政策协调、力量互补或互助;四是培养集体认同,促进安全共同体的建立。这四个方面的作用归结到一点就是增进成员国的共同安全,维护地区和平、稳定与秩序。除此之外,以组织机构形式运作的安全机制还具有协调成员国立场、加强成员国团结、提升其作为一个整体在地区及全球事务中的影响力的作用。本研究拟从这五方面入手对东盟作为安全机制所发挥的作用及效力做一评价。需要指出的是,东盟作为安全机制,不仅在东南亚地区扮演着至关重要的角色,由于它也实行开放的地区主义,积极参与整个东亚地区的对话、合作与一体化进程,并力图在其中扮演"驾驶者",因此分析研究东盟在上述各个方面所发挥的作用以及所存在的局限,也有助于我们认识东盟牵头的多边对话与合作机制(如东盟地区论坛、东亚峰会、东盟国防部长扩大会议等)的性质和发展状况。另外,中国作为东南亚的近邻,与东盟部分成员国之间还存在着南海争端以及由此所造成的安全困境、军事合作滞后等问题。因此,深入理解东盟作为安全机制所具有的特性、运作方式及成效,还有助于为中国在处理这些问题时采取适当的政策提供参考和启示。

一、东盟与冲突管理

东南亚是一个多样性和差异性非常突出的地区。各国之间在领土归属、边界划分、资源分配、经济发展、社会制度、种族关系、宗教信仰等方面存在大量的矛盾和争端。因此如何处理这些矛盾和争端、防止其对彼此间的和平关系构成危害,是东盟自成立以来所面临的首要课题。为了实现这一目标,在1976年举行的第一届首脑会议上,东盟五国领导人共同签署了《东南亚友好合作条约》,为彼此间关系确立了六项基本原则。此外,条约还决定要成立一个"高级理事会"(High Council)来负责受理成员间已经出现的各种争端,但同时又规定,"除非争端各方同意,否则本章的这一条款将不会被运用于这些争端"。2001年召开的东盟外长会议为该理事会的运作制定了一套程序规则,并且重申必须征得"争端各方同意"这一限制性条款。正是由于这一限制的存在,使得这个机制(mechanism)实际上从未被启用过。1999年东盟决定建立"三驾马车"机制(Troika),即由东盟常设委员会的前任、现任和继任主席(该席位由成员国外长轮流担任)组成一个临时性的机关,就所发生的紧急事态进行磋商并寻求解决办法。但迄今这一机制尚未发挥任何作用。这说明,东盟成员国一方面希望通过多边框架来加强协商与协调,另一方面又不愿意让这一框架对它们的主权进行代理和限制,对它们的内政进行干涉。

正因为如此,东盟并没有以组织的名义对成员国间的各种争端进行直接干预,各成员国也从未试图借助东盟组织的渠道来解决彼此的争端,而是通过当事方直接接触的方式处理的。但是,这并不意味着东盟在此方面就无所作为。东盟的作用主要是通过为成员国确立指导原则和行为规范的方式体现出来的。这些原则和规范的核心就是《东南亚友好合作条约》中所确立的六点:"尊重彼此的独立、主权、平等、领土完整和民族特性;维护各自国家的生存,反对外来干涉、颠覆和胁迫;互不干涉内政;以和平方式解决分歧或争端;互不使用武力和武力威胁;开展有效合作。"[1]通过确立这些原则和规范,成员国在以双边形式处理彼此争端时有了明确的行为指南,并在此基础上衍生出了一系列非正式的行为模式或称惯例,主要是:广泛协商、寻求一致、搁置争议、自我克制、互谅互让、利用非当事的第三方调解等。这些惯例也就是"东盟方式"在冲突管理方面的体现。[2] 此外,东盟成立以来所形成的以协商为主旨的多边

---

[1] *Treaty of Amity and Cooperation in Southeast Asia*,Jakarta,Indonesia,24 February 1976,http://www.aseansec.org/1217.htm

[2] 关于"东盟方式"在冲突管理方面的应用的详细论述,可参见杨光海:《东盟处理内部争端的原则、渠道和方式》,载《东南亚研究》1999年第3期。

框架也对成员国的极端行为起着社会和心理上的制约作用,因此可以说,东盟主要是以一种"软制度主义"的方式发挥作用的,这与强调法律约束和超国家权威的欧盟的制度化方式(可称为"硬制度主义")有着原则性的区别。东盟成立40多年来的实践表明,尽管东盟成员国之间存在大量争端,尤其是极具爆炸性的边界-领土争端,而且绝大多数直到今天仍然没有得到解决,但是它们从未因为这些争端而爆发战争,虽然有时会出现紧张局势甚至战争危机,但除个别几次引发较小规模的军事摩擦之外,从未导致严重的、大规模的武装对抗,从而使该地区保持了"长期和平"的局面。

关于这种局面得以维持的原因,有不少学者将其归因于东盟所倡导的不干涉内政原则、对于尊重彼此独立和主权的强调,以及——从更广泛的角度看——"东盟方式"的有效运作;《东南亚友好合作条约》作为东盟的核心文件,对于成员国间和平关系的维护起到了很好的规范作用。他们由此得出结论指出:东盟是一个"以规则为基础的共同体"[①]。另有一位学者经过对东盟与南亚区域联盟这两个组织在管理冲突方面的作用进行比较分析之后得出结论认为:东盟在塑造地区安全和秩序方面要比南盟更为有效,因为该组织的成员国从未诉诸武力手段来解决它们的争端;虽然它们的关系一直被各种争端困扰,但这些争端并没有引发大规模的武力对抗行动;虽然东盟没有被赋予正式的解决争端的权限,但这个组织的存在已经使东南亚成为一个比较有序的区域。相比之下,在南亚,使用武力和武力威胁持续不减,如印度和巴基斯坦这两个强国虽然同为南盟的成员,但它们在有争议的克什米尔问题上已经多次爆发剧烈冲突。这位学者还认为,造成这种巨大反差的原因在于这两个组织在塑造成员国关系和本地区安全环境的机制和能力等方面存在差别。他

---

① 例如可参见 Amitav Acharya, "Ideas, Identity, and Institutional Building: from the 'ASEAN Way' to the Asia-Pacific Way?" *The Pacific Review*, Vol. 10, No. 3 (1997), pp. 319 - 346; Nikolas Busse, "Constructivism and Southeast Asian Security," *The Pacific Review*, Vol. 12, No. 1 (1999), pp. 39 - 60; Shaun Narine, "The English School and ASEAN," *The Pacific Review*, Vol. 19, No. 2 (Spring 2006), pp. 199 - 218.

由此指出:"东盟成员国已经达到了遵守共同规范……的水平。东盟已经成为一个合作安全机制。在这个机制中,争端是在'以共识为基础的规范和程序'的框架内得到管理的。"①

不过,东盟在管理成员国冲突方面的局限性也是很明显的。严格地讲,冲突管理是由冲突预防、冲突控制和冲突解决这三个环节构成的。而东盟的作用仅体现在冲突预防和控制这两个方面,至于冲突解决,则无任何建树。这也是"东盟方式"所强调的最低限度的制度约束和非强制性的组织安排的缺陷之所在。这种方式所造成的结果往往是矛盾的"回避"或"遮盖",而不是"解决",一旦环境恶化,矛盾就会重新浮出水面。

二、东盟与安全困境的缓解

安全困境是国家间关系的一种常见现象,是指国家出于安全目的而采取的增加实力的努力不仅无助于自身安全的维护,反而因加剧别国的恐惧、刺激其采取针锋相对的反制措施而使自己的安全环境进一步恶化。安全困境是以国家间的相互怀疑、恐惧和防备为特征,以军备竞赛和相互威慑为主要标志的,因此,国家间关系是否被安全困境困扰,最能说明问题的就是要看它们之间是否存在军备竞赛。按照柯林·格雷(Colin Gray)的观点,军备竞赛的存在有四个基本条件:(1)必须有两个或两个以上的行为体,并且它们都意识到对方是自己的敌手;(2)它们必须调整各自的武装力量,以使其达到足以同对方在战场上对抗或对对方构成威慑的水平;(3)它们必须在武装力量的数量和质量方面展开竞争;(4)它们的武装力量必须在数量上有迅速的增加或是在质量上有明显的改进。②

冷战结束以来,与其他一些地区一样,东南亚也出现了被称为"逆裁

---

① Kripa Sridharan, *Regional Organizations and Conflict Management: Comparing ASEAN and SAARC*, Crisis States Working Papers Series No. 2, March 2008, London: Development Studies Institute, pp. 3 - 4.

② 转引自 Andrew Tan, *Force Modernization Trends in Southeast Asia*, Working Paper No. 59, Institute of Defence and Strategic Studies, Nanyang Technological University, Singapore, January 2004, p. 4.

军"的现象。东盟主要国家新加坡、马来西亚、菲律宾、印尼和泰国等纷纷增加军费,采购武器装备,加速军事现代化进程。1997年金融危机爆发后,这些国家被迫搁置或缩减原有计划,但随着经济逐渐恢复,武器采购重新活跃。冷战结束至今,东南亚一直是全球武器采购最为活跃的地区之一。新加坡防务与战略研究所(IDSS)的安德鲁·丹(Andrew Tan)博士把这些国家近年来增加军备的原因归纳为以下几点:(1)经济增长的带动;(2)监视和保护领海及专属经济区的需要;(3)区内国家间围绕领土、边界、边境叛乱和渔业等问题而产生的矛盾和争端;(4)国内安全的需要;(5)地区安全关切的扩展(非传统安全问题的凸显);(6)买方市场的推动;(7)国家威望需求;(8)国内政治因素;(9)腐败。他由此得出的结论是,该地区目前的军备形势并不符合格雷所界定的军备竞赛的四个条件。这些国家之间并不存在公开的敌对,相反,它们还在东盟的框架内实现了一定程度的区域合作,尽管领土争端依然严重。总的来看,这些国家对于邻国采购武器的举动反应并不敏感。不过,他同时也指出,这些动向也包含某些竞争性的和互动性的成分。也就是说,虽然从总体上看它们的军备活动并不构成军备竞赛,但军备竞赛的迹象还是有所显现的,主要是在新马两国之间。[①]

阿米塔·阿查亚(Amitav Acharya)也对东盟国家增加军备的现象做过分析。他虽然也认为这是"多种因素混合促成的结果",但他把竞争性和互动性因素看得更突出一些,认为相互猜疑和竞争也是重要的驱动力量。他进一步指出:"即使最初消除了国家之间的一些疑虑和分歧,但东盟军队建设仍会成为地区不稳定的一种根源。"而且,"东盟内部的武器控制仍然没有取得任何结果;尽管泰国和马来西亚已经公开发表了防务白皮书,但东盟国家在防务预算和防务政策方面的透明度仍然是很低的。"[②]

以上两种观点尽管存在一定分歧,但都说明了同一个事实,这就是:

[①] Andrew Tan, *Force Modernization Trends in Southeast Asia*, pp. 26 - 34, 36 - 37.

[②] [加拿大]阿米塔·阿查亚:《建构安全共同体:东盟与地区秩序》,王正毅译,上海:上海人民出版社,2004年,第192—201页。

目前东盟成员国之间一方面没有被严重的相互恐惧和威慑困扰,另一方面还存在一定程度的互不信任和防范。这可以被看作是对东盟作为安全机制在缓解成员国安全困境方面的有效性和局限性的证明。

三、东盟的军事与防务合作

与冲突管理一样,东盟成员国在军事与防务领域的合作也是在东盟组织的框架之外开展的,而且是以双边形式为主。实际上,早在1968年举行的东盟第二届外长会议上,五个成员国就已经对此达成了共识。针对当时有人提出在东盟内部开展军事合作使其具备防务职能的主张,会议予以否决。1971年发表的《和平、自由和中立区宣言》更是明确指出:"在安全问题上,各成员国应当根据其共同需要和利益在非东盟的基础上进行合作。"[①]这就意味着东盟无意使自己成为一个军事同盟或集体安全组织。事实表明该组织后来也没有朝着这个方向发展。之所以如此,是因为在东盟看来:(1)采取集体防御的办法只会起到刺激敌人(冷战时期主要指越南)的效果;(2)由弱小国家结成的联盟不可能产生足够强大的力量;(3)这样做只会把本地区国家推入大国纷争的旋涡,因为这些国家中有许多与区外大国尤其是美国保持着双边防务联系。[②]

由于拒绝将成员间的军事和防务问题纳入东盟组织的框架内,因此在成立后的相当一段时期内东盟成员国之间在此方面的合作是非常有限的。不过,冷战结束以来,这种情况已经出现了一些变化。主要表现在两个方面:一是把建立信心和信任措施(CTBM)摆在特别重要的位置。1993年东盟智囊机构"东盟战略与国际问题研究所"(ASEAN-ISIS)提出了一份有关在东盟内部建立信任措施的政策建议,主要有以下几点:(1)加强现有的合作方式,包括双边军事演习、互访和培训计划,并

① *The ASEAN Declaration* (*Bangkok Declaration*),Bangkok,8 August 1967,http://www.aseansec.org/1212.htm

② Amitav Acharya,"Regional Institutions and Asian Security Order," in Muthiah Alagappa ed.,*Asian Security Order: Instrumental and Normative Features*,Stanford,California:Stanford University Press,2003,p.219.

将对象扩大到中级军官;(2)扩大现有的合作范围,如将双边演习扩大到三边;(3)提高军事透明度,使防务政策更加公开化,建立东南亚武器等级制度;(4)巩固和发展各类安全机制,包括官方的东盟地区论坛和非官方的"第二轨道"活动;(5)加强情报交流,相互通报军事演习,定期举办"东南亚安全研讨会";(6)条件成熟时建立"东盟危机处理机制""东盟维和部队""东盟救援部队"和"东盟海上安全行动队",以维护本地区安全。[①] 这些建议有的已经付诸实施,但更多的还只是计划,落实起来仍存在很大障碍。

二是加强政策协调,共同应对各种非传统安全挑战,包括制毒贩毒、走私、海盗、恐怖主义、非法移民等各种跨国犯罪活动,所采取的方式包括:高层互访、军队联合训练和演习、共享军事训练设施、建立边界联合委员会(马泰、马菲、马印、泰缅、泰缅之间)、边境地区联合巡逻、情报交流与共享、海上联合侦查与搜救、军官联席会议、安全问题研讨会等。

从2006年起东盟国家开始举行年度"东盟国防部长会议"(ADMM),作为"东盟最高级的部长级防务和安全磋商与合作机制"。这标志着东盟的安全合作得到进一步加强。不过,从已召开的几次会议看,议题仍然集中在建立信任和信心以及非传统安全领域。针对后者,2009年的会议通过了《利用东盟资源及能力开展人道主义救援及赈灾的概念文件》、《东盟各国国防部门与公民社会组织在非传统安全领域开展合作的概念文件》以及《加强东盟各国国防部门以应对非传统安全威胁的挑战的联合声明》。为了加强与区外国家在防务领域的对话与合作,2007年的会议还商定要成立"东盟国防部长扩大会议"(ADMM - Plus)。按照与会的新加坡国防部长的解释,"东盟的未来越来越与更为广泛的亚太地区的命运交织在一起。因此东盟国防部长会议应该考虑把东盟的各国朋友和伙伴国的观点、知识和资源挖掘出来"[②]。这个会议按计划每三年举行一次。第一次会议已于2010年10月召开,受邀国包括美、中、日、俄、

① ASEAN Institute of Strategic and International Studies: *Confident-Building Measures in Southeast Asia*, Memorandum No. 5, December 1993, pp. 12 - 14.

② "ASEAN defence ministers sign Joint Declaration to deepen cooperation," *Channel NewsAsia*, 14 November 2007.

印、澳、新西兰和韩国。根据这次会议达成的决议,合作的领域涉及人道主义救援及赈灾、海上安全、军事医学、反恐与维和行动。①

四、东盟与东南亚安全共同体的建构

建立一个囊括本地区所有国家在内的共同体是东盟所追求的最终目标。早在 1976 年第一届首脑会议发表的《协调一致宣言》中,东盟领导人就表明了这一愿望。2003 年第九届首脑会议发表的《东盟协调一致宣言 II》进一步明确提出了建立"东南亚安全共同体"的构想。2004 年东盟又提出了《东盟安全共同体行动计划》。2007 年 11 月通过的《东盟宪章》不仅把"加强东盟共同体"建设作为目标之一,还决定成立由"政治—安全共同体理事会"、"经济共同体理事会"和"社会—文化共同体理事会"组成的三个东盟共同体理事会,以推进这一目标的实施和各项议程的开展。

根据学术界的一般理解,安全共同体分为"合并型的"与"多元型的"两种。东盟所要建立的安全共同体显然属于第二种类型,因为该组织一再强调把维护成员国的独立和主权作为最根本的原则,所设想的是各成员国在保持各自的国家身份和利益的基础上实现和谐共处。多元安全共同体的主要标志是:(1) 成员国之间没有战争和战争准备,包括没有针对对方的军事部署和军备竞赛在内;(2) 彼此虽然存在各种分歧和争端,但这些分歧和争端都是通过和平方式寻求解决;(3) 互不使用武力和武力威胁的规范不是依靠强制性机制来维护,也不是源于法律所规定的责任和义务,而是已成为一种自然而然的习惯。安全共同体的必备条件是:第一,成员国必须拥有共同身份(认同感)和价值观以及对于相关事物的共同理解;第二,处于共同体中的成员保持着多方面的和直接的互动联系;第三,成员间的关系建立在互惠尤其是"扩散互惠"之上,而且这种互惠必须是建立在长远的共同利益之上,而不是短期的自我利益之

---

① *Chairman's Statement of the First ASEAN Defence Ministers' Meeting-Plus:* "*ADMM-Plus: Strategic Cooperation for Peace, Stability, and Development in the Region*", Ha Noi, 12 October 2010.

上,更不是损人利己的自私自利。①

安全共同体的上述特点和条件为我们评估东盟安全共同体建设的成就和局限提供了一个分析框架。借助这个框架,我们就会发现,迄今为止东盟的安全共同体建设已经取得了一定的进展,但同时也面临着相当大的困难和挑战。从进展上来看,东盟自成立以来,其成员国之间没有再爆发过严重的武装冲突,虽然争端持续存在,但基本上都处在可控的范畴,并没有对它们总体上的和平与友好关系造成严重破坏。此外,它们虽然都在提高军事能力,但推动这一进程的因素是多方面的,防范和威慑对方只是其中之一,甚至也不是最主要的动机。不仅如此,它们还以东盟组织为核心,不断拓展合作领域,提出新的合作计划,加强内部团结和凝聚力。从成立之初开展经济、社会和文化合作的空泛承诺,到后来一个个越来越具体的合作项目的确立实施;从和平、自由和中立区目标的提出,到东南亚十国共同体目标的定位;从只注重会议形式的对话和协商,到赋予东盟组织以法律人格的地位⋯⋯所有这些表明成员国的集体意识在逐渐增强,共同利益观念在增长。这些积极进展使人们有理由对东盟的安全共同体建设抱有一定程度的乐观期待。

然而,另一方面也必须看到,东盟的共同体建设还只是处于"初始"阶段。② 互不使用武力和武力威胁的规范并没有得到严格遵守,更没有成为一种自然而然的习惯。这可以从最近几年来不时凸显的"柏威夏古寺事件"中得到说明。柏威夏古寺位于柬埔寨柏威夏省与泰国接壤的边

---

① Emanuel Adler and Michael Barnett, "A Framework for the Study of Security Communities," in idem eds., *Security Communities*, Cambridge: Cambridge University Press, 1998, pp. 31 - 32.

② 伊曼纽尔·阿德勒和迈克尔·巴内特把安全共同体的建构分为三个阶段:初始阶段、上升阶段和成熟阶段。初始阶段的主要特征是:各国政府已经开始考虑如何协调彼此关系,以便于增进相互安全,降低交往成本,以及(或)鼓励进一步的交流和互动。为了深化和扩大交往,促进合作,以及在缺乏互信的条件下确保协议和义务得到遵守,它们还会建立组织或制度安排。Emanuel Adler and Michael Barnett, "A Framework of the Study of Security Communities," in idem eds., *Security Communities*, Cambridge: Cambridge University Press, 1998, p. 50.

境地区,建于公元 10 世纪中叶至 12 世纪初。1949 至 1952 年曾被泰国占领,后经柬埔寨政府向海牙国际法院申诉,于 1962 年判归柬埔寨所属。但泰国不少人一直对这一裁决结果不服。2008 年 7 月柬埔寨申报的柏威夏古寺世界文化遗产获得联合国教科文组织正式批准后,柬泰两国围绕该古寺及其附近领土问题的纠纷迅速升级。两国都加强了军事戒备,并在有争议的区域陈兵对峙,甚至还发生了交火,造成少量人员伤亡。不过,每当出现此种情形之时,双方都能够从避免更大冲突的考虑出发保持克制,并就停火达成一致。

东南亚学者 JN·马克(JN Mak)曾就东盟成员国对于该组织所确立的以主权为核心的各项规范的遵守情况作过专门分析,所得出的结论是:在涉及陆地安全的问题上(如边界争端、武装叛乱和分离主义等),东盟各国一般都能够遵守这些规范,但是在海上领土问题上(主要指南中国海域),这些规范却不时地被违反,致使彼此关系时而紧张,海上合作(如共同开发)难以实现。按照这位研究者的说法,东南亚的海上争端仍处在"自然状态"。[①]

五、东盟的软实力及其在地区安全事务中的体现

国际机制还具有增强成员国软实力的功效。东盟作为一个综合性的国际机制,在促进成员国之间和平与友好关系的同时,也在维护地区稳定和塑造地区秩序方面扮演着积极的角色,从而使其国际影响力得到了很大的提升。实际上,东南亚国家创建这个组织的目的之一就在于通过力量的联合来弥补个体国家的实力之不足,增强它们作为一个整体的实力地位和与外部强国讨价还价的能力。正如东盟前任秘书长罗德尔夫·塞弗里诺(Rodolfo C. Severino,Jr)在解释东盟成立的原因时指出的那样:"组成一个地区组织能够填补大国遗留下的力量真空","能够为

---

① JN Mak, *Sovereignty in ASEAN and the Problem of Maritime Cooperation in the South China Sea*, Working Paper No. 156, S. Rajaratnam School of International Studies, Nanyang Technological University, Singapore, 23 April 2008.

这些新独立国家提供一个自助机制"，"还能够增强它们在国际社会中的集体发言权。"①另有研究者在论述东盟内部团结的重要性时指出："东盟之所以能够成为一个国际性的行为体，仅仅是因为其成员国能够以同一个声音讲话。东盟作为一个由小国组成的联盟，自成立以来，通过以同一个步调行动，为东南亚争得了远比任何一个成员依靠单独行动所获得的更大的角色。"②

东盟利用软实力影响地区事务、提高自身地位的努力在其推动柬埔寨问题和平解决的进程中首次得到了体现。1978 年 12 月越南发动侵柬战争后，东盟成员国团结一致，借助联合国等多边渠道，展开积极的外交活动，并与中、美、欧等大国密切配合，为促使越南从柬埔寨撤军和柬埔寨国内各派实现和解做出了重要贡献。东盟也因此而开始被国际社会刮目相看。冷战结束后，随着两极格局瓦解和东盟成员扩大，东盟在地区事务中的作用进一步增强。东盟的目标和作用之一，是促进外部世界对其倡导的规范和惯例的支持、接受和理解。东盟不仅期望其成员国能够遵守这些规范和惯例，也期望其他各国也遵守这些规范和惯例。按照东盟的设想，如果其他各国也这样做，不仅东盟自身的独立和行使主权的能力能够得到保障，东盟的"软"影响力也将得到提高。《东南亚友好合作条约》是该组织处理对内和对外关系的根本性文件。为了争取区外大国接受其原则，东盟于 1987 年宣布该条约向区外国家开放签署，并已取得重要进展。目前，已正式加入该条约的区外国家包括巴布亚新几内亚(1989 年)、中国(2003 年)、印度(2003 年)、日本(2004)、巴基斯坦(2004 年)、韩国(2004 年)、俄罗斯(2004 年)、澳大利亚(2005 年)、新西兰(2005 年)、美国(2009 年)。东盟还将加入该条约作为获准参加 2005 年启动的"东亚峰会"的一个先决条件。美国在过去几年里由于不愿加

---

① Rodolfo C. Severino, Jr, "ASEAN and the Growth of Regional Cooperation in Southeast Asia," *World Affairs*, July-September 1999.

② Hiro Katsumata, *ASEAN's 40 Anniversary: Great Achievements and New Challenges*, RSIS Commentaries, S. Rajaratnam School of International Studies, Nanyang Technological University, Singapore, 31 July 2007.

入而被拒之于这个新的亚太地区最高级合作论坛之外。奥巴马政府上台后,为了与其"重返东南亚"的政策相适应,才改变了前任政府的立场,于 2009 年 7 月正式在该条约上签字,从而为其从 2011 年开始参与东亚峰会扫清了障碍。建立东南亚无核区、防止核武器在本地区扩散,是东盟在安全领域追求的另一个重要目标。为了促使外部各国对其于 1995 年签署的《东南亚无核区条约》的尊重,东盟一直在寻求同美、俄、英、法、中五个拥有核武器的大国谈判,争取它们早日接受该条约。经过努力,2011 年 11 月 14 日,东盟与这五国在印尼巴厘岛就该条约议定书的所有遗留问题达成一致,从而为它们最终签署该条约铺平了道路。值得一提的是,中国是此前第一个表示支持该条约的国家。[①]

东盟施展软实力的另一个重要方式是利用后冷战时代国际关系的新格局,积极筹组以己为核心的区域和跨区域多边对话与合作机制,包括东盟外长扩大会议、东盟地区论坛、亚欧会议、东盟＋3、东亚峰会、东盟国防部长扩大会议等,从而充当了如同有些舆论所说的"四两拨千斤"或"小国领导大国"的独特角色。且不说这种说法是否完全符合实际,但所有这些安排都是由东盟倡导并以东盟规范及"东盟方式"为基础,则是无法否认的事实。不过,东盟的"领导"实质上是一种规范和观念上的领导,而不是传统意义上的那种基于硬实力之上的强制性领导,因为"作为一个由实力相对弱小的国家组成的集团,东盟根本不可能拥有这种(结构性的)实力",但是"东盟却是一种软实力的体现","东盟只能借助软实力来发挥影响,亦即通过充当它所邀请的拥有强大实力的各个对话伙伴国之间的中立的经纪人以及缓和有可能导致地区安全困境的遏制和制衡政策的方式来施展影响力"。[②]

与此同时,也必须看到,东盟利用多边机制主导地区安全事务的实

---

① 东盟秘书处网站:ASEAN Annual Report 2004 - 2005,p. 17,http://www.aseansec.org/ar05.htm

② Amitav Acharya,"Constructing Security and Identity in Southeast Asia," *The Brown Journal of World Affairs*,Vol. Ⅻ,Issue 2 (Winter/Spring 2006),p. 156.

际作用也是有限的。东盟能够利用后冷战时代有利于自己的亚太格局发起创建以己为核心的多边安全论坛，却无力推动其朝着制度化程度更高和效力不断增大的方向发展，更无力使其在解决地区实质性安全问题上占据核心地位。东盟主导下的这些论坛在吸引各国参与地区多边对话方面可谓成绩有嘉，但在事关地区和平与稳定的关键问题上却难以发挥决定性的影响。例如，东盟地区论坛虽然已存在多年的时间，但迄今仍然未能超越东盟于1995年制定的《概念文件》所确立的三步走方案中的第一阶段（即建立信任措施阶段）。而且即使在这一阶段，它所取得的进展也是很有限的。该文件所确定的一些旨在建立信心和信任的措施，如发表国防白皮书、参加联合国常规武器登记制度、预先通报重大军事行动等，并没有得到成员国的普遍响应。至于第二阶段"开展预防性外交"和第三阶段"探讨解决冲突的方法"的目标就更加难以实现了。东盟利用自己倡导的多边安全机制施展影响力的内在局限性由此可见一斑。不过，这种局限性也是由东盟为该论坛所确立的"协商一致""循序渐进"原则以及"以所有参与国都感到舒适的进度发展"的安排所决定的，而这些规定又是基于东亚各国的国情及相互关系的特点之上的。如果忽视了这一点，任何评价都是不恰当的。另外，国际政治毕竟是一个由实力所主导的领域，在这样一个领域，虽然基于观念、制度和文化之上的软实力有着独特的优势，也能够产生不可忽视的影响，但建立在经济、军事等物质性资源之上的硬实力才是决定影响力和地位的根本保障。这恐怕是东盟在施展自身影响力时难以逾越的一道屏障，也是在评价东盟在地区安全事务中的独特角色时需要考虑的一点。

东盟地区论坛评析 *

　　东盟地区论坛（ASEAN Regional Forum）是由东盟组织发起创建的、东亚地区迄今为止唯一成形的政府间多边安全框架。它的建立标志着该地区的合作安全进程已经开始迈上机制化的轨道。东盟地区论坛在促进成员国的相互理解和信任、维护地区和平与稳定方面发挥着重要作用，同时对于该地区的大国关系也起到了一定的协调效果。该地区各国都希望利用这一安排来塑造对己有利的安全环境，扩大自己的发言权，因此它也是东亚地区国际政治斗争的一个重要舞台。中国是东盟地区论坛的主要参与者之一。中国与该论坛的互动关系必然会给中国的国家利益产生深远影响。本研究从塑造和谐、稳定的东亚安全环境的角度出发，对东盟地区论坛的发展历程、运作方式和特点等做一分析，在此基础上对中国如何更有效地利用该机制促进东亚多边安全合作的发展进行一些探讨。

一、东盟地区论坛的创建及目的

　　东盟地区论坛是冷战后东亚国际格局转变的必然产物，也是该地区

＊ 本文为作者参与的南京大学经济全球化与国际关系研究中心项目课题"中国和平发展与东亚安全研究"的最终成果。

国家尤其是东盟组织为探索多边安全合作机制而进行的有益尝试。成立这一机制的设想最早是由东盟组织的最高智囊机构"东盟战略与国际关系研究所"提出的。1991年该机构向第四届东盟首脑会议拟定了一份题为《创新的时代》的研究报告,就亚太地区多边安全合作框架等问题提出了政策建议,指出建立这一机制的主要目标应该是:(1) 有利于减少冲突和争端;(2) 有利于增进和加强相互理解、信任、亲善与合作;(3) 有利于对本地区的紧急情况进行管理,最终创立多边和平合作机制。① 报告还建议以东盟外长扩大会议作为地区安全对话的场所,并且在每一次东盟外长扩大会议即将结束之时举行。这一建议得到东盟组织的采纳。1992年1月东盟举行第四届首脑会议,发表了《新加坡宣言》,提出要"促进与地区以外的国家就安全问题进行对话"②,从而第一次以宣言的形式发出了开展地区多边安全对话的倡议。1993年7月在新加坡举行了第26届东盟外长会议。会后紧接着又召开了扩大会议,参加会议的除东盟六个成员国外,还包括美国、日本、加拿大、澳大利亚、新西兰、韩国和欧盟七个对话伙伴,越南、老挝、巴布亚新几内亚三个观察员国,以及中国和俄罗斯两个贵宾国。会议确定在此成员基础上成立"东盟地区论坛",作为亚太地区多边安全对话的主要形式,并决定于1994年7月在第27届东盟外长会议后召开首次东盟地区论坛会议。这标志着以东盟为核心的亚太多边安全合作机制的设想开始步入实施阶段。

东盟地区论坛是在东盟组织的积极倡导下成立的。东盟此举的目的主要有以下几点。

(一) 为该地区的安全问题和争端寻找一个以和平与合作方式解决的途径

如上文所述,冷战结束后该地区原有的各种争端趋于表面化,新的问题也不断产生。如何处理和化解这些争端和问题,成为该地区各国共

---

① 王士录、王国平:《从东盟到大东盟——东盟30年发展研究》,北京:世界知识出版社,1998年,第268页。

② 第四届东盟首脑会议《新加坡宣言》,新华社1992年1月28日英文电。

同面临的一个重大而紧迫的现实问题。如果采取传统的单边自助或双边同盟的方式,所导致的结果只能是"一方获益,另一方损失"的零和结局,从而加剧地区安全困境。而唯有开展对话与合作,才有可能增进彼此之间的理解和信任,也才有可能使争端和问题得到控制或解决。东盟组织正是从这一考虑出发,试图通过筹组多边对话机制来促进本地区各国的相互理解和信任,开辟一条以合作的方式共同管理地区争端和问题的渠道。

(二)吸引大国参与,维持地区均势

东盟国家认识到,美中日等大国是东亚地区安全与稳定的决定性力量。由于这些大国之间在战略利益上存在矛盾和分歧,又都具有支配地区事务的能力,因此有必要将它们纳入多边合作安全框架之中,一方面促使它们接受共同规范的制约,对地区安全做出承诺;另一方面使它们之间相互牵制,通过维持大国均势,防止单极支配格局的出现,并为东盟掌握地区多边合作的主导权创造条件。从此意义上讲,东盟地区论坛也是东盟"大国平衡外交"战略的一个重要组成部分。

(三)通过加强对话与沟通,培养地区认同感

认同感是合作赖以实现的必要条件。东亚各国由于在社会经济发展水平、意识形态和政治体制等方面存在差异,加之缺乏多边合作的历史经验,因此地区认同感比较薄弱,这为全球化时代国际合作的开展造成了障碍。有鉴于此,东盟试图通过搭建一个开放性的和协商性的多边论坛,来促进该地区各国的对话和沟通,以达到缩小分歧、增进共识、培养共同利益意识的目的,为最终建立东亚共同体创造认知条件。

(四)探索符合东亚地区需要的安全合作模式

安全合作已成为东亚国家解决彼此争端,应对共同面临的各种挑战的必由之路。但是由于东亚地区的特点,传统意义上的军事同盟和集体安全并不能满足维护地区安全和稳定的需要。因此东盟组织在设计东盟地区论坛时采用了较为松散的协商对话的形式,而不是依靠强制约束的欧盟和欧安会的形式。它是一个公开讨论问题的场所,而不是一个强

调制度规范的地区安全组织,更不是一个多边性的军事同盟或集体安全机构。采取协商对话形式的优点在于:"利用一个公平的场合,让有关各方坐下来平心尽气地进行对话,寻求双赢的局面,以减少军事冲突。这有利于增进东南亚和亚太的和平与稳定"。① 实际上,这种安排是目前适合东亚国家在安全领域开展合作的唯一可行的方式。在该地区各国战略利益相左、地区认同感相对薄弱的情况下,只有首先开展协商对话,才有可能逐步地消除疑虑、增进互信和共识,为最终寻求解决争端的方法和途径创造条件。

(五)掌握多边安全合作的主导权,树立东盟在亚太格局中的独立一极地位

东盟国家创建东盟地区论坛,除塑造和平稳定的地区环境的考虑之外,还有一个深层次的战略目的,这就是:树立东盟组织在地区合作中的核心和领导地位,防止本地区事务被任何单一大国支配。这可以从该机制的名称、原则、运作方式和议程安排等多个方面得到说明。不过,需要指出的是,尽管东盟的这一考虑具有明显的"利己"色彩,但是由于有助于抵制地区霸权、促进亚太多极化的发展,也有助于推进合作安全模式的建立,因此是符合东亚地区安全秩序的需要的,应该得到应有的理解和支持。实际上,东盟的这一意图也是东亚地区大国关系的性质和特点的必然产物。在中美日等大国力量对比消长变化、彼此隔阂和矛盾较深的条件下,任何一方的合作安全倡议或是主导安全合作的努力都很容易引起其他各方的怀疑和警惕,而接受和参与由中小国家集团发起的以协商对话为形式的多边机制,则有助于缓解它们的相互担忧,也能够满足它们开展合作的共同需要。

二、东盟地区论坛的发展和特点

东盟地区论坛作为东亚地区的一种多边安全对话形式,在其成立以

---

① 徐本钦:《东盟地区论坛的制度化》,载新加坡《联合早报》,1995 年 7 月 23 日。

来的发展历程中已经取得了一系列成效,也形成了独具特色的运作方式。了解这些成效和特点,对于准确理解该机制的地位和作用具有重要的指导意义,也有助于增进对该机制的参与并推动其朝着更为有效的方向发展。

（一）东盟地区论坛的组织原则

东盟地区论坛成立于 1994 年 7 月,主要采取多边对话会议的形式运作,是"合作安全"观在东亚的具体实践。参加该论坛首次会议的国家除东盟各成员国外,还有东盟的对话伙伴国澳大利亚、加拿大、欧盟、日本、新西兰、韩国和美国,磋商伙伴国中国和俄罗斯以及东盟的观察员国老挝、巴布亚新几内亚和越南,共 18 个国家。首次会议以主席声明的形式就以下几点达成共识:一是一致同意"以《东南亚友好合作条约》的宗旨和原则作为处理国家间关系的行为准则,以及作为建立地区信任措施、实现预防性外交和进行政治与安全合作的外交工具";二是一致同意"东盟地区论坛作为一个高级别协商论坛,能够使亚太地区国家培养起就共同感兴趣和关注的政治和安全问题进行建设性对话和协商的习惯","能够为促进亚太地区旨在建立相互信任和开展预防性外交的努力作出贡献";三是同意"东盟地区论坛每年开会一次。[1] 这些共识的达成等于是为东盟地区论坛确立了遵循原则、基本任务与目标以及运作方式。

1995 年 8 月举行的第二次东盟地区论坛会议通过了东盟组织提交的《概念文件》中有关该论坛的性质、任务、地位、作用、组织结构和运作程序的构想,并以主席声明的形式加以确认。根据主席声明,东盟地区论坛将采取循序渐进的方式分三个阶段推进地区安全合作,即"促进建立信任、开展预防性外交、探讨解决冲突的方法"。主席声明还确定东盟地区论坛将沿着两条轨道发展:第一条轨道是由各成员国政府进行的活

---

[1] *Chairman's Statemen*: *The First Meeting of the ASEEAN Regional Forum*, 25 July 1994, Bangkok, http://www.aseansec.org/2879.htm.

动;第二条轨道是由各成员国的研究机构和非政府组织开展的活动。①

1996 年 7 月举行的第三次东盟地区论坛会议发表的主席声明继续强调指出:东盟地区论坛将在"协商一致"的基础上,"以所有成员都感到舒适的进度发展"。② 这些原则的确立进一步明确了东盟地区论坛的基本任务和目标定位,同时也为论坛的运作建立了一个开放、自由和宽松的组织框架。这次会议还为吸纳新成员国制定了原则和标准:(1)"所有新成员都应该赞同并进行合作以帮助东盟地区论坛实现其主要目标"。(2)"东盟地区论坛只吸收能直接影响亚太地区和平与安全的成员"。(3)东盟地区论坛的"地理立足区将包括整个东亚地区——东北亚、东南亚和大洋洲。从近期看,扩大参与东盟地区论坛主要活动的这一地理范围是不明智的"。(4)"东盟地区论坛应对扩大成员持谨慎的态度","为保证东盟地区论坛的有效性,应努力将成员的数量控制在可操作的水平"。(5)"有关成员的所有问题应由东盟地区论坛的所有成员协商决定。"此次会议取得的另一个成果是把中国和印度从"磋商伙伴国"升格为"对话伙伴国"。

2001 年 7 月举行的第八次东盟地区论坛会议通过了三个旨在推动论坛向预防性外交阶段发展的文件,分别是:《东盟地区论坛预防性外交概念和原则文件》《加强东盟地区论坛主席作用文件》以及《东盟地区论坛专家/名人职权范围文件》。第一个文件对预防性外交的定义、内容和原则等进行了充分的说明,指出:"预防性外交是指在征得所有直接当事方同意的条件下由主权国家采取的协商一致的外交和政治行动",目的

---

① *Chairman's Statement*:*The Second ASEAN Regional Forum*,Brunei Darulsalam,1 August 1995. http://www.aseansec.org/2106.htm. 需要指出的是,关于第三阶段的合作方式和目标,东盟《概念文件》的表述原本是"确立解决争端的机制"。由于这一提法过于强调"机制"的约束,容易引起一些成员国的不满,加剧矛盾甚至冲突,因此在主席声明中将其改为"探讨解决争端的方法",并且特别增加了"以参与各方都感到舒适的进度发展"这一限定条件。

② *Chairman's Statement: The Third Meeting of the ASEAN Regional Forum*,Jakarta,23 July 1996.

是:"帮助防止国家之间爆发可能对地区和平与稳定构成潜在威胁的争端和冲突;帮助防止这些争端和冲突升级为武装对抗;帮助将这些争端和冲突对地区的影响减少到最低程度"。预防性外交的措施包括:"建立信任、确立规范、增进交流渠道、加强东盟地区论坛主席的作用"。预防性外交应坚持以下八项原则:(1)它是一种外交行为,依靠外交、谈判、调查、调解和妥协等和平手段来实施;(2)它是非强制性的,军事行动或使用武力不在预防性外交之列;(3)必须具有时效性,只有在争端或危机早期实施,才有可能达到最佳效果;(4)必须建立信任和信心,只有达到这两点,预防性外交才能够取得成功;(5)预防性外交是在协商一致的基础上进行的,必须经过仔细和广泛的磋商达成共识,才能够付诸实施;(6)它是自愿性的,必须在与争端直接相关的各方要求之下或是征得它们的明确同意的基础上才能够进行;(7)它适用于处理国与国之间的各种冲突;(8)它的实施应符合普遍公认的国际法和国际关系基本准则,特别是《联合国宪章》、和平共处五项原则以及《东南亚友好合作条约》中的有关原则,包括尊重主权平等、领土完整和不干涉国家内政等。[①] 第二个文件对东盟地区论坛主席的职责和作用等做出了明确界定,第三个文件要求东盟地区论坛成员国在自愿的基础上提供登记的专家和名人名单,以组成智囊团,并对其活动范围和程序进行了界定。这三个文件的出台改变了论坛运行机制没有明显进展的现状,为其向预防性外交阶段发展确立了规范,指明了方向。此后至今的历次会议都是按照上述原则推进的。虽然所确立的分三阶段推进地区安全合作的构想远未实现,但一直在朝着这一方向努力。

(二)东盟地区论坛的运作机制

1. 组织结构和运作方式

东盟地区论坛自成立以来成员数量不断扩大,截至 2007 年已扩大

---

① *Concept and Principles of Preventive Diplomacy* (adopted at the 8th ARF, 25 July 2001), http://www.aseansec.org/3571.htm.

到 27 个,包括东盟 10 国、澳大利亚、加拿大、欧盟、日本、新西兰、韩国、美国、中国、俄罗斯、印度、朝鲜、蒙古、巴基斯坦、巴布亚新几内亚、东帝汶、孟加拉和斯里兰卡。这也是该论坛目前的规模。根据东盟于 1995 年制定的《概念文件》,"东盟地区论坛在初始阶段将不实行制度化,在近期也不应建立秘书处。东盟将负责保管该论坛的所有文件和信息,并为其开展活动提供必要的帮助"[①]。因此,东盟地区论坛没有一套独立的办事机构,不是严格意义上的国际组织,而是一个依托于东盟组织、以会议形式运作的多边安全对话平台。这个平台通过三个层次递进式的会议安排运行。这三个层次分别是:(1) 第一和第二轨道的一系列"会间会"。第一轨道的会间会由东盟和非东盟成员出任主席,在两届东盟地区论坛部长会议之间进行,往往是承接上一届东盟地区论坛部长会议的决定,对所要求的具体安全问题进行讨论,寻求合作的可能性和途径,同时又为下一届部长会议提出建议,准备议题。会间会主要专注于各成员国在安全认知和防务政策等问题上的对话以及在安全领域的合作事宜,这些会议都是针对不同问题领域而进行的专门会议,包括:建立信任措施会间会议、地区维和会间会、搜救会间会、减灾会间会和打击跨国犯罪会间会。东盟地区论坛的轮值主席作为两个轨道之间的协调人,负责向部长会议汇报两个轨道的一切活动。(2) 高官会议。这一级别的会议由成员国外交部副部长级官员率团参加,于每年 5 月份举行,任务是就部长会议的议题预先进行讨论,通过对第一和第二轨道各种会议报告的研究,提出可行性的政策建议,并为部长会议准备文件和起草主席声明。(3) 部长会议。这是东盟地区论坛的最高组织形式,于每年的 7 月末 8 月初在东盟轮值主席国的首都轮流举行,会议不采取投票表决的方式,而是就共同关心的问题各抒己见,进行讨论,在协商一致的基础上达成决议。而且所达成的决议只是表明成员国的共识,而不具有强制性的约束力。

---

① *The ASEAN Regional Forum: A Concept Paper*,18 March 1995,http://www.aseansec. org/3635.htm.

在运作方式上,东盟地区论坛采取的是"协商一致"和"循序渐进"的原则。前者是指成员国之间先就共同关心的问题进行认真和广泛的磋商,在达成一致意见之后再做出决定,对于一时无法达成一致的问题,可以将其搁置起来。而且每次部长会议所形成的各种文件也不具有约束性,如果某个成员有反对意见,还可以做出保留。"循序渐进"强调的是"以所有参与国都感到舒适的进度发展",而不急于过快地朝着制度化方向迈进,以保证论坛的进程"对于希望走得慢一些的成员来说不是太快,而对于希望走得快一些的成员来说又不是太慢"[①]。正是出于这一考虑,东盟在设计论坛框架内的安全合作的目标时,采取了分三个阶段"递进式"逐步推进的策略,而且也不为这三个阶段设定明确的期限。这种运作方式得到了各成员国的普遍接受,尽管有少数成员对其效率感到不满。

实际上,东盟地区论坛的上述结构和运作方式是与亚太地区安全形势的特点和各国在政治体制、发展水平、战略观念和文化传统等方面的差异性所决定的。如何把一个安全问题错综复杂、国别差异非常巨大的地区组织起来,促使各国就共同关心的安全问题开展对话并探讨解决办法,是冷战后时代该地区国家所面临的一个重大挑战。类似于欧安会(以及在此基础上建立的欧安组织)的地区安全合作模式显然并不适用于亚太地区。只有采取协商对话形式且没有强制性的制度约束的机制安排,才有可能把有关各国都汇聚起来;也只有采取渐进式的分阶段推进的方式,才有可能促使有关各国就彼此间的安全争端逐步地达成谅解和妥协。因此,尽管有人对这一机制感到不满,甚至指责其是一个缺乏实质性成果的"清谈馆",但一个不容置疑的事实是,它是目前亚太地区唯一可行的多边安全对话安排,而且它所设定的第一阶段旨在"建立互信"的目标是该地区主要国家之间在当前最为需要的,也是它们为化解彼此争端和应对共同威胁而开展合作的前提条件。

东盟地区论坛的另一个特点是,它虽然是一个由众多成员参与的多

---

① *The ASEAN Regional Forum: A Concept Paper.*

边安排,而且大国在其中占有相当的数量,却没有被大国操纵,而是一个在以东盟为纽带的中小国家组织主导下运作和发展的合作机制。这虽然是东盟积极策划运筹的结果,反映了东盟国家在后冷战时代力图提高自身地位、增强在国际事务中的发言权的宏伟抱负,但更重要的是,它与该地区大国关系的性质和特点休戚相关。东盟正是利用了这一点,把地区多边安全议程的主导权紧紧地抓在了自己的手中。具体而言,东盟的主导权主要体现在四个方面:一是论坛所坚持的行为准则基本上是以东盟的基础性政治文件《东南亚友好合作条约》的宗旨和原则为指导。这已在该论坛的第一届部长会议上获得认可,并在众多相关文件中得到强调;二是论坛所采取的"协商一致"的运作方式基于东盟的经验之上,也可以说是"东盟方式"的引申和扩展;三是论坛的所有议程都是由东盟在其内部酝酿或与区外成员协调之后提出,其发展方向也是由东盟掌握;四是论坛的主席国必须是东盟的轮值主席国,论坛的高官会议和部长级年会必须在东南亚召开,论坛的下属会间会的两主席中必须有一个是东盟成员国。由此可见,东盟在这一论坛中的核心地位是非常明显的。

2."第二轨道"及其特点

安全问题的高度敏感性决定了国家之间围绕这类问题所开展的磋商与对话不可能采取单一的政府间渠道,而是有必要用各种非政府的渠道加以补充和辅助。另外,合作安全观念及政策的形成也有赖于政府以外的各种研究机构和专家学者之间的经常性的研讨和沟通。"第二轨道"就是为了适应这种需要而产生的。

"第二轨道"的概念最早由美国前外交官约瑟夫·蒙特维尔(Joseph Montville)于1982年提出来的。根据蒙特维尔的解释,"第二轨道"主要是指"为了解决冲突,通过心理因素作用,在敌对的组织和国家之间施加非官方的和非结构性的影响"。"第二轨道"的活动有三个基本形式:(1)解决问题的专题研讨会;(2)公众舆论的影响;(3)合作性的经济活动。[①] 加拿

---

① 转引自喻常森,《"第二轨道"外交与亚太地区安全合作》,载《东南亚研究》2003年第5期。

大学者保罗·伊文斯(Paul Evans)认为,"第二轨道外交"一般指非政府或半官方间的分析安全问题和准备对策的过程,参与者通常包括政策专家、学者、研究人员、退休官员,有时也包括记者和政治家,尤其是以私人身份参与的政府官员。"第二轨道外交"的内容是指分析安全问题和准备对策的过程,这使它能与其他各种普通外交(即政府间外交)之外的概念如民间外交等区别开来。伊文斯还特别指出,在"第二轨道外交"中,私人身份特别重要。例如,有些大使有时就以学者的身份参与"第二轨道外交"的讨论,这使得国家的中高层官员能以更灵活、更富有创造性的方式汲取思想。① 海外学者李琥将"第二轨道"的特点概括为:第一,参与人员的非官方性或称"私人性";第二,所发表意见的非正式性;第三,所探讨问题的现实性和政策趋向性;第四,参与人员身份的多样性;第五,组织成员的交叉性;第六,与政府安全政策制定的相关性。②

东盟地区论坛框架下的"第二轨道"采取的是由非政府的研究机构(通常是思想库)主持召开的一系列对话和研讨会的方式运作,所讨论的问题通常与安全政策直接相关。这些会议所取得的成果为各国政府的决策提供了科学依据,也向东盟地区论坛的高官会议和部长会议提供了有益的建议,从而为推动东盟地区论坛沿着预定方向发展作出了贡献。"第二轨道"的研讨活动多种多样,大体上可分为两类:一类是成员国的政府部门、研究机构和高等院校主办的与东盟地区论坛的议题密切相关的各种不定期的研讨会;另一类是以东盟地区论坛为依托或是作为该论坛的分支机构的一些常设研究机构。这类机构主要有以下几个。

亚太安全合作理事会(CSCAP)。该组织成立于1994年,由20个国家的成员委员会组成,设有指导委员会、秘书处、大会和工作组等组织机构,是亚太地区最具开放性、规模最大、制度化程度最高的"第二轨道"非

---

① 陈建荣:《"第二轨道外交"与东盟地区论坛》,载《东南亚研究》2004年第4期。
② 转引自苏浩:《从哑铃到橄榄:亚太合作安全研究》,北京:世界知识出版社,2003年,第292—293页。

政府组织。① 中国于 1996 年成为该机构的成员，并于次年成立了"中国委员会"。CSCAP 的作用主要是：增进共识、提供政策咨询、推动多边主义。②

东盟战略与国际问题研究所联合体（ASEAN ISIS）。该组织成立于 1988 年，成员为东盟各国国内的智囊机构，现有成员 9 个，包括印度尼西亚的战略与国际研究中心（CSIS）、马来西亚的战略与国际研究所（ISIS）、菲律宾的战略与发展研究所（ISDS）、新加坡国际事务研究所（SIIA）、泰国的安全与国际研究所（ISIS）、文莱的政策和战略研究所（BDIPSS）、柬埔寨的合作与和平研究所（CICP）、越南的国际关系研究所（IIR）以及老挝的外交研究所（IFA）。③ 东盟战略与国际研究所的宗旨是：鼓励东盟各国以政策研究为导向的学者和研究人员之间的合作与协调，促进对影响东南亚和东盟和平、安全与福祉的战略和国际问题的研究，加强信息和观点的交流。东盟地区论坛的设想就是东盟战略与国际研究所提出来的。

亚太圆桌会议（Asia-Pacific Round Table）。该组织由东盟战略与国际研究所召集，并由马来西亚战略与国际研究所负责承办，得到了加拿大国际开发署等多家机构的资金赞助的会议。从 1987 年开始，每年召开一届。它是亚太地区规模最大的讨论安全问题的国际性会议。每年 6 月在马来西亚首都吉隆坡举行。会议的议题非常广泛，而且紧扣论坛的对话进程。该会议现已成为重要的"第二轨道"活动之一，由于与会者都是各国以私人身份出席的政府官员，而且是在东盟地区论坛部长会议前一个月召开，因此对于论坛气氛的营造和各国政策的制定有着重要影响。

"第二轨道"活动由于其独特的组织性质和参与方式，在推动东盟地

① See Desmond Ball，*The Council for Security Cooperation in the Asia-Pacific: Its Records and Its Prospects*，Australian National University，2000.
② 参见陈寒溪：《第二轨道外交：CSCAP 对 ARF 的影响》，载《当代亚太》2005 年第 4 期。
③ 陈建荣：《"第二轨道外交"与东盟地区论坛》，载《东南亚研究》2004 年第 4 期。

区论坛进程、促进亚太各国安全对话与合作方面发挥着不可或缺的重要作用。第一,"第二轨道"已成为亚太各国政府开展安全对话与交流的必要补充。亚太地区一些主要国家之间由于存在着各种各样的矛盾和纠纷,彼此间的相互疑虑较深,加之缺乏多边协调与合作的历史经验,因此仅靠政府渠道很难使它们在一些事关国家根本利益的问题上汇聚在一起,就安全争端展开开诚布公的对话与交流。"第二轨道"论坛的开辟为它们以非官方形式就敏感问题进行对话提供了一个自由、宽松的场合,也为各国政府获取外部信息和制定合作政策提供了很好的反馈渠道。如建立信任措施、预防性外交、海上安全合作、反恐怖主义问题等都是先在"第二轨道"会议上进行研讨和磋商,逐步取得一致意见后,才拿到官方场合讨论并获得认可的。大量的政策专家和以私人身份出现的各国政府官员等,以"私人"身份的发言其实在很大程度上就代表了所在国政府的立场。"第二轨道"的活动已经成为东盟地区论坛的特有模式,也正是这种模式才使得东盟地区论坛具有了生命力。

第二,"第二轨道"已成为推动东盟地区论坛进程的主要力量。东盟地区论坛是处于初始阶段的地区安全制度,其预期目标分为三个阶段,即建立信任措施、开展预防性外交和探讨冲突解决的方式,目前仍处于第一阶段。而无论是哪一个阶段,都离不开"第二轨道"的参与和推动。例如在建立信任措施与预防性外交方面,许多由"第二轨道"提交的政策建议都被采纳。东盟地区论坛的一些重要文件常常是在"第二轨道"成员的帮助下完成的,如《东盟地区论坛预防性外交概念和原则》在提交东盟地区论坛后基本上被全部采纳,并成为东盟地区论坛的核心文件之一。在非传统安全合作方面,"第二轨道"的讨论扩大了东盟地区论坛的议程。由于"第二轨道"的非官方性质,其对话议题受到的限制和约束较小,讨论的安全议题的内容比东盟地区论坛更为深入、广泛,从而加深了东盟地区论坛成员国对综合安全概念的理解,扩大了东盟地区论坛框架下的安全合作的范围。

第三,"第二轨道"对亚太新安全观的形式和维护多边合作起着积极的作用。冷战结束后,原先被掩盖的各种矛盾和冲突重新浮现,新的威胁和挑战也不断产生,但传统的安全思维、安全战略和安全结构仍然盛行。这迫切需要该地区各国更新安全观念,用合作安全、综合安全的思维来指导对外决策,有效应对共同面临的问题。而在推动亚太国家安全观转变的过程中,"第二轨道"发挥了先导、创新、传播和催化的作用。实际上,促使东盟地区论坛应运而生和不断发展的思想基础就是具有亚太特色的合作安全观、综合安全观和多边主义思想,而这些新观念最先都是在非官方的学术研讨和交流层面提出的,并通过"第二轨道"的进一步探讨和宣传而"内化"为各国的政策共识。

总之,东盟地区论坛"第二轨道"的开启发挥了非国家行为体在促进国际协调与合作方面的积极作用,成为协助各国政府处理共同问题、共商合作大计的帮手。这一角色对于推动东盟地区论坛朝着预期目标发展有着不可替代的重要作用。

(三)东盟地区论坛的价值和意义

东盟地区论坛的成立是冷战后亚太地区安全领域的一件具有划时代意义的事件。尽管目前它仍然处在初级阶段,但是对于一个战略矛盾异常突出、政治信任严重缺失且缺乏多边合作经验的地区来说,能够建立起这样一个经常性的区域沟通网络,已经是一个值得庆幸的重大进展了。因此其价值和意义是毋庸置疑的。

首先,东盟地区论坛在促进成员国开展对话交流、增进相互信任方面发挥着不可或缺的积极作用。信任是友好交往的基础,也是和谐关系的前提。亚太国家之间由于在发展水平、政治体制、战略利益和文化认同等方面存在着较大差异,彼此之间难免产生恐惧和疑虑。在此情况下,如果不加强经常性的对话和沟通,就会导致彼此关系朝着越来越紧张的方向演变,不仅和谐共处无法实现,原有的矛盾和争端也会激化,从而破坏各国共同需要的和平、安全和稳定的地区环境。东盟地区论坛的建立和运行顺应了这一需要,为该地区国家尤其是中、美、日、俄、印等主要行为体提供了一个的多边协商和对话的平台。通过这个平台,它们围绕共同关心的政治和安全问题，发表自己的意见，表明自己的立场，寻求共同的观点，从而有助于增进理解、消除疑虑。特别是该论坛采取切合本地区实际的"协商一致"的运作方式，而且反复强调要"以各成员国都感到舒适的进度发展"，从而营造了一个各成员国都期望的自由和宽松的交流环境。也正是基于这个原因，自成立以来，东盟地区论坛的进程不仅从未中断，而且参与的成员越来越多，涉及的议题也越来越广泛。西方学界在评价该论坛的价值时，存在一种非常消极的观点，认为它只不过是一个"橱窗摆设"、一个无力解决实质性问题的"清谈馆"。这种观点虽然也有一定的道理，却忽视了一个关键性的事实，这就是，安全争端的化解需要以敌对意识的消除为前提；实质性问题的解决需要共有认知的建立。因此，即使东盟地区论坛在当前可以被贴上"清谈馆"的标签，这一"清谈馆"的设立也是非常需要的，况且论坛从一开始就不是局限于"谈论"问题，而是着眼于通过"谈论"问题来培养对话习惯、增进互信、寻求共识，为最终开展预防性外交和达成冲突解决方案创造条件。正如中国前副总理钱其琛所说："论坛成员在协调和谅解的气氛中，对话日益深入，共识逐步增多。论坛在促进彼此了解、增进相互信任、维护地区和平与稳定方面发挥着重要作用，正成为亚太地区多边安全对话与合作的主要渠道。"①

其次，东盟地区论坛为亚太国家落实合作安全观提供了一个适宜的框架。合作安全观以"合作而不是对抗"为核心要求，以"互利共赢"为追求目标。这种安全观既与自助式安全战略截然不同，也与同盟安全和集体安全模式有着本质区别。作为一种能够使各方都获得益处的安全理念，它的实现虽然在当今的国际条件下还存在这样或那样的障碍，却已成为国际社会最为向往的目标，也已成为许多国家最为推崇的安全手段（尽管还不能说已成为它们最为倚重的手段）。如果能够使亚太地区合作安全观的主要主张得到全面落实，那么该地区持久、公正的和平与稳

---

① 钱其琛在东盟地区论坛第三届会议上的讲话。新华社 雅加达 1996 年 7 月 23 日电。

定就有望得到保障。在此方面,东盟地区论坛的创立无疑是一个积极的尝试。例如,该论坛所强调的"建立信任措施"实际上就是促使成员国向彼此提供"安全保证"的具体体现;而其"协商一致"的决策方法、"循序渐进"的推进方式和"最低限度的制度化"要求则是对成员国利益的差异性和国情的多样性的充分体谅和关照。尽管这种安排存在进展缓慢、效率低下的缺陷,但却是现有条件下能够找到的唯一可行的方法。因此,在评估东盟地区论坛的作用时,必须把它所立足的"地理区域"的特定形势和需要作为一个重要的参照,而不能简单化地将其与其他一些地区(如欧洲)的合作模式作对照。总之,东盟地区论坛的建立开创了亚太合作安全的先河,它的推进是对以权力竞争为手段的安全政策的必要补充,是对由此而引起的事与愿违的国际政治后果的必要缓和。

再次,东盟地区论坛对东亚地区的大国矛盾起到了一定的调节作用,有利于大国关系的稳定和该地区总体形势的缓和。大国向来是国际政治的主宰,大国关系的性质和走向是决定国际关系稳定与否的首要变量。东亚地区本来就是大国力量汇聚之地,出于各种各样的原因,中美、中日、日美、日俄等国家之间存在不同程度的矛盾和纠纷,其中任何一对关系的紧张都会对本地区的安全局势产生严重的消极影响。论坛的建立和运行为它们提供了一个无拘无束的磋商场所,在它们之间不便进行直接的双边接触时,可以通过这一经常性的会议渠道,保持必要的联系和交往。例如,1995—1996年中美两国因台海危机而关系紧张时,双方外长通过第三和第四届东盟地区论坛部长会议的时机进行了直接交谈,使双方明确了在一个中国的原则下处理台湾问题的共识,从而在一定程度上缓和了紧张局势。从更为广泛的角度看,论坛所提供的年度性的官方交往渠道和多种半官方、非官方的交流形式,使这些大国之间能够保持不间断的接触,并通过对彼此关心的问题进行磋商来寻求妥协或是共同立场。这有助于促进大国关系的良性互动,抑制它们之间各行其是的决策行为和相互对抗的政策结果。

最后,东盟地区论坛有助于促进亚太国际关系的平衡,推动国际格局多极化的发展。"东盟地区论坛"是"大国平衡"外交的产物,是东盟平衡大国力量的一个非常重要的制度框架。通过这一框架,东盟把各大国都吸引进来,促使它们对地区安全做出承诺,对自己的行为进行克制,而各大国之所以愿意参与这一框架,接受多边对话的模式,不仅是因为这符合它们增进交往、减少疑虑和应对共同威胁的需要,也是因为它们也希望借助这一平台对潜在对手进行牵制和约束,防止其做出不利于本国利益的政策选择,或是将自己的意志凌驾于其他国家之上。从此意义上讲,东盟地区论坛也扮演着大国关系的"润滑剂"和"平衡器"的角色。它之所以能够发挥这一作用,是因为:(1) 它是一个非强制性的和协调性的交流场所。所谓论坛(forum),一般指"公共集会的场所","谈论并表达观点的集会活动",或者是"为特定目的举行的讨论会"。① 因此,从字面上说,东盟地区论坛实际上就是亚太国家就共同关心的地区安全表明立场、宣示政策、提出建议并展开讨论的场所。东盟在推进论坛进程时一方面努力确保自身利益的维护和实现,另一方面也注意照顾大国的利益取向,采取灵活、渐进的方式,谋求其与大国之间以及大国与大国之间关系的总体平衡与稳定。正如有学者指出的那样,东盟地区论坛"把该地区的主要力量尤其是中国和美国联系在一起,促使它们经常联络,避免疏远、猜疑和冲突",防止它们相互敌对,谋求对对方和地区的支配权。② (2) 东盟地区论坛是一个包容性和广泛性的机制。从大国参与程度上看,除中、美、日、俄、印等亚太大国外,英、法、德三国也以欧盟为依托参与了论坛的各项活动,因而它是"目前世界上所有大国都参加的一个地区性安全框架"③。从论坛涉及的议题来看,东盟要求所有大国就重要的政治与安全问题与东盟展开对话,议题涵盖政治、经济、军事、文化和环

---

① Longman Modern English Dictionary, Longman Group Ltd., 1968, p.409.

② Catharin Dalpino and Bates Gill, ed., *Brookings Northeast Asia Survey*, 2000－01, *Center for Northeast Asia Policy Studies*, The Brooking Institute, pp.7－8.

③ Sheldon W.Simon, "ASEAN Regional Forum", David G.Wiencek & William M.Carpenter, ed. *Asian Security Handbook: An Assessment of Political—Security Issues in the Asia—Pacific Region*, M.E.Sharpe,Inc.1996, p.42.

保等诸多领域,包括朝鲜半岛问题、反恐问题、人权问题、美日防卫问题等,而且所讨论的议题大都涉及大国的切身利益,有些甚至是核心利益。所以各大国都对东盟地区论坛表现出兴趣,希望借助论坛发挥作用。正如美国太平洋战区司令布莱尔指出,"东盟地区论坛国家能够找到许多我们可以合作并且共同感兴趣的领域"。基于对各自国家利益的不同考量和诉求,有些国家特别是弱小国家把论坛看作是维护自身利益的舞台,但是有些大国却把论坛看成是推行霸权、遏制其他国家崛起的工具。针对这一企图,作为论坛设计者和主办者的东盟,巧妙地借助大国的力量,推行"以夷制夷"的策略,防止任何一方单独坐大。(3)东盟地区论坛的运作采取的是东盟主导下的各国协商、全体一致的原则。东盟在其中的核心地位尽管引起一些大国的嫉妒和不满,但也是它们难以扭转的客观事实。这在一定程度上有利于亚太地区国际力量的多元化,有助于抑制美国利用其前沿军事存在和双边同盟体系在地区安全事务中谋求单极支配地位。

三、中国参与东盟地区论坛的政策思考

中国是东亚地区的主要大国之一,也是东盟地区论坛的一个非常重要的参与者。中国的这一角色决定了东盟地区论坛与中国的国家利益有着密不可分的联系。为了使该论坛能够更好地为中国的对外战略服务,在维护地区和平与稳定方面发挥更大的作用,有必要对该论坛与中国的互动关系做一评析,并在此基础上就中国如何进一步增进参与质量得出有益的结论。

(一)东盟地区论坛在中国安全战略中的定位

安全战略是为国家的总体战略服务的,是一个国家为了确保其总体战略目标的实现而在国际安全领域进行的较长时期的、全局性的谋划和方略,其目的在于维护本国的主权独立和领土完整,并为本国的生存与发展造就一个有利的国际环境。中国在21世纪前期所确立的总体战略

目标可以概括为三个方面：一是加快经济发展和社会进步，增强综合国力，尽快达到中等发达国家水平；二是维护国家主权和领土完整，促进海峡两岸统一大业的早日实现；三是扩大国际影响，促进世界的和平与发展。由此可以推衍出中国安全战略在当前和今后相当长的一段时期内所要实现的基本任务，这就是：(1) 为国内的改革开放和经济现代化建设造就一个和平、安全、和谐与稳定的国际环境；(2) 制止"台独""藏独""疆独"等各种分裂主义势力，消除一切不利于两岸和平统一和国家稳定的外部因素；(3) 积极参与国际安全事务，为维护世界的和平与稳定作贡献。

中国作为一个东亚大国，其利益和目标的实现与东亚地区休戚相关。这就决定了中国必须把东亚作为外交工作和安全战略的首要立足点。无论从塑造和平稳定的安全环境上讲，还是从促进祖国和平统一和扩大国际影响上看，中国都应该把东亚作为一个重点区域来对待。而东亚地区安全形势的现状和特点又决定了中国必须把参与东盟地区论坛作为实现本国安全战略任务的一个必要环节和手段。

首先，东盟地区论坛是中国增信释疑、展示和平大国、合作大国和负责任大国的国际形象与威望的重要平台。增信释疑是中国在谋求和平崛起过程中需要认真加以对待的一项工作。中国作为一个综合国力与日俱增、利益空间日益扩展的大国，其崛起势头已经引起国际社会尤其是周边各国越来越强烈的反应。这其中既有积极的一面，也有消极的一面，还有不确定的一面。对于积极的一面，我们自然要努力加以维护和巩固；对于消极的一面，我们需要努力加以消除，即使无法保证彻底消除，也要尽可能地使之得到化解或是将其降低到最低限度；至于不确定的一面，我们则要努力加以引导，促使其朝着对我有利的方向转化，至少要确保其不向相反的方向转变。为什么要强调这一点呢？因为这涉及国家形象和威望在国际关系中的地位和作用问题。国家形象和威望作为软实力的重要组成部分，是国家权力的一个重要来源。这一点不仅被"软实力"理论强调，也已被当今国际关系的实践证明。如果一个国家享有良好的国际声誉，它就容易获得广泛的盟友和合作伙伴，它的对外政策就容易得到其他国家的理解，它所提出的倡议就容易得到它们的支持和响应，它所追求的政策目标也就容易获得实现。反之，如果一个国家被当作威胁、敌人或挑战者看待——无论是现实的还是潜在的，那么其他国家就会对其采取回避、防范甚至对抗的态度和立场，一旦它们感到仅靠自身力量无法应对这个威胁和挑战，它们还有可能会采取结盟的手段，形成集体抗衡之势。其结果必然是安全困境有增无减，安全环境日趋恶化，进而增大本国推行战略目标的阻力。虽然在无政府的国际条件下，拥有强大实力的国家可以无视这种阻力，凭借强权获取一己之利，但由此造成的代价却是巨大的，有时甚至是得不偿失的。具体到中国身上，塑造和平稳定的安全环境意味着中国必须树立"和平大国、合作大国和负责任大国"的国际形象和威望，营造亲善、友好的舆论环境。鉴于目前东亚地区还有不少国家对中国和平发展的道路选择缺乏足够的信任，对中国在拓展国家利益过程中是否会采取扩张行为怀有担心，对中国"永不称霸"的政策宣示不够放心，对中国军费的增长和军事现代化进程缺乏理解，对中国最终将如何处理领土争端怀有疑虑，因此，有必要在"增信释疑"方面继续努力，并将其作为外交和安全政策的一项经常性的任务来抓。

"增信释疑"可以采取多种渠道和形式，除双边渠道的各种层次上的接触和交往之外，还包括利用各种国际论坛和组织开展多边形式的对话和交流，而且这种形式的效果更为明显，因为这种形式涉及较多的行为体，所发表的政策宣言更容易产生国际效应，所达成的共识具有更为广泛的道德或法律效力，所以更容易得到国际社会的认可和信任。东盟地区论坛就属于这样一种多边性质的国际安排，而且尤其适用于在无拘无束和开诚布公的条件下开展"增信释疑"，因为这一安排的主旨和基础性任务就是"建立信任措施"，通过推进这一进程，增进成员国之间的相互理解和信任，消除彼此之间的担忧和怀疑，为在实质性问题上开展合作创造条件。

其次,东盟地区论坛是缓解美国双边同盟体系的压力、实践"新安全观"和"亚洲安全观"的重要场所。冷战结束后,美国成为影响我国国家安全的最大外部因素。出于塑造良好的地区环境和维护国际和平与稳定的考虑,我们真心希望在平等相待、互不干涉原则的基础上与美国发展相互信任、友好合作的关系。但是美国出于建立单极霸权的目的,把日益强大的中国视为其最大的战略威胁和对手,并从多个方面对中国进行遏制,手段之一就是不断强化和调整其在东亚的双边军事同盟和前沿军事存在,而且这两个安排是相互交织、互为依托的。当然,不能说美国此举的唯一目的就是针对中国,但其中所包含的围堵和压制中国的一面却是显而易见的。美国在东亚的这一战略布局所造成的影响至少有三方面的:一是加剧了中国与美、日、澳、菲、韩等美国的盟国之间的互不信任和战略矛盾,给中国与这些国家战略安全关系的改善造成了难以克服的障碍,进而不利于整个东亚地区合作安全的实现;二是助长了"台独"分裂主义势力的气焰,加大了中国谋求国家统一的难度;三是限制了中国与作为美国的同盟伙伴的国家在军事领域开展合作的空间。鉴于美国在可预见的将来无意改变其以双边同盟为支柱的战略举措,也鉴于上述成员对于同美国结盟抱有一定的期望,因此我们可以做的与其说是设法促使这些安排尽快解体,不如说是尽可能地扭转其同盟伙伴对于中国的消极认知,缓解这些安排对于中国已经和将会继续造成的压力,使其失去用武之地,或者说架空其在东亚安全秩序中的作用。可以采取的办法除在双边层面上寻求突破之外,还需要从多边和区域角度入手,包括东盟 10+3、东亚峰会、朝鲜核问题六方会谈、东盟地区论坛等。以后者为例,它是该地区唯一一个全区域性的以合作安全观为指导的安全框架,而合作安全观与中国政府近年来所倡导的"新安全观"在本质上是一致的,都主张摒弃以武力威慑和同盟对抗为基础的安全结构,代之以通过协商对话,增进相互信任,培养合作习惯。因此,只要大力推进东盟地区论坛等多边合作安全机制的发展,在这些框架内与有关各方保持磋商,共同探讨合作性的争端管理方法和应对共同威胁的途径,美国以双边同盟网络为支柱、以武力威慑为基础的东亚战略部署就会失去实际效用,美国利用这些安排主导东亚安全秩序的图谋就会落空。从此意义上讲,合作安全是防止美国支配东亚安全的可行途径,是抵消美国利用双边同盟安排对中国施加压力的有用手段,而东盟地区论坛则可以成为中国推进东亚合作安全进程的一个重要平台。

(二)中国促进东盟地区论坛健康发展的政策原则

东盟国家在发起创建东盟地区论坛时,一个重要的战略考虑是试图把中国纳入一个由其主导的多边网络之中,以达到借助制度规范和区外大国的力量限制和约束中国的目的。同时,美日等国也企图谋取该论坛的主导权,并利用其加强对中国施压。在此情况下,中国担心这一机制会不会受到西方大国的操纵,会不会成为它们干涉中国和其他亚洲国家内政的工具,会不会成为东盟国家联合制华的场所。[①] 但另一方面,中国也认识到,中国与外界联系的增强需要中国融入国际多边框架之中,亚太地区安全的机制化趋势已不可避免,中国只有积极参与到这些议程当中,才有可能更有效地维护本国的利益,也才有可能在东亚安全秩序的创建中有所作为。中国还认识到,东盟地区论坛作为一个以协商对话形式运作的会议场所,有利于增进亚太各国对中国和平发展政策的理解,有利于就共同关心的问题交流意见,达成共识。因此,中国采取了积极而谨慎的态度,从一开始就全面参与了该论坛的进程。1994 年 5 月,中国外交部部长助理王英凡出席了东盟地区论坛的"高官会议",并提交了一份建议书,表明了中国政府对该论坛的态度,认为:东盟地区论坛使成员国有机会聚集在一起,就地区政治安全问题交换意见,将对亚太地区安全形势的走向产生积极影响。中国支持东盟国家倡议举办该论坛,并将积极参与有关对话,为论坛的顺利发展作出贡献。在 7 月举行的第一届东盟地区论坛部长会议上,中国副总理兼外长钱其琛在发言中明确表

---

① Michael Richardson, "A step ahead on Asian security", *International Herald Tribune*, 26 July 1994, p.2.

示,中国政府支持成立东盟地区论坛,希望论坛成为亚太国家在政治和安全问题上扩大共识、增进信任的对话场所。[①] 1996 年 3 月,中国和菲律宾政府在北京承办了建立信任措施会间辅助组会议,其间还邀请各国代表参观了中国的军事单位和军事演习。这是中国第一次承办多边安全对话会议。中国还先后主办了东盟地区论坛的热带卫生与热带疾病防治军事医学研讨会、中国安全政策培训班、第四届国防院校校长会议和军转民合作研讨会。中国承办了东盟地区论坛海洋信息资料中心,参加了东盟地区论坛建立信任措施的跨国犯罪专家小组会议,提交了跨国犯罪问题的国别报告,并定期向论坛提交年度安全展望报告。在 2001年举行的第八届东盟地区论坛部长会议上,中国提出支持论坛逐步开展非传统安全领域的对话与合作,并重申关于通报和派员观察多边联合军事演习的建议。2002 年 5 月,中国向东盟地区论坛高官会议提交了《关于加强非传统安全领域合作的中方立场文件》[②]。在 2004 年举行的第十一届东盟地区论坛部长会议上,中国与东盟商定成立一个"东盟—中国工作组",以监督《南中国海行为宣言》的实施。

以上事实表明,中国参与东盟地区论坛的态度是认真的,行动是积极的,所做出的贡献也是显然的。中国以其建设性的参与和卓有成效的外交努力,不仅规避了起初所担心的不利后果的出现,还有效地提高了国际声望,维护了国家利益,同时对于抑制亚太地区的潜在冲突、促进安全互信与合作也做出了重要贡献。今后中国应继续全面参与东盟地区论坛的活动和进程,稳步推进其沿着健康轨道发展。为了使其更好地为中国的对外略目标服务,促进亚太合作安全新秩序的建立,中国应该注意把握以下几方面的原则。

第一,继续支持东盟地区论坛等多边框架内的合作安全进程,防止美日利用双边同盟安排支配东亚安全。合作安全是与同盟安全截然不

---

① 苏浩:《从哑铃到橄榄:亚太合作安全研究》,第 396、398 页。
② 《2002 年中国的国防》,中华人民共和国外交部网站 http://fmprc.gov.cn/chn/43817.html。

同的两种安全合作模式。前者以非敌对性、开放性、包容性和渐进性等为特征,旨在把包括敌手在内的所有与地区安全有关的成员都纳入进来,通过能够使各方都感到满意的方式和进度,寻求安全利益的汇合点,促进成员间的沟通与合作,最终达到互利共赢、共同安全的结局;同盟安全则是以对抗性、封闭性和排他性等为特征,旨在通过成员内部的军事合作与防务联合,对共同认定的敌国进行集体威慑、遏制和恐吓,以此保障同盟内部成员的安全,并谋求在地区战略格局中的优势地位。国际关系的历史表明,这种安全模式只会加剧与敌对方的安全困境,是恶化安全环境、刺激军备竞赛、引发战争危机的重要根源。就东亚地区的安全与稳定而言,中美日三大国是最为重要的力量,它们之间相互关系的走向是最为关键的决定性因素。但是美日两国不断强化含有明显的针对中国一面的军事同盟安排,导致中国与美日之间的战略矛盾有增无减。这一局面不仅加大了中国的安全压力,也给整个东亚地区的稳定罩上了阴影。然而,美日两国不仅无意松懈它们针对中国的遏制政策,而且还将它们防务合作的范围扩大到整个亚太地区,力图使之成为该地区安全的"公共财产"(public goods)。因此,无论从狭义的中国安全环境的角度看,还是从广义的东亚和平与稳定的角度看,美日同盟的强化都是一件只会加剧紧张局势的动向。如果容忍这对同盟安排凌驾于整个地区的安全结构之上,其结果,不是大国关系的进一步紧张,就是该地区各国以牺牲自由和主权为代价而被置于美国军事强权的支配之下。

抵消美日同盟实际影响的唯一办法就是推进合作安全模式的实现。如果合作安全模式能够真正地建立起来,不仅中国与美、日之间的战略困境有望得到缓解或消除,而且东亚其他国家也有望迎来宽松的安全环境和外交空间。在此方面,作为合作安全施展平台的东盟地区论坛必然具有其适用价值。尽管这一机制目前仍处于不成熟阶段,但是如同任何一件新生事物一样,只要精心加以培育,完全有可能结出积极的成果。对于中国而言,我们需要做的就是一如既往地参与论坛活动,支持论坛进程,推进论坛发展。

第二,加强与东盟国家的协调与合作,大力支持东盟在论坛中的主导权。主导权问题是国际机制领域斗争的一个焦点,也是影响国际机制议事日程和发展方向的一个关键性因素。东盟地区论坛从成立之日起就面临着主导权之争。东盟国家创建这一论坛的目的在于通过掌握亚太安全对话的主动权来为其合作安全观的推广创造条件,同时利用这一框架推行大国平衡战略,以此凸显东盟在地区格局中的地位。美日等大国则一直谋求把这一论坛的主动权抓在自己手中,将其作为贯彻本国战略意图的工具。因此,一旦东盟地区论坛被它们主导,其现有的"论坛"性质、"协商一致"的运作方式以及最低限度的制度化安排等都有可能会被改变,其结果必然会形成对中国不利的局面,也会对符合东亚特点的合作安全模式的建立造成损害。相比之下,由东盟掌握论坛的主导权无论对于中国还是整个地区来说,都是最佳选择,因为:(1)东盟国家都是些实力相对弱小行为体,即使它们中有个别国家怀有对外扩张的意图,也不具有对外扩张的能力,因此不会对区外任何大国构成威胁,况且东盟的战略目标是,对内通过加速东南亚的一体化进程,实现联合自强,建立区域经济、安全和文化共同体;对外通过与各大国合作,增强自身发展的动力和地区和平的前景,为此它们迫切需要一个安全稳定的周边环境;(2)论坛的主导权保持在东盟手中,有助于缓解中美日俄印等大国之间围绕这一框架内的安全合作的领导权问题所产生的相互怀疑,也有助于缓解它们之间在此问题上的矛盾和斗争,进而有利于这些大国之间保持对话与合作的积极势头;(3)东盟倡导的安全对话模式符合东亚国际关系的现实和该地区多边主义的发展模式,同时也与中国提出的以"互信、互利、平等、协作"为核心的新安全观具有本质上的相通之处;(4)东盟国家虽然对中国怀有防范心理,希望利用制度规范和区外大国来对中国进行约束和制衡,但是它们并不愿意看到中国在地区合作进程中无所作为,在与其他大国的关系中处于绝对的劣势地位,相反,它们所期望的是这些大国各尽所能、各显其长,在东盟编织的制衡与合作相结合的框架内,通过东盟的组织和领导,共同为本地区的安全和稳定作贡献。因此,对于东盟在论坛中的主导权问题,我们要用全面和辩证的眼光来看待。至于它们旨在防范和制衡中国的意图,我们则需要通过与它们加强沟通和协调来尽可能地加以缓解。只要继续加强与东盟在各个层次和领域的协调、配合与合作,中国在该论坛中的地位和影响力必定会进一步提高。

第三,努力维护"协商对话"的运作方式和"循序渐进"的制度化进程,防止论坛演变成为干涉成员内政的工具和约束力过强的组织机构。

国际机制是国际合作的必要载体,但是特定国家或地区在开展合作时采取什么样的机制模式,则需要根据它们的具体情况来确定。如果它们在发展水平、意识形态、利益需求和价值观等多方面存在着较多的共同点,那么就比较容易建立起以共同规范为基础的机制安排,其合作的效率也会比较高;反之,如果它们在许多重要方面存在较大差异,或是彼此之间的差异性远远超过了它们之间的同质性,那么就不太容易达成共同认可的规则规范和高度制度化的合作安排。在此情况下,为了把所有各方汇聚在一起,促使彼此开展合作,就必须因地制宜,充分照顾各方的利益需求,采取能够使各方都感到满意的方式运作,并为此而营造自由、宽松的交流环境。因此,协商对话是一个非常必要的初始环节。只有通过广泛而深入的协商对话,才有可能找到利益的汇聚点,也才有可能为开展实质性的合作创造条件。另外,由于在初始阶段,重点在于通过协商对话培养合作的意识和习惯,因此除了就对话方式、对话渠道和对话领域等达成原则性的规定,不宜对成员在具体问题上的行为做出过于严格的限定。否则就有可能导致对话框架的破裂,进一步的合作更无从谈起。

上述分析特别适用于亚太国家的现状和合作要求。东盟地区论坛的组织结构、运作方式和渐进式的推进目标,就是为了适应该地区的现状和要求而设定的。实践证明,它也是符合绝大多数成员国的愿望的,是该地区国家在安全领域开展多边合作的唯一可行的选择。

朝贡制度对当代中国周边外交的启示 *

冷战结束以来，随着中国不断崛起，有关中国古代对外关系的研究日益活跃。朝贡关系作为古代中国官方外交的主要形式，也受到越来越多的关注，相关成果不断问世。不过，已有成果一般仅限于对这一关系模式本身进行描述和解析，没有或很少涉及其对当代中国外交的启示意义的讨论。而这一点是非常必要的，因为一方面，朝贡关系是古代中国在东亚世界所享有的优势地位的产物，而今天的中国在实力地位方面已经开始显露出某些与古代时期类似的趋势。在此背景下，国际上已开始有舆论怀疑今天的中国是否力图恢复历史上的朝贡体系，未来东亚的国际体系是否会再现历史的回归。另一方面，朝贡制度作为古代中国王朝推行的一种外交政策，总体上看是比较有效的，不仅满足了朝廷的利益需要，也维护了周边和谐和地区稳定，而今天的中国同样面临着如何建构睦邻关系和地区秩序的问题。另外，朝贡外交也并非没有瑕疵，所留下的教训也是值得反思的，这就使得朝贡关系研究具有了更加现实的意义。基于这一考虑，本研究采取历史经验总结与现实政策分析相结合的方法，从中国周边外交的指导原则、国家威望的实力来源、大国与小国交

---

* 本文为作者参加 2017 年南京大学历史学院主办的"历史研究与国际关系"学术会议交流论文。

往之道、道义与利益的相互关系,以及如何对待异国文化这五个方面入手,分析朝贡制度带给当今中国带来的启示。

一、朝贡制度概要

朝贡制度是古代东亚世界一种独特的国际关系模式。它既是古代中国在综合国力方面处于优势地位的产物,也是中国传统的"华夏中心主义"天下观、儒家伦理及治国理念在对外关系中的延伸和体现。其中,前者是其建立的物质基础,后者是其产生的思想渊源。二者相互结合、相互影响,使得朝贡关系既体现为以中国为中心、外夷为边缘,中国为上、外夷为下的形式上的等级制关系模式,同时又表现出和平、稳定、互利和有序的特点。这是朝贡关系独特性的一个重要体现。

朝贡体系是通过四种机制来维持的:一是"朝贡"与"回赐",也就是朝贡国的国王或由其派遣的使者前往中国朝廷,向"天子"朝觐,并向其进献贡物,以示对"天朝"的臣服和尊敬,作为回报,朝廷则给予朝贡者丰厚的"回赐",以示对臣属的爱戴和恩典,有时还会对其国王或使臣予以"册封",以示认可为正统。这是朝贡关系的核心环节,是中国与朝贡国之间(名义上的)君臣隶属关系的主要象征。二是朝贡贸易。外国使团来贡时一般都会携带大量货物,其中一部分是作为贡品奉献给中国朝廷的,被称为"正贡",但只占很小比例,其余皆为使团以及随行商人的私人物品,数量往往超过"正贡"的十倍甚至数十倍,用于进行交易,交易地点一般设在京城、边境或沿海商埠等指定区域。三是朝贡"礼仪"。为了保障朝贡及朝贡贸易有序开展,中国历代朝廷都订有一套严格、繁复的规则和程序,只不过正式化程度和具体细节各朝不一。这些规则和程序涉及朝贡使团的规模、贡期、贡道、接待、表文、勘合、互市等诸多方面。四是双向往来。朝贡关系作为官方交往的主要形式,不仅表现为外国使者"慕义来朝"以及从事朝贡贸易,也表现为中国朝廷主动遣使,宣德域外,招徕朝贡。每逢新帝即位、新朝建立时,这种情况尤为多见。因此,不能把朝贡关系片面地理解为朝贡国单向的外交行为,似乎只有外国慕义来朝,中国皇帝只是坐等朝贡,就像这个词语的字面含义所显示的那样。

朝贡关系作为一种外交制度,始于两汉,经过长时期的发展演变,到了明代臻于完善。有学者经过对明清两代朝贡关系进行研究,依据朝贡的次数和频率、对明朝政治隶属关系的强弱,以及对中国文化的认同程度,将其划分为三个类型:第一类是"实质性的朝贡关系"。其主要特征是朝贡国向明朝称臣,定期遣使纳贡,采用明朝年号和历法;明朝廷对其国王予以册封,赏赐,再对其贡物予以回赐。这类朝贡关系具有较强的政治隶属性质,明朝与朝鲜、琉球、安南、占婆等国的关系皆属此类。第二类是"一般性的朝贡关系"。属于这类朝贡关系的国家一般都在一定程度上认同中国文化,有些也接受明朝廷授予的名义封号,但贡期较长,也未必固定。这种朝贡关系不具有君臣主从关系的实质性内涵,随意性较强,朝贡的经济意义更为明显。日本、暹罗、爪哇、真腊、满刺加、苏门答腊、勃泥、苏禄、三佛齐等皆属此类。第三类是"名义上的朝贡关系"。属于这一类型的朝贡国仅看重朝贡的经济意义,实际上是借朝贡之名,行贸易之实,它们与明朝之间仅仅是一种贸易关系,明朝一般也不对这些国家规定明确的朝贡义务,是否朝贡,纯属自愿。明代典籍所载 100 多个朝贡国中,大多属于名义上的朝贡关系,而且在整个明代,朝贡次数只有一两次的国家占朝贡国总数的一半还多。①

朝贡关系对于中国王朝与朝贡国来说有着不同的功能和含义。对朝贡国来说,"奉正朔,求册封,定名分",便可得到强大的中国王朝的承认和保护,从而获得政治合法性,保障自己的安全,同时又可以从"厚往薄来"的朝贡贸易中获得丰厚的经济利益,包括超过所贡之物数量或价值数十倍甚至数百倍的"回赐",以及在中国通商的权利和机会。那些受册封的国家,由于名义上讲是"天朝"的属国,因此在遭到别国侵略时,还

---

① 李云泉:《朝贡制度史论——中国古代对外关系体制研究》,北京:新华出版社,2004 年,第71—72 页。

可以奏请中国朝廷出面干预,当国内爆发叛乱时,受册封国则可向中国朝廷借兵剿平,一旦发生篡权僭位时,下台贵族又可以到中国,以"受天子之封"为名,求为正统。① 对于中国朝廷来说,其功能首先是"宣扬国威"和"德化天下",以赢得外国的仰慕和"君天下""天下共主"的虚名;其次是企望获得"屏藩",实现"守在四夷",维护天朝安宁;再次是获得外国对其统治合法性(即所谓"天命")的承认,尤其是在新帝即位或是政权陷入虚弱之时。② 还有一个功能是,朝贡关系还承担着传播中华文化的使命。如中国朝廷在回赐外国来使的同时,也会应对方要求,把本国的典籍、历法、兵器和工艺产品相赠,甚至派遣学者和技术工匠到朝贡国,进行文化传播和技术援助。③ 由此可见,朝贡制度兼具政治、安全、经济和文化四重功能,只不过对于中国朝廷来说,所看重的是其政治、安全和文化功能,对于朝贡国来说,所关心的主要是从中获得经济利益,经济功效更突出。而且,随着从朝贡及朝贡贸易中获得的回报越来越多,许多国家往往把朝贡当作贸易的手段看待,并乐此不疲。由于这种贸易非常合算,所以经常会出现朝贡国的实际入贡次数超过中国朝廷规定次数的情形。

朝贡关系的建立,不是靠武力威逼或征服,而是靠"宣德化而柔远人"的怀柔政策以及"厚往薄来"的让利贸易。所以,双方的关系不是征服者与被征服者的关系,也不是统治者与被统治者的关系。朝贡关系的建立只是表明中国王朝从"属国"那里获得了统治天下的"道德权威",以及对这些"属国"政权合法性的确认,并不意味着中国王朝有权对其内政外交进行干涉。实际上,除了要求承认中国为"天朝上国"以及表示接受

---

① 不过,在实际操作中,古代中国王朝出兵干预朝贡国内部动乱、外交纷争和冲突的事例并不多见,尽管周边国家这方面的事件比较频繁,因为古代中国奉行的是对外干预最小化的政策,而这又是由中国战略文化所固有的保守性和防御性所决定的。

② 例如,宋朝军事力量弱小,经常受到来自北方和西北的游牧武装的威胁。因此,宋廷对保持和巩固朝贡体系抱有特别强烈的兴趣。据《宋会要辑稿蕃夷》记载,与宋朝有朝贡关系的属国共 26 个,共进行了 302 次朝贡。见李金明、廖大珂:《中国古代海外贸易史》,南宁:广西人民出版社,1995 年,第 104 页。

③ 韩昇:《东亚世界形成史论》,上海:复旦大学出版社,2009 年,第 43 页。

中国的礼仪制度之外,中国朝廷从未对朝贡国行使实质性的权威。正如有外国研究者揭示的那样:"当来使在中国皇帝面前鞠躬的时候,他们实际上是在承认中国皇帝在文化上的优越性,而不是针对他们的国家的政治权威。"①另有外国学者指出:"朝贡体系更像是一种文化和道德体系,而不是政治管理体系或经济体系。皇帝拥有至高无上的权力,但他的控制往往是象征性的。"②总之,朝贡国只是在名义上臣服于中国,但实际上保持着独立自主地位和原有的社会组织形态不变,其主权和领土完整并没有受到侵犯,其内政外交没有受到干涉。中国朝廷从不在朝贡国设立任何行政代理机构,不向其派遣任何一级官吏,不向其输出本国的律令和政令,不向其征调劳役和兵役,不向其进行有组织的移民,也不要求其缴纳任何赋税,而是尊重它们既有的政经制度、宗教信仰和风俗习惯。

由此可见,朝贡关系的最基本特征是:臣服但没有控制、册封但无碍自主、纳贡但回报更丰。这与帝国主义体系下的宗主国与附属国之间的关系迥然不同。尽管朝贡关系包含着一定的不平等成分,体现的是一种等级制的国际关系模式,但这只是徒有虚名。"处于下位的国家虽然不被允许同中国平等自居,但它们在实际行动上却享有实际的自由度",这使得"以中国为中心的儒家秩序"表现出"形式上不平等、但实质上平等"的特点。③ 另外,这种秩序即使在形式上表现为不平等,但由于是建立在儒家"礼治"思想和"礼仪"制度之上,因而确保了处于不同地位的国家之间权利和义务的总体平衡,使得它们不仅能够以"礼"相待、和平共处,还能够互利往来、各取所需。这才是朝贡关系的真正含义,是其独特性的另一个体现,也是这种关系得以长期延续的根本原因。

---

① Christopher Reus-Smit, "The Constitutional Structure of International Society and the Nature of Fundamental Institutions," *International Organization* Vol. 51, No. 4, 1997, p. 306.

② [英]马丁·雅克:《当中国统治世界》,张莉译,北京:中信出版社,2010年,第213页。

③ David C. Kang, *The Nature of the Chinese Hegemony in the Early Modern Era: Implications for Today*, p. 4. http://www.doc88.com/p-7146852025774.html.

二、朝贡关系的历史启示

朝贡体系是古代中国与东亚各国交往的最基本的关系模式。这一体系虽已成为历史,但留给我们的遗产却是非常宝贵的,对于思考今天的周边政策有着非常重要的启示意义。

(一)以王道为主旨的睦邻外交政策

国际政治是一个分权的体系,在这一体系中,大国的地位更突出一些,其政策选择对于国际秩序的塑造至关重要。这就涉及大国究竟需要建立什么样的国际秩序以及以什么方式建立国际秩序的问题。在此方面,古代中国与西方大国所采取的政策是完全不同的,结果也迥然相异。西方大国普遍采取的是以建立帝国和霸权为目标的强权政治政策。这种政策非但未能确保它们的帝国和霸权长命不衰,反而导致体系性战争频仍,秩序不断崩溃。整个欧洲国际关系的历史就是一部以争霸为主线、以战争为动力的帝国兴衰往复、霸权转移与再转移的过程。

与欧洲的这种体系模式相比较,古代东亚的体系模式则显示出惊人的和平性、稳定性和连续性。其中的原因,一方面与体系独特的权力结构有关,另一方面也与作为体系中心国的中国的文化传统及外交理念密不可分。从权力结构方面看,近代以前的东亚世界一直以来只有一个真正意义上的大国即中国,中国以外的其他各国无论在经济还是军事上都无法与之相抗衡。这从体系层面排除了权力竞争的可能性,进而也就免除了均势政治和霸权纷争的弊端。另一方面,由于权力高度集中,使得等级制的体系结构成为必然。但是,等级制的权力结构并没有导致帝国或霸权秩序的建立——这在国际关系史上是独一无二的。[①] 出现这种独特现象的原因在于,作为有能力和条件在东亚地区建立帝国或霸权秩序的古代中国并没有推行帝国主义或霸权主义的对外政策,而是推行基于

[①] 国外学界在研究古代东亚及中国对外关系时虽然也经常使用"中华帝国"这一词语,但其含义同西方语境下的"帝国"有着很大区别,仅指古代中国文化影响力所覆盖的范围,而不包括政治或经济统治及压迫的成分。

王道——而非霸道——思想之上的睦邻外交政策。

王道与霸道之争,即王霸之辨,是中国古代思想史上的一个重大论题。它涉及内政和外交两个方面,争论的核心是:治理天下和赢得天下领导权应以仁德为基础,还是以强权为基础,由此形成儒家和法家两大对立派别。儒家坚持王道论,主张为政者要施"仁政"、行"德治",要"以德服人",而不是"以力服人",因为"以力服人者,非心服也,力不瞻也;以德服人者,中心悦而诚服也"①。儒家还把这一思想沿用到对外关系上,主张对邻国要奉行安抚和怀柔政策,用道德和文化的感召力来影响他国,相信"德不孤,必有邻"②,"亲仁善邻,国之宝也"③,"故远人不服,则修文德以来之"④。与儒家的王道思想相对立,法家的霸道思想"把力量看成是决定一切的因素。……宣传强力至上,崇尚暴力",在外交上体现为:"不管邻国对己是否友好及是否构成现实威胁,都一味地使用武力,进行对外征服与扩张;只相信实力,唯利是图,只顾本国利益,根本不在乎邻国利益,以争夺霸权、取得霸主地位、成就一番霸业为最大目的。"⑤

霸道思想虽然存在,但对古代中国外交政策的影响却比较短暂,仅在秦、隋、元三朝占据主导地位,而且,秦、隋两朝均属短命王朝,元朝的维系也不足百年,而且是在尚未接受中原文化的草原民族统治下才走上依靠武力推行宗藩-朝贡制度的道路的。事实也证明,这种政策屡遭失败,因此在忽必烈去世后不得不改弦易辙,回归王道外交。除这三朝外,其他历朝都是以王道为外交的指导思想。⑥ 这说明,王道思想一直是古代中国外交的主流,是古代中国王朝一以贯之的政策选择。

① 《孟子·公孙丑上》,北京:中华书局,2006年。
② 《论语·里仁》,北京:中华书局,2009年。
③ 《左传·隐公六年》,北京:中华书局,2007年。
④ 《论语·季氏》,北京:中华书局,2009年。
⑤ 陈向阳:《中国睦邻外交:思想·实践·前瞻》,北京:时事出版社,2004年,第77页。
⑥ 古代中国的王道外交思想又可进一步分为务实王道与纯粹王道两派。前者占据主导地位的时间最长,包括两汉、唐及清朝;后者占据了第二长时间的主导地位,包括两宋与明朝。关于这两派的划分及区别,见陈向阳:《中国睦邻外交:思想·实践·前瞻》,第54—55、78—79页。

古代中国的王道外交思想对于东亚秩序的性质产生了重要影响。首先,它决定了中国王朝对外追求的目标不是以强权政治为基础的帝国或霸权,而是以德化为基础的"天下一家"秩序。其次,它保证了中国王朝在对外关系中的自我克制,抑制了其凭借超强国力滥施武力、肆意扩张和干涉的冲动。再次,它决定了中国王朝只能把睦邻友好作为处理对外关系的指导原则,并由此衍生出一系列与之相适应的交往规则,包括和平共处、相互尊重、礼尚往来、互惠互利、互不干涉内政等。朝贡制度就是这种秩序观和交往规范的具体体现。

上述分析对于思考当代中国外交及东亚国际秩序的建构具有重要的启发意义。与历史上相比较,今天东亚的国际体系虽已发生巨大变化,但仍有一些相似之处。例如,从权力结构上看,随着中国迅速崛起,今天的东亚世界似乎正在恢复中国作为中心国的传统地位,这在经贸领域已表现得越来越明显。在此背景下,已有外国学者开始预测:"亚洲的过去将成为亚洲的未来"[1];"东亚可能会再现以中国为中心的等级秩序"[2]。这些言论虽然未免偏颇,甚至有危言耸听之嫌,但也说明中国在东亚未来的权力结构中将占据更为优越的位置。另外,今天的东亚虽不再是一个封闭的、自成一体的世界了,区外各大国也在其中扮演重要角色,但只要中国继续保持增长势头,中国的优势就不可能被取代。那么,在一个中国地位越来越突出的东亚国际体系中,中国将扮演什么样的角色呢? 通过对东亚和欧洲国际体系演变规律及特点的考察,我们可以得出结论认为,无论未来中国的实力将得到多大程度的进一步增长,中国都应继续坚守"强而不霸"的传统。另一方面,作为一个日益走向东亚国际体系中央位置的大国,中国在帮助塑造地区秩序过程中应该从王道外交思想中汲取营养,因为这一思想指导下的外交政策一方面赢得了周边

---

[1] Samuel Huntington, *The Clash of Civilizations and the Remaking of World Order*, New York: Simon & Schuster, 1996, p. 238.

[2] Yuan-kang Wang, *The Chinese World Order and War in Asian History*, Paper presented at the Annual Meeting of the American Political Association in Toronto, September 3 – 6, 2009, p. 1.

诸国的尊敬,塑造了古代中国"礼仪之邦"的形象,同时也维护了地区长久的和平与稳定。另外,今天的东亚虽然也有区外大国(如美国)在积极塑造以己为核心的地区秩序,但只要中国继续推进睦邻友好,中国与周边邻国的关系就不可能被削弱。因此,尽管 21 世纪的世界与历史上相比已有很大不同,但王道思想所包含的外交原则仍然是值得借鉴的。著名国际政治学家兹比格纽·布热津斯基(Zbigniew Brezinski)在谈及"9·11"后美国在国际社会的尴尬处境时,以中国在历史上和当今时代的政策表现作为例证,推测指出:未来亚洲新的地区秩序很可能将是一个"以中国为中心"的秩序,与世界上日益增长的反美情绪相对照,这个秩序将会显得更为"仁慈"。他还指出:"在中华帝国的历史上,中国人曾经建立起一个恭顺的朝贡体系。这个体系究竟是如何运作的,或许在将来,中国人可能会从中汲取更具适用价值的教义。"①

(二)硬实力与软实力相结合的国家威望根基

国际政治在很大程度上是权力政治,而由于权力的本质是影响力,因此国际政治也可以说是争取影响力的政治。在影响力亦即权力的各方面构成要素中,威望(prestige)占有特殊的地位和意义,因为威望是一国所拥有的各种实力优势、所扮演的建设性角色和发挥的积极影响给别国留下的深刻印象,是它们对该国在国际舞台上的地位的一种认可。从此意义上讲,威望也等同于声誉(reputation)或形象(image),只不过威望所凸显的是一国所享有的优越的、强大的和伟岸的声誉或形象。威望是一笔宝贵的外交和战略资产,因为它影响着别国对本国能力和影响力的认知,而认知又决定着别国对本国政策的反应。就像国际政治学大师汉斯·摩根索(Hans Morgenthau)指出的那样:"一国的威望很像一家银行的信用","只有通过赫赫名声,他才能获得他自认为当之无愧的安全、财富和权势。因此,在争取生存和权力的斗争中,别人认为我们怎样,就

① Zbigniew Brezinski, *Second Chance: Three Presidents and the Crisis of American Superpower*, New York: Basic Books, 2007, pp. 209, 206.

同我们实际是怎样同等重要。决定我们是怎样的社会成员的,与其说是我们的本来面目,不如说是我们在同伴心目中的形象(亦即我们的威望)。"①由于威望如此重要,国家在对外交往中都非常重视威望的塑造。

威望既然是通过别国对本国实力及其运用效果的评价体现出来的,那么一国拥有什么样的实力以及如何运用实力对于威望的塑造就显得至关重要。实力分为硬实力和软实力两大类。实力的运用是通过影响力体现出来的,而影响力又是通过胁迫(强制)、奖赏(利诱)、吸引这三种方式来获得的。② 其中,胁迫和奖赏所使用的都是硬实力资源;吸引所借助的则是软实力资源。由于软实力主要是通过思想、文化、制度、政策等方面的吸引、感染、说服和同化的方式,使对方心甘情愿地做自己想让他人做的事情,所以这种实力又被称作"赢得对方心灵的能力"。

硬实力和软实力是一种互为补充、相辅相成的关系。国际政治的实践表明,一个国家硬实力的发展壮大可以为其软实力的增长创造物质条件,但并不能自动和必然地带来软实力的提升。即使一国拥有强大的经济和军事实力,但如果它不注重软实力的培育,包括不重视国家形象的塑造和威望的积累,不仅谈不上吸引力、感召力,它的硬实力的运用也会受到拖累。例如,2003年美国入侵伊拉克尽管展示了其军事硬实力的威力,但由于没有获得广泛支持,尤其是没有获得联合国授权,反而使其在国际社会中的吸引力(软实力)严重下滑。这说明硬实力和软实力运用的关键在于保持二者的协调统一。

在硬实力和软实力的相互结合方面,朝贡体系为我们提供了很好的经验,也可以说是国际关系史上硬实力和软实力协调统一的范例。一方面,古代中国在领土幅员、人口规模、经济总量、手工技艺、航海技术等硬实力方面所拥有的遥遥领先的优势,为其成为本地区当之无愧的中心国奠定了物质基础;另一方面,以"中和""仁义""礼让""忠恕"等为核心的

---

① [美]汉斯·摩根索:《国际纵横策论——争强权、求和平》,卢明华等译,上海:上海译文出版社,1995年,第117、105页。

② Joseph S. Nye, *The Powers to Lead*, New York: Oxford University Press, 2008, p. 27.

儒家思想在小到修身齐家、大到治国平天下等各个社会治理层次的普遍遵行,使得古代中国成为令周围邻国钦佩的"道德国家"和"文化国家"。这一硬一软的优势相结合,造就了古代中国"强而不霸"的"善意"大国形象,表现在实力的对外运用上就是:(1)自觉克制军事硬实力的过度使用,只将其用于制止挑衅、惩罚侵略和维护正统,就像针对自立后的安南屡犯边疆、占婆北上侵扰邻邦以及日本屡征朝鲜时所做的那样;(2)重视经济硬实力的奖赏性运用,对于认可"天朝上国"的国家,给予"少取多予"的待遇和让利贸易的机会;(3)注重用文化优势和道德力量来吸引和感化邻邦,树立"礼仪之邦"和"仁义之邦"的形象;(4)注重通过和平交流和身体力行传播自己的文化和价值观,避免推行文化帝国主义,至于别国是否接受自己的文化,并不是发展关系的依据,中国历朝针对越南、朝鲜和日本等中华文化圈以外的国家的文化所采取的态度就是这种政策的反映。

上述经验给予我们的启示是非常深刻的。今天的中国正处在重新崛起的历史阶段。中国的崛起不应仅仅是经济和军事等硬实力的崛起,也应包括思想、文化、制度和政策等软实力的提升。今天的中国若要不断地提高自己的国际威望和影响力,就必须在硬实力和软实力的建设及运用两个方面同时着力,不仅要努力建设一个经济发达、科技先进、军事强大、国民富裕的大国,还要努力塑造一个在思想文化、价值观念、社会制度和对外政策等方面具有亲和力和吸引力的大国,不仅要充分利用硬实力资源来维护自己的国家利益,还要善于利用软实力资源来促进目标的实现,尤其是要保持硬实力和软实力运用的相互配合和协调统一,防止二者相互脱节,相互抵消。

(三)"以大事小、以小事大"的大国与小国交往之道

国际政治虽然主要是由大国主导的,但小国在其中扮演的角色也不可小觑。首先,小国对大国的亲疏好恶决定着大国在小国当中的威望和影响力,而威望和影响力之争又是大国关系的必然组成部分;其次,小国对大国是否采取欢迎和支持立场决定着大国是否拥有广泛的朋友圈,这

是大国确保在与其对手竞争中立于不败地位的重要保障。国际政治的实践表明,大国之间的竞争不仅要依靠自身力量,还要有尽可能多的友邦或伙伴作为缓冲和帮衬。

国家间关系是双向互动的结果。大国若想赢得小国的支持和配合,就必须采取适当的政策,其中最理想的就是确保小国对其采取追随战略。因为"追随"(或称"搭车",bandwagon)是指小国自愿地与体系中的大国结为联盟或是建立伙伴关系,它意味着将自己的立场和政策调整到与这个大国的意愿相一致,并且接受这个大国的某种要求或领导。追随一般有两种形式:"纯粹追随"和"有限追随"。"纯粹追随"是以政治和军事结盟的方式表现出来。由于实力地位的不平等,采取这种追随方式就意味着接受主从关系。从大国之间竞争盟友的角度看,小国选择这种追随方式往往会导致零和结局,即如果一个小国同某一个大国结盟,就意味着这个小国同另一个大国自动疏远。"有限追随"则不同,它不是以结盟为目的,而仅限于同大国建立政治上的伙伴关系,包括在特定问题上同大国保持政策协调,以及对大国采取顺从态度等。不过,采取这种追随方式的国家在顺从大国的同时,也会非常谨慎,以免因过度依赖于大国而丧失自主权,或是同另一个大国形成对立。出于这个原因,这种方式的追随未必会导致大国之间出现零和结局。①

追随的对立面是制衡(balance),选择追随也就意味着放弃制衡,至少有助于减弱制衡的倾向。这对于大国来说是再好不过了。首先,小国对大国奉行追随战略,就等于排除了大国可能面临的小国联合起来对其进行制衡的压力,也等于解除了小国通过与其他大国结盟来对其进行制衡或遏制的担心。在此情况下,即使其他大国仍对其推行制衡或遏制战略,其力度也会因无法得到小国的响应而打上折扣。其次,小国奉行追随战略有助于大国赢得小国的信任和尊重,从而增大其在小国中的威望

---

① Kuik Cheng-Chwee, "The Essence of Hedging: Malaysia and Singapore's Response to a Rising China," *Contemporary Southeast Asia*, Vol. 30, No. 2, 2008, p. 168.

和影响力。不过,小国对大国奉行追随战略也是有条件的,包括:(1)大国不对小国抱有侵略、控制或干涉的企图;(2)大国能够给小国的安全带来好处,包括保护小国免遭他国进攻、调和小国与其邻国之间的纠纷等;(3)除安全利益外,大国还能够给小国提供其他方面的便利,包括市场机会、经济援助、政治支持等。总之,只有大国在小国看来是善意的、有帮助的,小国才会主动选择对其追随。

古代中国在维持朝贡体系时所采取的政策可以被看作是大国确保小国对其奉行追随战略——更确切地说是"有限追随"战略——的典型案例,而支撑这种政策的思想基础就是中国外交文化中的"以大事小,以小事大"原则。这一原则是儒家"仁德"思想在处理大国与小国关系上的反映。它最早见于儒家经典《左传》。其中写道:"小所以事大,信也;大所以事小,仁也。背大国,不信;伐小国,不仁。"①就是说,小国对待大国要以诚信为原则;大国对待小国要以仁德为原则。小国背弃大国,是不讲诚信的表现;大国征伐小国,是不讲仁德的结果。孟子对这一思想做了更为全面的阐述。齐宣王曾问孟子:"交邻国有道乎?"孟子对曰:"有。惟仁者为能以大事小。……惟智者为能以小事大。……以大事小者,乐天者也,以小事大者,畏天者也,乐天者保天下,畏天者保其国。"②这段话的含义是:大国要以仁义对待小国,尊重小国,帮助小国,而不要因为自己的强大而欺辱小国。大国的仁义会让小国感觉到自己受到尊重,从而赢得众多小国的拥护,这样也就能"保天下",维护天下太平;小国则要以理智对待大国,尊重大国,不做无谓的牺牲,这样就可以自保。只要双方如此行事,彼此之间就能够和睦相处、各得其所。

古代中国尽管国力超群,也尽管怀有华夏中心主义观念,但并没有推行以大压小、恃强凌弱的大国主义政策。它所企望的只是周边四夷对"天朝"的认可,对"天朝礼制"的遵从,以及对"天下秩序"的共享。为了

---

① 《左传·哀公七年》,北京:中华书局,2007年。
② 《孟子·梁惠王下》,北京:中华书局,2006年。

达到这一目的,历代王朝把安抚和怀柔作为主导性政策,对周边诸国在朝贡往来上予以厚赐,商贸交往上施以优惠,政治上给予支持,安全上提供一定的庇护。这些举措收到了比较好的效果,使得它们没有理由把实力强大的中国视为生存的威胁,而是当作获取财富的源泉、维护政权合法性的依托和寻求安全保护的依靠。这也是古代东亚世界的国际关系从整个体系层面看没有按照均势政治的逻辑运行的根本原因。虽然周边国家为了寻求自保或是扩张势力也采取合纵连横、以夷制夷的均势战略,但这种战略仅限于次区域层面,如10世纪中叶朝鲜半岛实现统一之前的高句丽、新罗和百济这三个政权之间,19世纪以前东南亚半岛上的诸国之间,东南亚海岛上的诸国之间,以及东南亚半岛与海岛国家之间。至于在整个体系层面,并"没有证据显示出通过外部制衡或其他协调一致的行动来制约中国的努力"[1]。由此可见,古代中国对待东亚各小国的政策是比较成功的(本研究所说的东亚不包括位于中国北部和西北部一带的草原和沙漠民族)。

今天的中国同样面临着如何处理与周边小国的关系问题。这不仅关系到中国能否拥有一个稳定、友善的周边环境,也关系到中国在面对其他一些大国竞争、遏制和围堵的情况下能否占据有利地位,能否拥有广泛的朋友圈。今天的东亚已经不再是中国一家独大的格局,也不再是一个自成一体的封闭体系。除中国之外,区内、区外其他多种力量也都在发挥影响。区内的日本不甘心自身地位的跌落,正谋求增强在本地区战略-安全事务中的分量,区外的美国、印度、俄罗斯等也在不断加大对该地区的投入。尤其是美国更是以重振"领导权"为目标,在"亚太再平衡"和"大国竞争"等旗号下加大对该地区的全面渗透。为此,它一方面在进一步巩固传统盟友,另一方面也在寻找新的伙伴,甚至已经把目光瞅向了原本不在它的势力投射范围内的国家(如印支半岛上的越、老、

---

[1] William C. Wohlforth et al., "Testing Balance of Power in World History," *European Journal of International Relations*, Vol. 13, No. 2, 2007, p. 172.

柬、缅四国)。普遍认为,美国的这些举动在很大程度上是冲着中国来的,因为在美国战略界看来,中国的崛起本身就是对美国霸权地位的冲击。可以说,一场新的大国间影响力的竞争已经在东亚地区拉开帷幕,而竞争的主角就是中美这两个最具潜力的大国。在这样一场竞争中,谁能够取得更大的优势,关键在于谁能够在该地区广大的中小国家当中拥有更多的朋友和伙伴,树立起更大的威望和影响力。而要达到这一点,就必须增强对这些国家的吸引力,为其提供尽可能多的"搭车"的便利和机会,避免它们在敌对大国的拉拢下采取对华不利的选边站。在此方面,今天的中国已经取得相当大的进展,随着中国作为全球和地区经济增长引擎角色的确立以及在全球和地区价值链中所处地位的迅速提升,中国所能提供给周边各国的市场和投资机遇越来越大,中国已经成为周边各国主要的经贸合作伙伴,甚至连美国的传统盟友及伙伴都已将经济合作的重点转向了中国一方,"经济上靠中国"正在成为周边许多国家的共识。但仅有这一方面的吸引力还不够,还需要在安全领域多做努力,为他们提供更多的"公共产品",扭转他们"安全上靠美国"的倾向。

(四)义利兼顾、义利统一的国家利益观

"利"和"义"是人类社会的两大价值取向,也是两个不同的价值范畴。"利"是指满足行为体生存及发展需要的东西,属于物质价值或功利价值的范畴。"利"包括"私利"和"公利"两个方面。这二者之间虽有重合,但也常常发生冲突,因为对于个体来说,私利往往是其首先和主要关心的,对于私利的不当和过度追求会导致公利受到漠视和侵害,从而使行为体之间产生纷争,社会陷入混乱。由此便产生了用于限制私利的不当和过度追求、维护社会成员集体公利的行为规范,这也就是"义"这个概念所包含的寓意,由此扩展出"仁义""道义""正义"等概念。由于义属于道德价值的范畴,其作用在于维护公利、限制私利,因此义与利的关系也就是道德与利益、公利与私利、精神与物质的关系。

中国是一个拥有悠久思想文化传统的文明古国,在义与利的关系上,从先秦诸子百家开始,就形成了以"重义轻利"为主导的义利观。这种义利观给古代中国外交产生的影响是非常大的,这在历代王朝推行朝贡制度中表现得尤为明显。其中,对"义"的重视体现在这样几个方面:一是赋予外交以道德内涵,强调通过道德自律和道德感化的力量吸引外夷同自己建立亲善关系,而不是凭借强制力量来达成目的;二是对待弱小邻国,通过安抚和厚往薄来,施以关怀和恩惠,而不是以大欺小,恃强凌弱;三是把建立四海一家、协和万邦的太平秩序作为治理天下的宗旨,怀有强烈的"天下情怀",并为此承担维护正统的国际责任,履行作为天朝上国所应尽的国际道义。这些"义举"既增进了与外夷的睦邻友好,维护了周边安宁,也为中国中心地位和威望的树立奠定了基础。正如王赓武先生指出的那样:"'德'是中国优越性的根本所在。以中国的'德'为基础的对外关系,是确定中国在世界上的位置的一个重要因素。"[①]

不过,古代王朝在高度重视通过道德力量和道义责任建立与邻国的和谐关系的同时,却轻视了对于自身物质利益的追求,甚至出现了为彰显对邻国的仁义道德、追求"天朝"名分而不计物质利益得失的偏颇。这突出表现为,在朝贡往来中遵行"多予少取"甚至"只予不取"的原则以及不思开拓商业利益的心理。这固然与古代中国物产富饶、经济优越以及自给自足的农耕经济模式有关,但更重要的是受到儒家"重义轻利"和"重农抑商"观念的影响。受此观念影响,中国王朝在对外交往中并没有赋予物质利益以应有的地位。虽然有官方的朝贡贸易,但只是被作为达成政治目的的媒介和工具来看待的。历代王朝仅仅满足于追求"天朝上国"的名分和"天下一统"的虚名,陶醉于中国中心主义的自我标榜和安慰。而为了获取这一虚名,不惜以远远超过所进物品实际价值的慷慨馈赠为代价,致使朝廷入不敷出、负担累累。例如,永乐一朝,朝廷派往海外招贡的使者如过江之鲫,达 21 批之多,来中国朝贡的使团有 193 批。有些朝贡使更是贪得无厌,大量运来明朝早已库胀仓满的滞货,让好大

---

① 王赓武:《明初中国与东南亚的关系:背景分析》,见〔美〕费正清编:《中国的世界秩序:传统中国的对外关系》,中国社会科学出版社,2010 年,第 39 页。

喜功的明朝买单,导致"虽倾府库之贮亦难满其谷壑之欲"。明太祖还曾规定:"凡海外诸国入贡,有附私物者悉蠲其税。"①类似做法在其他各朝也司空见惯,即使在积贫积弱的两宋特别是国库空虚的南宋王朝时期,也不例外。另一方面,历代朝廷虽也主动向海外遣使,但目的仅在于招贡,而不是招商。古代中国就这样一次次地错过了利用朝贡联系向海外拓展商业、开辟国际市场的机会,进而也就丧失了利用对外贸易手段促进财富积累、壮大国家实力的机会。虽然说朝贡关系的建立也带动了中国与海外诸国商业关系的发展,形成了一个以中国为中心的跨国贸易圈,但是,推动这一贸易网络发展的动力却不是来自朝廷本身,而是来自民间。② 因为"贸易一直是从属于朝贡的"③,利用朝贡制度牟取经济利益并不是中国王朝的本意,就像乾隆皇帝在讲到与外国的通商行为时所说的那样:"所以准通洋船者,特系怀柔远人之道也。"④也可以说,"古代中国……并没有认真地把与外部世界的经济交往作为目的"⑤。

　　上述做法既为我提供了经验,也为我们带来了教训。经验在于它告诉我们,义是国家间关系的组成部分和重要变量,义能够使国家间关系超越纯粹的利益关系的局限而变得具有道义和情感内涵,从而促进相互间友好关系的巩固和发展;义也是一笔重要的精神资源,作为一种软实力,能够为国家带来威望和影响力。教训则在于,对于义的考虑不能以无底线地牺牲利为代价。另外,由于利的首要性,物质利益的交换是国家间关系的基本动力,也是国家间友好合作关系的最基本的物质基础,

---

① 庄国土:《略论朝贡制度的虚幻:以古代中国与东南亚朝贡关系为例》,载《南洋问题研究》2005 年第 3 期,第 4 页。

② 古代中国的对外贸易由官方的朝贡贸易和民间的私人贸易两部分组成。据研究显示,"与民间贸易相比较,朝贡贸易只是冰山一角"。Janet L. Abu-Lughod, *Before European Hegemony: The World System A. D. 1250 - 1350*, New York: Oxford University Press, 1991, p. 137.

③ [美]费正清编:《中国的世界秩序——传统中国的对外关系》,第 10 页。

④ 《清高宗实录》,卷六四九。

⑤ John Wong, "China's Emerging Economic Relationship with Southeast Asia," *Southeast Asian Studies*, Vol. 25, No. 3, 1987, p. 398.

因此必须把物质利益的交换即经贸往来作为发展友好合作关系的基本要求。可以设想，倘若没有朝贡刺激起来的商业利益和商贸往来，在古代国家间利害关系相对薄弱、道路交通多有不便的条件下，怎么会有众多远国的君主或使臣不畏艰险积极来华建立关系。再者，还要用辩证的眼光把握利与义之间的内在联系，因为二者并非只是对立，也存在相互助长、相互转化的可能。这也就是古代先哲提出的"义利合一""以义导利"等思想。

今天，随着中国国家利益的拓展和国际责任意识的增强，如何处理好义利关系正变得越来越重要。一方面，现代化强国建设的根本目标要求中国必须把自身物质利益的维护置于对外关系的首要位置，通过不断加强与外部世界的经贸联系来促进本国财富的增长、国民的富裕和硬实力的增强，尤其是要坚决捍卫国家的主权、安全和发展这三大核心利益，决不拿核心利益做交易。另一方面，在追求自身利益的同时，也要维护国际社会的集体公利，并为此提供力所能及的公共产品，承担应尽的国际义务。这就要求我们在经济交往中坚持"互利共赢"，在安全问题上谋求"共同安全"，在国际秩序问题上打造"利益共同体"、"责任共同体"和"命运共同体"。习近平总书记根据新时代中国外交面临的新局面和新任务，及时提出了"坚持正确的义利观"的重要思想，进一步丰富了中国外交的核心价值观，对我们推进新时代中国特色大国外交工作具有重要的指导意义。相信古代中国处理这二者关系的实践能够为此思想的实践提供重要启示。

（五）平等、开放、包容的世界观

如前文所述，朝贡制度的产生与古代中国统治阶层怀有的华夏中心主义世界观休戚相关。这种世界观尽管有其产生的特定的历史条件，但却是与国家间平等原则不相符的。倘若不是因为奉行王道外交政策和厚往薄来的让利贸易，建立在这种自我为中心主义世界观之上的朝贡制度未必会被周边国家接受。

实际上，那些被纳入朝贡体系中的邦国是否真心接受中国王朝期冀的等级制关系模式,是颇值怀疑的。庄国土教授经过研究认为,古代中国与周边诸国的所谓"朝贡"关系只不过是根据中国典籍演绎出来的,一方面是中国统治者好大喜功的虚骄心理和外国人为达通商目的而不计形式名分的结果,另一方面则是彼此对双方关系形式的有意无意的误解,从而使这种关系能够被接受。因为在双方以官方名义交往时,需借助翻译进行,有时需要多重翻译。而经翻译或重译的表义信函,在周边国家认为是平等往来,并不理解为是实质上的从属关系,但在中国一方则断然认为是以小事大,以下事上。因此所谓"朝贡"关系更多时候只是中国朝廷的一厢情愿,无论是朝贡、册封或属国,只是中国古代统治者好大喜功的用语,而对于周边诸国来说,朝贡无非是双边贸易的外衣。① 梁志明、李谋和杨保筠教授主编的《东南亚古代史》一书也认为,在所谓的朝贡体系中,东南亚国家的统治者大多采用实用主义的态度。当中国王朝的统治者派遣使者前往招贡时,出于同中国这样的大国建立和保持联系有利于本国的初衷,他们往往随即派出使者前来联系,而在中国宫廷看来,这就是他们前来"称臣纳贡"了。实际上,东南亚各国统治者所看重的并不是没有多大实际意义的中国封号,而是通过"朝贡贸易"获得的巨大经济利益。它们大多并没有真正把中国视为"天朝"。在这些国家的史籍中,往往出现与中国观念完全不同的对双边关系的看法和描述。除越南外,中国王朝与东南亚国家之间的朝贡关系并非真正意义上的宗主国与藩属国的关系,它只是满足了中国统治者"四方来朝"的好大喜功心理。东南亚各国实际上是以一种平等的心态看待与中国王朝的关系,并在此基础上制定有利于自己的对华政策。② 澳大利亚学者马丁·斯图亚特-福克斯(Martin Stuart-Fox)也认为,东南亚各王国眼中的朝贡与中国皇帝从其属国那里要求的朝贡所包含的寓意是很不相同的。在中国

---

① 庄国土:《略论朝贡制度的虚幻:以古代中国与东南亚朝贡关系为例》,载《南洋问题研究》2005 年第 3 期,第 4 页。
② 梁志明、李谋、杨保筠主编:《东南亚古代史》,北京:北京大学出版社,2013 年,第 546—548 页。

皇帝看来属于朝贡的东西,在东南亚统治者看来只不过是一种礼仪形式,是为了进行互利贸易而必须满足的前提条件,由此建立起来的只是一种象征地位之分的等级安排,而不是东南亚方面所理解的从属关系。①

以上分析表明,追求平等是国家的本质要求。在等级制盛行的封建主义时代,那种以中国为中心看待周边世界的观念尚且可以理解。但是到了主权国家的时代,如果继续以旧的眼光看世界,则显然已经不合时宜了,不仅会使周边国家感到压力,也与新中国诞生以来一直倡导的"国家不分大小一律平等"的主张不相容。实际上,从新中国成立之日起,中国政府就已经完全摒弃了这种陈旧观念。另外,古代中国的自我中心主义毕竟是当时中原王朝所处地理和历史条件的产物。到了21世纪的今天,整个世界的图景已经发生根本性的变化,不仅国与国之间、地区与地区之间的相互联系性和依赖性大大增强,文化和文明模式也已呈现五彩缤纷、百花争艳的格局。因此,中国和东亚各国都应该用历史的眼光看待古代中国的中心地位以及由此形成的朝贡体系。

对中国来说,就是要防止华夏中心主义回潮,用开放、包容、平等的心态去对待其他各国及其文化,在开展对外合作,包括推进"一带一路"倡议过程中,切实贯彻落实"互利共赢"和"共商、共建、共享"原则。之所以要强调这一点,是因为当前的中国正处于迅速崛起的上升期,而面对与周边小国硬实力差距扩大的趋势,崛起大国最容易产生虚骄心理。近年来,我国政府一直在倡导维护世界文化和文明的多样性,尊重各国根据本国国情自主选择发展道路的意愿,主张各种文化和文明应在相互学习和借鉴中共同繁荣、共同发展。2014年9月,习近平总书记就正确对待不同文明和文化提出了四项原则:"维护世界文明多样性","尊重各国各民族文明","正确进行文明学习借鉴","科学对待文化传统"。他还特别指出,"不同国家、民族的思想文化各有千秋,只有姹紫嫣红之别,而无

---

① Martin Stuart-Fox, *A Short History of China and Southeast Asia: Tribute, Trade and Influence*, Australia: Allen & Unwin, 2003, pp. 33 – 34.

高低优劣之分。每个国家、每个民族不分强弱、不分大小,其思想文化都应该得到承认和尊重。"① 这可以说是对当代中国世界观的最新诠释。习总书记在党的十九大报告中也指出:"要尊重世界文明多样性,以文明交流超越文明隔阂、文明互鉴超越文明冲突、文明共存超越文明优越。"② 在2023 年 3 月出席中国共产党与世界政党高层对话会时,习近平总书记又进一步提出"全球文明倡议",重申"我们要共同倡导尊重世界文明多样性,坚持文明平等、互鉴、对话、包容,以文明交流超越文明隔阂、文明互鉴超越文明冲突、文明包容超越文明优越"。③ 这些主张对于戒除华夏中心主义、树立开放、平等、包容的世界观有着非常重要的指导意义。

对于东亚国家来说,也存在调整历史认识的问题。面对中国崛起,有关中国战略意图及走向的讨论也开始在该地区流行。例如,有人担心中国是否会力图重建历史上的朝贡体系,甚至将此担忧同中国—东盟自贸区、"一带一路"倡议等联系在一起。④ 应该说,这种疑虑是没必要的。这不仅是因为时代、历史条件和国际环境等已经发生根本变化,也是因为当代中国早已树立了新的世界观和秩序观。中国对于主权平等原则的坚守不仅着眼于自身主权的维护,也是为了确保以主权为基础的国际秩序的维护。如果说当代中国力图从历史上的朝贡制度中继承某些东西的话,那就是基于王道外交思想之上的睦邻政策,因为历史和现实证明,这种政策符合中国作为一个崛起大国的长远和根本利益,有利于中国所期望的和平、稳定、和谐、友好的周边环境的塑造,同时也与中国所

---

① 《习近平在纪念孔子诞辰 2565 周年国际学术研讨会暨国际儒学联合会第五届会员大会开幕会上的讲话》,人民网,2014 年 9 月 25 日,http://cpc.people.com.cn/n/2014/0925/c64094 - 25729647.html。

② 习近平:《决胜全面建成小康社会,夺取新时代中国特色社会主义伟大胜利》(习近平同志在中国共产党第十九次全国代表大会上所作的报告),新华网,2017 年 10 月 18 日,http://www.xinhuanet.com/2017 - 11/04/c_1121905258.htm。

③ 习近平:《携手同行现代化之路——在中国共产党与世界政党高层对话会上的主旨讲话》,外交部网站,2023 年 3 月 15 日,https://www.mfa.gov.cn/web/ziliao_674904/zyjh_674906/202303/t20230315_11042301.shtml。

④ 参见廖建裕:《'新海丝'不应建基于'朝贡体系'》,联合早报网,2014 年 10 月 16 日,http://www.zaobao.com/forum/views/opinion/story20141016 - 400928。

秉持的"与邻为善、以邻为伴"的外交方针和"亲、诚、惠、容"的外交理念相吻合。因此,对东亚国家来说,也需要抛弃对于中国意图的怀疑或误解,同中国一道,建立守望相助、互利共赢的双边关系,开辟东亚世界的美好未来。

三、结语

历史是一面镜子,研究历史是为了从中汲取教义。朝贡体系虽已成为历史,但留给我们的思考却是广泛而深刻的。上文只是从宏观上对这一关系模式可能带给我们的启示做了一个初步分析。由于朝贡制度和朝贡关系涉及文化与观念、内政与外交等多个方面,而本研究只是从对外政策理念的角度进行分析,因此还有许多问题没有涉及,所得出的观点也就不可能全面,即使是已经得出的这些观点也存在着进一步扩展和深化的空间。

需要说明的是,朝贡体系毕竟是大国与小国之间所形成的一种关系模式,如果说能够从这一关系模式中发掘出某些启示意义的话,其价值应主要适用于这两类国家之间,至于大国与大国之间的关系,就未必适用了。实际上,本研究所提出的上述观点主要就是从大国针对小国应有的政策角度出发的,而不是不对国家类别加以区分的泛泛而谈。更为具体地说,本研究就是希望从对朝贡关系模式的分析中得出一些有关当今中国处理与周边小国关系的历史经验,而这一点是非常必要的,因为相对于周边大多数国家来说,中国自古至今在综合实力方面拥有比较明显的优势,如何处理好与周边小国的关系一直是中国外交的一个重要课题。所谓中国的周边外交,在很大程度上讲,就是作为拥有相对实力优势的中国如何处理与周边小国的关系问题,其实质在于:面对一个主要由小国所构成的区域性的国际体系,作为大国的中国应该如何界定自己的身份和利益,如何看待自己与周边国家的实力差距,以及如何运用自己所拥有的实力优势,而这是一个关系到中国所期望的周边环境能否实现的战略性课题。古代中国在此方面做出了尝试,既积累不少成功的经验,也留下了一些值得汲取的教训。如果能够把这些经验和教训都挖掘出来,并结合新的时代和环境加以创新或改造,相信中国的周边外交会变得更加英明和有效。

后冷战时代的美国霸权与国际安全机制

——以安理会和北约为例 *

一、美国霸权衰落及对国际机制的新依赖

冷战结束后,国际格局发生巨变。昔日两霸之一的美国成为唯一的超级大国,其他几大力量虽然国力增长强劲或发展潜力可观,但都无力与美国全面抗衡,国际力量对比的这一失衡状态使得美国感到天下无敌,建立单极独霸的世界秩序成为这个超级大国在后冷战时代追求的最根本的战略目标。然而,这一目标的推进面临着难以克服的障碍。

首先,霸权是以超强的综合实力为支撑的,但是,从 20 世纪 70 年代起,美国的实力已开始走下坡路。冷战结束后,美国虽然仍为世界首强,但是,随着其他新兴强国的迅速崛起和国家集团的不断涌现,美国的实力优势日渐缩小,越来越难以满足其建立单级霸权的需要。根据霸权周期理论,任何一个霸权国,无论有着多么强大的实力和辉煌,最终必然会走向衰落,并被另一个发展迅速的新兴大国取代。[1] 究其原因,主要有两点:一是霸权国衰落的原因主要来自其国内。美国著名学者罗伯特·吉

---

  * 本文原载《世界经济与政治论坛》2004 年第 3 期,合作者杨震。

① 秦亚青:《霸权体系与国际冲突》,上海:上海人民出版社,1999 年,第 115 页。

尔平认为,报酬递减规律是霸权国国力衰退的主要因素。根据这一规律,增加投入会增加产出,但这种增加达到一定水平时就会停止。超出这一水平后,虽然可以再增加投入,但是产出与投入已经无法成正比。高投入带来的却是低产出,整个经济增长速度也会随之减缓。经济实力是综合国力的基础,这一规律是解释国家兴衰的根本。据此,一个国家在崛起的初级阶段,由于距离报酬递减饱和水平尚远,所以增长速度会很快,大量投入不断地刺激大量产出。但是,当这个国家进入成熟期后,发展速度就会减弱,并开始逐渐走向衰退。把这一规律应用于解释霸权衰落,可以得出这样的结论:由于霸权国是已经处于成熟期的国家,新兴大国的增长速度必然要快于霸权国,新兴大国国力相对上升,并最终导致国际体系中实际权力结构的变化。① 二是从国际因素看,大国之所以会最终走向衰落,主要是因为国际承诺太多,投入到对外军事领域的费用过于庞大,因而形成了所谓的帝国战线过长的现象,直到最后被完全拖垮。② 20 世纪 60 年代后期,美国国内针对"深陷泥潭"的越南战争所掀起的反思和反战浪潮以及美国政府最终做出"体面地结束战争"的决定,就是对这一可能后果产生担忧情绪的写照。2021 年 8 月,面对"久拖不决"的阿富汗局势以及塔利班咄咄逼人重返政权的态势,美国政府背弃发动这场战争的初衷而决定急速撤军的狼狈场景,则是这种担忧情绪的又一次再现。

其次,美国建立单极霸权不仅违背时代潮流,也势必会遭到国际社会尤其是其他大国的反对和抵制。世界走向多极化是后冷战时代国际政治的必然,美国建立单极世界的企图会冲击原有的国际格局,使其他大国的战略利益受损。特别是被美国视为威胁和挑战者的国家,出于维护自身利益的考虑,必然会奋起抵制;受到美国保护和控制的盟友国家必然会谋求自强自主和分享权力,"支配"与"反支配"的矛盾贯穿于二者

---

① 秦亚青:《霸权体系与国际冲突》,上海:上海人民出版社,1999 年,第 122 页。

② Paul Kennedy, *The Rise and Fall of the Great Powers: Economic Change and Military Conflict From 1500 to 2000*, New York: Random House, 1988.

关系的始终。从历史角度看,一旦一个占有优势的大国遭到其他大国的一致反对,其优势地位终将难以为继。"太阳王"路易十四统治时期的法国就是如此,拿破仑时代的法国也是如此。因此,尽管美国的综合国力举世无双,但若是处于这样的环境中,注定将霸业难成。正如美国著名学者约瑟夫·奈借用另一位美国著名学者理查德·哈斯的话警告说:"任何寻求支配地位的企图'都将减少国内支持并招致国际社会的抵制,使霸权代价更高、获利更少'。"①

再次,后冷战时代的国际安全形势客观上制约着美国单极霸权的建立与护持。由于两极争霸格局的瓦解,原来被美苏争霸所掩盖的诸多矛盾,如领土争端、民族纠纷、宗教矛盾等迅速凸显,极端民族主义、宗教原教旨主义、恐怖主义、跨国犯罪、大规模毁伤性武器扩散等问题不断涌现,加之国际力量对比失衡,地区强国争相填补权力真空,导致一些地区持续动荡不安。所有这些不仅越来越多地消耗着美国这个以"世界警察"自居的超级大国的精力,也对其自身的国家安全和全球利益构成日趋严重的挑战。"9·11"事件的爆发为美国推行咄咄逼人的全球性进攻战略提供了新的动力,但同时也使得它不得不背上难以承受的包袱。

以上种种因素叠加,使美国感到仅靠传统的以硬实力为支撑的霸权手段越来越难以支撑其旨在建立单极世界的霸权欲望,也促使它在调整和强化传统的霸权手段的同时,把目光更多地转向新的霸权方式。这种新的方式,在美国决策层看来,就是制度(或称机制)霸权。

制度(institutions)和机制(regime)属于同一个范畴的概念,都是指用以规范国家行为、调节国际关系的规则体系和组织机构,只不过前者多用于整体和宏观概括层面,后者常与具体的制度形式紧密相连,如国际贸易机制、国际人权机制、国际军控机制、核不扩散机制等。由于本研究所侧重的是美国在联合国安理会和北大西洋公约组织这两个具体的

---

① [美]约瑟夫·奈:《处于十字路口的美国巨人》,载胡鞍钢、门洪华主编《解读美国大战略》,杭州:浙江人民出版社,2003年,第55页。

国际机制中的霸权问题，因此这里把"机制"作为主要用语。而按照国内外研究界较多使用的定义，国际机制是指"在国际关系特定领域里，汇聚着行为体愿望的一整套明示或默示的原则、规范、规则和决策程序"①，是"对相互依赖关系产生影响的一系列控制性安排"②。由此引申，所谓机制霸权，就是指霸权国依靠占优势的实力地位制定和维持由自己主导的或对自己有利的国际机制，通过操纵"游戏规则"建立和巩固霸权，或当霸权衰落时，充分利用现有国际机制来挽救霸权或为霸权辩护。按照约瑟夫·奈的通俗解释，国际机制的作用就是："在国际政治中通过制定议程来吸引他人。"③当前美国推行机制霸权，主要是出于以下战略考虑。

其一，如前文所述，美国的霸权已经处在衰落期。为了挽救霸权，就必须寻求他国的支持与合作，尤其是盟国和伙伴国的支持与合作，因为在全球化加速发展以及由此导致的国家间相互依赖日趋加深的条件下，任何一个国家仅凭一己之力已无法应对各种超越国界的全球性问题，作为全球化主要受益者的美国更不例外。新自由主义代表人物罗伯特·基欧汉指出：当我们思考霸权后合作的时候，我们必须思考制度。该派学者同时认为，制度可以为参与国带来诸多好处，包括加强与别国交流互动、促使合作持续和稳定进行、增进互信和共同利益、便利检查监督，使对欺诈者的惩罚更为容易等。④

其二，按照现实主义的观点，谋求机制霸权可以降低霸权成本，亦可获取更多的权力。而权力又是国家在无政府的世界上立足的根本，也是国家谋求强盛和开展竞争的可靠支撑。现存的国际机制大多是由美国主导或按照美国的愿望建立的，体现的也较多是美国这个霸权国的利

① Stephen D. Krasner, "Structural Causes and Regime Consequences: Regimes as Intervening Variables," *International Organization*. Vol. 36, 1982, p.186.
② ［美］罗伯特·基欧汉、约瑟夫·奈：《权力与相互依赖》（第三版），赵宝煦、门洪华译，北京：北京大学出版社，2002年，第20页。
③ ［美］约瑟夫·奈：《处于十字路口的美国巨人》，载胡鞍钢、门洪华主编《解读美国大战略》，杭州：浙江人民出版社，2003年，第44页。
④ ［美］大卫·鲍德温：《新现实主义和新自由主义》，肖欢容译，杭州：浙江人民出版社，2001年，第123页。

益。由于机制霸权是一种具有一定合法性的霸权,亦即霸权国的意志和
地位是通过机制的参与国共同认可和遵守由它制定的规范规则的方式
体现出来的,也是通过这些成员对霸权国采取合作和支持的态度而得到
反映的,这就使得美国可以通过自己设定的一系列"游戏规则"来诱导或
强迫其他国家遵守,从而达到控制和剥削他国的目的。若是有挑战美国
霸权的新兴大国出现,美国便可利用国际机制"号令群雄,围而攻之"。
在当今国际安全的一些重要领域,美国的角色并非只是一个孤独的全球
警察,更像是一支警察部队的队长,所扮演的角色是领导由盟友和伙伴
国组成的联盟,并利用这个联盟的框架来带头处理共同面临的问题。而
要做到这一点,美国不仅需要行动基础与组织机制方面的准备,还需要
盟友和伙伴共同分担行动费用。如此一来,维护霸权的成本就下降了。
这对美国的霸权护持战略来说意义非同小可。

其三,尽管现存国际机制大多体现的是美国的利益,但从客观上讲,
国际机制也具有提供公共产品、降低交易成本、塑造结果预期以及保持
国际关系的连续性等功能。其他国家接受美国主导的国际机制在一定
程度上和一定范围内也能增进自己的利益,从而默认美国的主导权。在
建构主义者看来,此举可以改变其他国家"搭便车"的做法,建立起一种
"仁慈霸权",目的在于用一套在成员范围内具有"普遍价值"的规则促使
对手自愿就范。

其四,机制霸权也符合美国的文化及政治传统。美国从立国之日起
就一直怀有"美国至上论"和"美国例外论"的情结,深信自己是最优秀、
最高尚的民族,是被"上帝挑选来拯救人类的",负有"天定命运"的"普世
主义"使命感。因此,在美国的国际战略构想中,按照自己意愿改造世界
的欲望向来非常强烈,尤其是每当自己的实力地位上升或是国际体系处
于重大转折关头的时候,这种欲望就会显得更加强烈。于是,美国的价
值观就被赋予世界意义,并被认为是理应得到而且能够得到其他国家接
受的模式。另外,美国是最早的成文宪法制国家,其长期的宪政主义政
治思想对其外交政策的制定有着深刻影响。这种政治影响使得美国的

霸权战略十分重视有形与无形的国际机制的作用。[①]

综上所述,我们不难得出结论:制度霸权是美国全球战略极其重要的组成部分。鉴于冷战后国际问题呈现更加多样化和复杂化的特点,特别是安全领域的问题对于美国全球战略的影响出现新的变化,维持对全球和地区层面安全机制的控制权在美国战略中所占据的地位进一步提升。

一般来说,国际机制越成熟,它对组织化程度的要求就越高,由此导致正式的国际组织的建立。因此,"国际组织总是隐含在国际机制之中:它们所做的主要事情是监督、管理和调整机制的运作。组织和机制在理论分析中可以分开,但在实践中却是同一事物的不同表现而已"[②]。本研究正是从这一逻辑出发,着重从组织层面论述主题。鉴于联合国安理会和北大西洋公约组织是当今世界组织化程度最高且与美国有着十分密切的联系的国际组织,下文将集中讨论美国对待这两个安全机制所采取的态度和政策及其对美国霸权的意义。

二、美国对安理会的政策:有益则用,无益则弃

众所周知,联合国是当今世界上最具权威性和影响力的国际组织,其宗旨之一是维护世界和平与国际安全。联合国实现这一宗旨的理论依据是集体安全,遵循的原则是共同协商、大国一致。《联合国宪章》将行使这一职能的主要责任授予了安理会。根据《联合国宪章》第五、六、七章的有关规定,安理会"得以调查任何争端或可能引起国际摩擦或惹起争端之任何形势"(第 34 条),"在任何阶段得建议适当程序或调解方法"(第 36 条);安理会有权断定"该项争端或情势之继续存在是否足以危及国际和平与安全之维持"(第 34 条),可以提出必要或合宜之临时办

---

① 王缉思:《冷战后美国的世界地位与外交战略》,载牛军主编《克林顿治下的美国》,北京:中国社会科学出版社,1998 年,第 32—33 页。

② Robert Keohane, *International Institutions and State Power: Essays in International Relations Theory*, Boulder: Westview Press, 1989, p. 5.

法并"促请当事国遵行"(第 41 条),还有权"采取必要之空海陆军行动,以维持或恢复国际和平与安全"(第 42 条)。根据宪章的职权规定,安理会的一纸决议在某些场合下比枪炮更具威慑力。[①] 由此可见,安理会是维持国际和平与安全的主要机关。同时,安理会也是联合国体系内唯一有权采取行动来强制维护国际和平与安全的机构,并由包括五大常任理事国在内的十五个理事国组成权力核心。为了确保大国一致原则的有效实施,安理会设置了否决权,即一票否决制,以确保五大常任理事国在采取联合行动时保持高度的统一性。在这种机制下,任何一个大国采取不合作立场(不包括弃权票),都会使安理会的集体决议流产。

鉴于安理会的特殊地位和高度权威性,在冷战时期,美苏两大常任理事国都将其作为争夺的对象,致使安理会一度沦为它们争霸的工具。冷战结束后,情况发生了很大变化。作为罗斯福的战后"世界蓝图"的产物,安理会在一定程度上确实体现了美国的利益,加强了美国的地位,甚至成为其霸权的重要依靠对象。然而,霸权与国际机制不仅存在相互依赖的一面,还存在相互制约的一面:霸权以及霸权结构从根本上制约着国际机制的变化及其作用的发挥,而国际机制的变化及其作用的发挥也制约着霸权的恶性膨胀。在国际关系多极化和民主化的进程中,二者的互动关系影响着未来国际局势的发展。[②]

这一点在冷战后的安理会表现得尤为突出。冷战结束后,美国打出新干涉主义的旗号,肆意践踏他国主权,损害他国利益。这引起许多国家的愤慨和不安。安理会因其地位特殊、影响巨大,很自然地成为这些国家反对美国霸权的舞台。由于安理会的五个常任理事国都享有否决权,因此从法理上讲它们在安理会的地位是完全平等的。在这五大国中,中、俄两国一直是多极化的积极倡导者和推动者,强烈反对美国谋求

---

① 王逸舟:《联合国的安全保障作用:批评与思考》,载《中国社会科学院研究生院学报》1993 年第 4 期,第 72—77 页。

② Joesph Nye, *Bound to lead: The Changing Nature of American Power*, New York: Basic Books, 1990, p.34.

单极霸权。在一些重大国际问题上,经常会形成以中俄为一派、以美英法为另一派的相互对峙局面。其他非常任理事国也未必都遵从美国的意志行事。美国提交的决议草案或方案在安理会遭到冷遇甚至否决并非罕见。这对美国的霸权图谋起到了相当大的抑制作用。在此情况下,美国对安理会的政策发生了变化。这就是:以美国的一己利益画线,用得着便用,用不着便抛开,抛开后还可拣起来再用。这一非正式原则在冷战结束初期就已经确立下来。正如老布什任内负责国际组织事务的助理国务卿约翰·博尔顿所说,"根本就没有什么联合国。世界上只有一个不时听命于唯一超级大国美国的国际组织。……当联合国符合我们的利益时,我们就会利用它。当它不符合我们的利益时,我们就会绕开它。"①老布什的继任者克林顿也指出:"能在一起行动我们就一起行动,必须单干时我们就单刀赴会。"②联合国成立之初,罗斯福政府曾在1945 年 12 月 28 日公布的一份政策文件中宣称:"美国的政策是全心全意地支持联合国。"与这一政策声明相比,如今美国的联合国政策已经发生了 180 度的转变。

1990 年 8 月伊拉克入侵科威特后,国际社会对于伊拉克置安理会的各项决议于不顾拒绝撤军的行为的普遍愤慨,使得布什政府很容易地得到了这个组织的动武授权。但是,由于安理会的内在缺陷,特别是其成员力量对比的失衡,使得安理会的动武授权被布什政府趁机利用来进行旨在建立美国主导下的"世界新秩序"的试验。美国虽然获得了安理会的授权,但并没有尽到向安理会汇报和接受安理会指令的宪章责任。战争的指挥权完全由美国人控制,重演了安理会只能授权,却无法指挥和控制其本身授权行动的尴尬局面。

另一方面,安理会的权力结构毕竟是大国力量对比的反映,作为冷战后的唯一超级大国,美国挟"冷战胜利"之余威,大力推行单边主义和

---

① [美]菲丽斯·本尼斯:《发号施令——美国是如何控制联合国的》,陈遥遥、张筱春译,北京:新华出版社,1999 年,第 5—6 页。
② 黄伟仁:《美国的联合国安全政策及其实现的障碍》,载《国际展望》1995 年第 15 期,第 19 页。

霸权政策,导致安理会的权力在一定程度上取决于美国的态度。[①] 一旦美国的意图在安理会得不到满足,美国便会将其抛开,自行其是。例如,在1999年的科索沃危机中,美国便是在俄、中等成员国的坚决反对下,绕开了安理会的授权,悍然发动了对南联盟的战争,致使安理会形同虚设,声誉和权威受到极大损害。又如,在2002下半年开始的伊拉克危机中,美国先是竭力推动安理会通过旨在授权它对伊动武的决议,当它意识到已经无法争取到有效多数支持票时,它又公开违反安理会作出的旨在先就伊拉克是否拥有核武器进行核查,然后再根据核查结果采取进一步行动的1441号决议,在联合国监核会和国际原子能机构武器核查小组没有得出有关伊拉克发展核武器的明确结论并建议作进一步核查的情况下,不顾安理会绝大多数成员的反对和国际社会的反战浪潮,一意孤行地发动了对伊战争。如果说科索沃战争是美国在绕开安理会的条件下发动的,那么伊拉克战争则是在它蔑视和对抗安理会决议的情况下挑起的。美国的做法使安理会决议的权威性和严肃性大受削弱,使安理会在履行其维护国际和平与安全职责的关键时刻被再一次边缘化。

尽管美国的单边主义使安理会未能阻止住美国的战争行动,但它未能争得安理会授权的事实则表明,在单极与多极之间的斗争日趋激烈的后冷战时代,美国控制安理会的图谋已经越来越难以实现了。正是基于这个原因,美国对安理会的决策机制已经变得越来越不耐烦,倾向于利用其他一些自己能够控制或者易于控制的多边组织(如北约、七国集团等)来弱化或取代安理会的权威。例如,2022年2月俄乌冲突爆发后,为了达到最大程度地削弱和孤立俄罗斯这个"主要战略对手"的目的,美国先是在安理会接连提出谴责和制裁俄罗斯的提案,在看到这些提案无法获得"大国一致"支持后,便把目光转向了七国集团和北约等纯"西方"组织,并主导其实施了一系列针对俄罗斯的严厉制裁方案。另一方面,除单方面频繁出台军援乌克兰的计划之外,美国还利用在盟友及伙伴国的

---

① 郭隆隆等:《联合国新论》,上海:上海教育出版社,1995年,第54—55页。

影响力,发起成立了有 40 多个国家参加的"防卫乌克兰联络小组",商讨协调对乌军援事宜,对于鼓动西方国家对乌军援起到了不小的作用。美国也因此而发起了一场针对其在欧洲的主要战略对手的"代理人战争"。[①]

不过,美国对安理会也并非一味地采取排斥和抛弃的态度,而是采用了一种"扬弃"的做法,即努力化解安理会对美国霸权不利的一面,维护其对美国霸权有利的一面。在美国看来,让安理会继续存在下去对美国推行霸权战略来说还是有其积极作用的。

第一,尽管国际机制在一定程度上能够对霸权起到牵制作用,但从国际政治的现实看,现存国际机制体现的主要是大国的意志和利益,在相当程度上是它们的政策工具。安理会从根本上讲也是大国权力和利益的反映。作为少数几个拥有否决权的大国之一,美国自然不会"因噎废食"。

第二,如上文所述,借助国际机制谋求和维护主导地位是当代美国霸权战略的必然选择。作为美国倡导创建的联合国体系的核心机构,如果美国一味地对安理会采取贬低和排斥政策,不但会给其他一些不满于现行国际秩序的国家树立先例,助长他们挑战现有国际机制的欲望,而且还会使现有国际机制的合法性和效力大打折扣,进而不利于美国利用国际机制推行霸权。

第三,制度化和民主化是当代国际社会的普遍要求,也是当代国际政治的大势所趋。联合国宪章和安理会决议由于具有至高的权威性和强制的约束力,向来是国际社会成员为其对外行为寻求法理依据的主要依靠。机制霸权的要求和特征之一在于追求合法性,在于在公认的原则和规范的掩护下借助制度的号召力和集体的行动力来推行自己的意志。因此,对于美国来说,安理会是其谋求"合法"霸权的必不可少的工具,是

---

① 关于美国在乌克兰的代理人战争的详细讨论,参见杨光海:《美国在乌克兰的代理人战争:动因、举措与启示》,载《和平与发展》2023 年第 1 期。

其"挟天子以令诸侯"的首要选择。

第四,全球化的发展使得传统意义上的国家安全问题越来越具有国际意义,国际合作成为解决这类问题的必由之路。美国虽然强大无比,但也无法回避这个逻辑。即便是在科索沃战争和伊拉克战争期间美国一度将安理会抛开,但在战争结束后还是不得不依靠这个多边机构所能汇聚的"合力"来收拾残局。伊拉克战后繁重的维和与重建任务迫使美国不得不把目光重新转向安理会,寻求尽可能多的国际支援,以减轻自己的压力。2004年10月中旬安理会一致通过的有关伊拉克战后重建的1511号决议在一定程度上满足了美国的这一意图。从此意义上讲,冷战后的安理会对于美国来说已超出了"橡皮图章"的意义,而成为其寻求其他国家支持与合作的工具了。

三、美国对北约的政策:目标提升,职能扩大

如果说美国对安理会采取的是一种"有益则用,无益则弃"的实用主义政策的话,那么美国对北约采取的则是一种截然不同的态度。之所以如此,是由这两个组织的性质以及美国在其中的地位不同所决定的。

北约是冷战的典型产物。按理说,随着苏联和华约这个对手的解体,北约已经失去了存在的必要,可以"寿终正寝"了。可是,美国出于机制霸权的需要,一方面千方百计地为北约的继续存在寻找理由,另一方面不遗余力地对北约进行改造,以适应冷战后国际形势的新变化,从而使这个地区性的多边军事联盟发生了"脱胎换骨"式的变化。

从本质上讲,北约是美国在冷战开始时一手策划建立起来的军事集团,是它借以控制西欧、抗衡苏联和华约的主要工具,几十年来其政治和军事领导权一致牢牢地掌握在美国人之手。冷战结束后,为了适应新时期霸权战略的需要,美国在1991年于罗马召开的北约首脑会议上推出《北约战略新概念》,把战略重点由"集体防御"转向"预防冲突和处理危机"。在理论上,美国大力鼓吹"新干涉主义",并把这一理念作为北约新

战略的思想基础。在实践上，美国利用该组织频频实施干预行动，如1995 年插手波黑内战，1999 年挑起科索沃战争等。1999 年 4 月，第二份北约新战略文件在华盛顿首脑会议上获得通过。该战略有三个方面的突破：首先是提出了"共同危机"的概念，实际上是模糊军事行动的地域范围，使军事干预全球化；其次是确立了"独立行动"原则，规定北约今后为避免"人道主义灾难"，可以不经联合国授权，独立地在防区外采取军事行动；再次是确立了"志愿合作"原则，即不再坚持所有国家作为一个整体参与军事行动的规定。在组织建设上，美国也迈出了新步伐，推动北约于 1994 年抛出"东扩计划"，继 1999 年吸纳波兰、捷克和匈牙利三个新成员之后，在 2004 年又接纳了中东欧地区的另外 7 个成员。此后美国继续推动北约东扩计划，不断吸纳新成员。美国还曾力图把俄罗斯也纳入以北约为核心的欧洲安全体系之内，2002 年 5 月北约-俄罗斯理事会的成立就是这一计划的一个重大步骤，其目标就是要"驯服俄罗斯"，将其改造成为一个对西方世界没有威胁、对美国的欧亚大陆扩张战略不构成障碍的行为体。但是，"驯服俄罗斯"的企图并未实现。此后，美国重新把遏制俄罗斯列为北约的重要目标。

美国对北约的改造完全是为其霸权利益服务的。北约也因此而演变成为美国在亚欧大陆地缘战略区的西部实施新干预主义、主导国际安全和遏制潜在对手的首要工具。具体而言，在后冷战时期，北约对美国的霸权战略具有如下意义。

第一，美国的三大战略重点分别是欧洲、亚太和中东。美国以欧洲为基地，对其主导的地区安全机制进行实验。如果实验成功，则可以将其模式向亚太、中东以及其他地区推广，从而在全球范围内构筑起若干个由美国主导的地区安全网络，从而达到主导全球安全事务、建立单极霸权的目的。从此意义上讲，北约已经成为美国推行地区性机制霸权的先行样板与示范。例如，在东亚地区，美国已经开始着手以联合军事演练为纽带，从多边层面上整合与该地区部分国家的军事合作关系，最终构筑一个由它主导的东亚多边安全网络，其实质就是推行亚洲版的"北约和平伙伴计划",或是建立"亚洲版的北约"。①

第二,推动北约从西欧一隅向全欧范围扩展,不仅可以压缩俄罗斯这个挑战国的战略空间,防范和遏制这个竞争对手,还可以削弱法、德等欧盟核心国家在北约内部决策中的影响力,抵消它们对美国的牵制作用。另外,脱胎于苏联体制的东欧国家面临着复杂的国内政治、经济、社会、种族等难题,这为美国借助北约东扩,插手该地区事务,继而谋求对整个欧洲的控制提供了机会。

第三,如前文所述,美国对联合国安理会的决策机制已经越来越失去耐心,而北约的亲美倚美属性则为它在必要时绕开安理会的牵制采取单方面行动提供了一个替代性的多边平台。对于美国来说,国际机制存在的意义就在于为它的霸权战略提供"合法性"外衣。因此,美国已经出现了利用北约取代安理会的动向。北约第二个新军事战略中所提出的"独立行动"原则就是一个预兆。北约与安理会在美国新世纪战略中的地位一升一降,原因很简单,就是二者在美国霸权护持战略中所承担的作用发生了变化。

第四,加强北约还有助于巩固美国的"话语霸权"。18 世纪英国著名政论家埃德蒙·伯克说过:"若我们一味地忍受任何人从早到晚讲他的一面之词,那么只要 12 个月,他就会成为我们的主子。"出于"搭便车"的心理,美国的一些盟国,如英、日、澳国等,对美国的霸权不仅不反对,反而表现出相当程度的配合与支持,这使美国的所谓"仁慈霸权"在一定程度和范围内又能够成为一种"合作性霸权",从而大大降低了霸权成本,增加了霸权的稳固性。

四、结论

通过对美国机制霸权及其与安理会和北约关系的分析,我们可以得出以下结论。

---

① 杨光海:《美国的东亚同盟体系:态势、趋向和意图》,载《国际论坛》2002 年第 4 期,第34 页。

首先,机制霸权在后冷战时期的美国霸权战略中被赋予了更为重要的地位。随着国际政治转型和时代特征的变化,美国维护霸权的国际机制因素越来越突出,对机制霸权的依赖有增无减。约瑟夫·奈在他著名的"软实力"理论中,把国际机制视为美国软实力的三个组成部分之一,并认为这种软实力是美国重要的权力资源。[①] 小布什政府上台后美国的单边主义急剧膨胀,已经成为美国对外政策的一个新的标志性特征。但是这种倾向只是美国"权力的傲慢"的反映,并不意味着美国将减少对多边机制的诉求,毕竟利用多边机制实现对外政策目标是一种远比单边行动代价低且易于得到其他国家接受(包括主动接受和被动接受这两种形式)的霸权手段。因此在多边与单边之间,美国最终会更倾向于选择前者,只是当多边渠道超出美国的控制范围并对其自由行动构成掣肘时,它才会毫不犹豫地选择后者。

其次,虽然国际机制在美国霸权战略中的地位呈上升趋势,但由于国际力量多元化的发展以及由此引起的国际机制内部力量结构的变化,美国对不同的国际机制采取了不同的态度和政策。概括地讲,美国对于国际机制的价值判断有一个标准,这就是看它是否有利于维护美国的霸权利益和价值观。与此相适应,美国对待国际机制还有一个原则,这就是看它是否能够被美国所控制或支配。

再次,由于机制霸权具有一定的合法性和隐蔽性,会在一段时期内和一定程度上给参与机制的其他成员带来"公共物品"和"搭便车"的机会,因此霸权国所采取的一些自利和霸凌行动往往不太容易引起机制参与国的警惕和抵制,所造成的危害也不像传统方式那么显而易见。也可以说,机制霸权是一种在合法外衣掩盖下的隐形霸权。这种形式的霸权必须加以高度警惕和研究,尤其是在国际关系民主化和制度化日趋加强的当代条件下,反对和抵制这种形式的霸权具有重要和深远的战略

---

① 约瑟夫·奈认为,另外两种软实力是文化吸引力和意识形态。参见 Joseph Nye, *Bound to Lead: The Changing Nature of American Power*, New York: Basic Books, 1990, pp.188, 267.

意义。

再其次,现存国际机制大多是在美国的主导下建立起来的,它们的强化和弱化主要取决于大国尤其是超级大国美国的实力变化和政策取向。北约的军事职能近年来之所以能够得到扩大并在国际安全事务中频频显露头角,主要是美国大力推动的结果;安理会目前在履行其国际安全职责时之所以会时而陷于尴尬和无所作为的境地,与美国的从中作梗密不可分。不过,从长远看,美国利用国际机制建立霸权的图谋是不可能取得成功的。这是因为:(1)国际机制一旦建立起来,就会成为相对独立的变量,可以在霸权国的实力支撑之外发挥作用。霸权与国际机制不仅相互依赖,还相互制约:霸权以及霸权结构从根本上制约国际机制的调整及其作用的发挥,而国际机制也制约霸权的恶性膨胀。[①] (2)经过几十年的发展演变,先存国际机制的成员构成和运行模式已经发生了相当大的变化。随着参与国际机制的成员日益增多及其内部力量日趋分散,尤其是主要成员之间力量对比的新变化,美国对国际机制的操纵能力势必会减弱,而不是加强。(3)美国的机制霸权与当代国际关系的多极化和民主化潮流背道而驰。在此大背景下,任何垄断国际规则及其运行机制的图谋最终都会遭到国际社会的唾弃。(4)美国赖以支撑其在国际机制中的支配地位的超强实力不可能永远保持下去,因为正如著名的国际体系理论家伊曼纽尔·沃勒斯坦的名言所说:"一个国家一旦真正成为霸权国就会开始衰落,这是因为一国不再是霸权国,不是因为其他国家将取得胜利,而是因为达到巅峰就意味着未来肯定将不再属于你,不管现在有多么显赫。"[②]

最后,国际机制属于多边主义的范畴,维护和利用国际机制就意味着支持多边主义。但美国在推行这一政策时也会不时地出现单边主义

---

① 门洪华:《国际机制与美国霸权》,载胡鞍钢、门洪华主编《解读美国大战略》,浙江人民出版社,2003年,第144页。

② Immanual Wallerstein, *The Modern World System Ⅱ: Mercantilism and Consolidation of the European World Economy 1600~1750*, New York: Academic Press, 1980, p.38.

的摇摆。小布什任内已经使这一摇摆骤然凸显,2017—2020 年执政的特朗普总统则将这一摇摆推向极致。在上台执政的前两年,其政府就采取了一系列引人注目的单边主义行动,包括退出《跨太平洋伙伴关系协定》《巴黎气候协定》、联合国教科文组织、《伊朗核协议》《中程导弹条约》《万国邮政联盟程序》《难民和移民问题纽约宣言》《维也纳外交关系公约关于强制解决争端之任择议定书》,以及违反世贸组织协议,大肆推行贸易保护主义等。特朗普之所以重拾单边主义,是由其本人及执政团队信奉的"美国优先主义"和"功利主义"理念决定的,是极端利己主义的典型表现。这种政策的推行虽然能够为其在国内赢得一部分舆论的喝彩,也能够为美国带来一些短期的、立竿见影的收益,但由于背离美国自由主义的外交传统,也与全球化时代的国际潮流不相符,并且遭到国际社会多方面的反感,因此不大可能长久地维持下去。况且,这种做法也不是无限度的,而是有选择的:只要多边机制、多边框架能够继续贯彻美国的意志,体现美国的利益要求,美国就会继续设法加以控制和利用。时隔四年之后,随着特朗普再度赢得大选并重新入主白宫,单边主义的执政逻辑有可能再现,但基于多方面因素的考量,可以预见,美国不大可能全面回归孤立主义的老路。有益则用,无益则弃;益则控制,以求牟利,将是美国对待国际机制的态度及政策的基本信条,就像上文所示美国对待联合国安理会和北约这两大组织所采取的做法那样。